Zimmer frei für einen Mörder

Gisela Eichhorn (Hg.)

Zimmer frei für einen Mörder

Tödliche Hotelgeschichten

Colin Dexter · Antonia Fraser
Christine Grän · Georges Simenon
Henry Slesar u. a.

Scherz

Besuchen Sie uns im Internet:
www.scherzverlag.de

Sonderausgabe 2003
Copyright © 2003 an dieser Auswahl
beim Scherz Verlag, Bern
Alle Rechte der Verbreitung, auch durch Funk, Fernsehen,
fotomechanische Wiedergabe, Tonträger jeder Art und
auszugsweisen Nachdruck, sind vorbehalten.
ISBN 3-502-51941-2
Umschlaggestaltung: ja DESIGN, Bern: Julie Ting & Andreas Rufer
Umschlagbild: Getty Images, München
Gesamtherstellung: Ebner & Spiegel, Ulm

Inhalt

Georges Simenon
Der zweifelhafte Monsieur Owen   7

Roald Dahl
Die Wirtin   47

Antonia Fraser
Schönen Tod noch, Sammy Luke   58

Colin Dexter
Die Leute sind so leichtgläubig   77

Raymond Chandler
Ich werde warten   95

Ruth Rendell
Das Fallen der Münze   118

Jack Ritchie
Eins von Tausend   134

Agatha Christie
Urlaub auf Rhodos   166

Ross Macdonald
Der Mann im Cadillac   194

Dashiell Hammett
Hotelschnüffler 237

Kit Pedler
Die Dauergäste 257

Christine Grän
Die Reise der alten Damen 274

Dorothy L. Sayers
Spottbillig 287

Henry Slesar
Die Sache mit der freundlichen Kellnerin 301

Quellenverzeichnis 317

Der zweifelhafte Monsieur Owen

Georges Simenon

1

Es war herrlich, hier zu sein, mit geschlossenen Augen zu spüren, wie das Sonnenlicht durch die gelben Vorhänge sickerte und über die Lider strich, dass sie prickelten; vor allem war es herrlich, sich vorzustellen, dass es halb drei Uhr oder drei Uhr nachmittags sein mochte, vielleicht später, vielleicht früher, und dass obendrein diese Geißel des Daseins, die man Uhr nennt, im Moment vollkommen unwichtig war.

Und das war noch nicht alles! In diesem Augenblick kamen eine Menge herrlicher Dinge zusammen. Zunächst die Landschaft, die Maigret zwar nicht sah, weil er die Augen geschlossen hielt, aber von der er wusste, dass sie da war, in Sichtweite: die glatte Fläche des Mittelmeeres, wie man sie von den großen Hotels in Cannes aus erblickt, mit dem Gewimmel der glänzenden Maste im prachtvollsten Hafen der Welt zur Rechten und in der Ferne, ganz weit draußen, in gleichem Licht, die Îles de Lérins.

Sogar die Geräusche, die bis zu Maigret heraufdrangen, waren so etwas wie Geräusche des Luxus. Die Hupen der Autos waren keine gewöhnlichen Hupen, sondern größtenteils Signale langer und funkelnder Limousinen, die von Chauffeuren in Livree gesteuert wurden.

Die Frau, die sich im Appartement nebenan soeben mit jemandem gezankt hatte, war eine Wienerin, eine berühmte Filmschauspielerin, auf die rund um die Uhr Dutzende von Autogrammjägern am Hoteleingang warteten.

Und das ein wenig enervierende Telefon, das im Appartement darunter unaufhörlich in Betrieb war, wurde verziehen, wenn man wusste, dass der Bewohner des betreffenden Appartements der Premierminister eines bedeutenden Staates an der Donau war.

Maigret hielt Siesta! Seit drei Tagen wohnte er in einem Luxushotel, im «Excelsior», an der Croisette in Cannes, nicht etwa, um irgendeinen Anwärter auf das Zuchthaus oder einen internationalen Ganoven zu verfolgen, sondern ausschließlich zu dem Zweck, sich zu erholen.

Damit dieses Wunder zustande kam, hatte es einer ganzen Reihe von Umständen bedurft, und hatte zuerst Tante Émilie (Madame Maigret hatte elf Tanten!) in Quimper schwer erkranken müssen, ohne jemanden zu haben, der sie pflegen konnte.

«Wenn du mit mir mitkommst, wirst du dich bloß langweilen; im Übrigen ist es nicht ratsam, bei der Bronchitis, die du diesen Winter gehabt hast und die kaum ausgeheilt ist. Hast du mir nicht immer erzählt, du hättest einen Freund im Süden, der dich eingeladen hat?»

Maigrets Freund war niemand anderer als Monsieur Louis.

Für gewöhnliche Leute war Monsieur Louis nur der Portier eines Luxushotels, in einem mit goldenen Schlüsseln verzierten Gehrock, und die meisten Dummköpfe dünkten sich ihm überlegen, weil sie ihm ein Trinkgeld gaben.

Dabei hatte Monsieur Louis es zu akademischen Würden gebracht, sprach fünf Sprachen, war lange Zeit Direktor eines großen Hotels in Deauville gewesen und hatte daraus den Schluss gezogen, dass der einzige Weg, im Hotelgewerbe Geld zu verdienen, darin bestünde, das Amt des Portiers zu bekleiden.

Dies hatte er auch an den Champs-Elysés in Paris getan, wodurch er so manches Mal Gelegenheit gehabt hatte, Kommissar Maigret, der damals noch im Amt war, einen kleinen Dienst zu erweisen, und der Kommissar revanchierte sich bisweilen, wie etwa damit, dass er einen Geldbetrag von zehntausend Franc im Spülkasten einer Toilette auffand.

«Wenn Sie mal in den Süden kommen . . .»
«Das wird leider nicht vor meiner Pensionierung sein.»
Beides war Wirklichkeit geworden! Maigret hielt Siesta, wie ein Pascha. Über einem Stuhl hing seine Hose aus weißem Flanell, und zu dessen Füßen standen Schuhe in Weiß und Rot, die sich ganz vortrefflich ausnahmen. Leute kamen und gingen in den Fluren, redeten, sangen, telefonierten in den Appartements nebenan; Autos fuhren auf der Straße vorüber, und Frauen rösteten sich in der Sonne; in Paris stellte sich eine neue Regierung dem Parlament vor, und Hunderttausende von Franzosen bangten um die Börsenkurse; der Fahrstuhl glitt hinauf und hinunter, mit einem leisen Klick in jeder Etage.

Was konnte ihn das schon kratzen?

Maigret war glücklich! Er hatte für drei gegessen, für sechs getrunken und mit allen Poren so viel Sonne getankt, dass es für fünfzig Teilnehmer an einer Badehosenschau gereicht hätte.

Tante Émilie? Sollte es mit ihr tatsächlich zu Ende gehen, nun ja, sie hatte das Alter dazu, dann wäre es nur ärgerlich, dass er die Herrlichkeiten hier verlassen müsste, um sich zur Beerdigung in diese Bretagne zu begeben, in der es im März mit aller Macht regnen dürfte.

Er brummte, hob seine Wange vom Kopfkissen und lauschte all diesen Tönen, die zu einer Sinfonie verschmolzen, in der sich allerdings ein lauteres Geräusch als Solo durchsetzte.

«Herein!», rief er endlich, als er das seltsame Schnarren der Türklingel erkannte.

Gleich darauf: «Sie sind's, Monsieur Louis?»

«Haben Sie geschlafen? Ich bin untröstlich, Sie zu stören. Uns ist etwas wirklich Grauenhaftes passiert . . .»

«Würde es Ihnen etwas ausmachen, die Gardine aufzuziehen?»

So konnte er das Meer sehen, blau wie auf Aquarellen, mit einer weißen Jacht am Horizont und einem Gleitboot, das wie eine Hornisse brummend seine Runden zog.

«Wären Sie so freundlich, mir ein Glas Wasser zu bringen?»

Denn der Mittagsschlaf nach dem guten Essen hatte ihm einen schalen Geschmack auf der Zunge hinterlassen.

«‹Etwas Grauenhaftes›, haben Sie gesagt?»

«Im Hotel ist ein Verbrechen begangen worden.»

Monsieur Louis war ein intelligenter, ja durchaus vornehmer Mann, mit einem kleinen braunen Schnurrbart, verhaltenem Lächeln. Er hatte keineswegs erwartet, Kommissar Maigret, oder vielmehr Exkommissar Maigret, wie im Traum murmeln zu hören:

«Was Sie nicht sagen!»

«Ein äußerst mysteriöses Verbrechen.»

Benahm sich Maigret so unfein, weil er noch halb verschlafen war, oder protestierte er damit gegen die elegante Umgebung? Jedenfalls brummelte er nur:

«Tja, mein Lieber ...»

«Es handelt sich um Monsieur Owen ...»

«Sagen Sie mal, Louis, haben Sie denn die Polizei benachrichtigt?»

«Der zuständige Kommissar ist soeben eingetroffen. Der Untersuchungsrichter wird jeden Augenblick erwartet ...»

«Na also?»

«Ich verstehe Sie nicht ...»

«Sagen Sie mir nur noch eins, Louis: Wenn Sie zufällig verreisen und in einem Hotel absteigen, geben *Sie* dann den Gästen die Zimmerschlüssel und händigen ihnen die Post aus?»

Daraufhin erhob er sich, mit wirrem Haar, suchte seine Pfeife, stopfte sie, bekam einen blauen Pantoffel zu fassen und musste in die Knie gehen, um den zweiten unter dem Bett hervorzuangeln.

«Ich dachte, es würde Sie interessieren», entgegnete Monsieur Louis ein wenig verkniffen.

«Mich? Ganz und gar nicht ...»

«Das ist schade ...»

«Ich wüsste nicht, warum.»

«Weil mir jetzt schon klar ist, dass die Polizei nichts finden wird und dass nur Sie dazu fähig gewesen wären, dieses Rätsel zu lösen ...»

«Na so ein Pech für das Rätsel!»

«Sie haben mich nicht einmal gefragt, wer dieser Monsieur Owen überhaupt ist ...»

«Das ist mir vollkommen egal.»

«Umso besser, weil niemand es weiß.»

Diesmal warf Maigret, der versuchte, die Enden seiner Hosenträger zu erwischen, die hinter seinem Rücken baumelten, Monsieur Louis einen hämischen Blick zu.

«So, so! Niemand weiß es?»

«Ich hielt ihn für einen Schweden. Er sah wie einer aus. Diese Nationalität hat er im Übrigen auch auf seinem Meldezettel eingetragen. Sie wissen ja, in den Luxushotels unserer Kategorie verlangt man von den Gästen keinen Pass, und jeder schreibt hin, was er will. Nun hat man aber das Zimmer von Monsieur Owen durchsucht und keine Personalpapiere gefunden. Der schwedische Konsul, der seinen Sitz neben dem ‹Excelsior› hat, behauptet, dass es einen Ernst Owen gegeben hätte, aber dass der schon seit zehn Jahren tot sei.»

Maigret putzte sich die Zähne, griff erneut nach seiner Pfeife und fuhr sich mit seinem nassen Kamm durchs Haar.

«Warum erzählen Sie mir das alles?»

«Nur so! Stellen Sie sich vor, dieser Ernst Owen ist schon vor drei Wochen bei uns abgestiegen, in Begleitung einer hübschen Krankenschwester, eines der hübschesten Mädchen, deren Anblick mir je vergönnt war – und in unserem Beruf ist die Auswahl groß!»

Maigret suchte unter den sechs neuen Krawatten, die seine Frau ihm aus Anlass dieser Reise geschenkt hatte, eine nach seinem Geschmack aus.

«Ein Blondine mit grauen Augen. Eines dieser Mädchen wie Milch und Blut, mit harmonischen Gesichtszügen, mit wohl gerundeten Formen, aber nicht üppig, eine verführerische Erscheinung ...»

Der ehemalige Kommissar wollte noch immer nicht zugeben, dass er die Ohren spitzte.

«Wir haben uns in unserem Speisesaal sogar allerlei Gedanken darüber gemacht. Sie wissen ja, wie das ist... Beim Essen wird eben geklatscht... Die Maîtres d'hôtel haben dieses und jenes gehört... Die vom Zimmerservice und die Etagenkellner steuern das Ihre dazu bei... Die Zimmermädchen kriegen Intimes mit... Kurz, dieser Monsieur Owen und seine Krankenschwester...»

«War er denn krank?»

«Keineswegs. Jedenfalls ist mir davon nichts bekannt. Sie haben ihn sicher auf der Terrasse gesehen. Ein langer Herr, fast so lang wie König Gustav, ganz in Grau gekleidet, grauer Flanellanzug, graues Hemd, graue Seidenkrawatte, nur ein heller Panama und Schuhe aus weißem Wildleder. Obendrein eine graue Brille und Handschuhe aus grauem Zwirn...»

«Handschuhe?»

«Jaja. Das ist noch nicht alles. Er stand jeden Morgen um zehn Uhr auf, ging hinunter und nahm immer im selben Korbsessel auf der Terrasse Platz, unter dem dritten Sonnenschirm. Die Hände auf seinen Stock gestützt, saß er bis ein Uhr dort und schaute aufs Meer hinaus, dann aß er zu Mittag, kehrte auf die Terrasse zurück und blieb bis fünf oder sechs Uhr, das heißt, bis es langsam kühl wurde. Danach ging er in sein Appartement hinauf, ließ sich ein kaltes Abendessen servieren und war den ganzen Abend nicht mehr zu sehen.»

«Hat man ihn umgebracht?»

«Um es genau zu sagen, in seinem Zimmer ist jemand umgebracht worden...»

«Er ist also nicht das Opfer?»

«Wohl eher der Mör...»

Monsieur Louis meinte, Maigret hätte mittlerweile angebissen und er könnte nun in weniger geheimnisvoller Weise fortfahren.

«Ich will Ihnen die Geschichte kurz erzählen. Als ich heute

Morgen die Zeitungen aus Paris sortierte, sie treffen kurz vor elf Uhr ein, da wunderte ich mich, dass ich Monsieur Owen nicht an seinem gewohnten Platz sah. Ich glaube, ich habe es sogar einem der Pagen gegenüber erwähnt. Auf gut Glück drehte ich mich um und merkte, dass sein Schlüssel nicht am Brett hing ... Nicht weiter wichtig! Zur Zeit des Aperitifs machte ich meine kleine Runde auf der Terrasse und stellte erneut fest, dass Monsieur Owen nicht da war.

Diesmal ging ich zur Rezeption und fragte Monsieur Henry:
‹Ist Monsieur Owen krank?›
‹Ich weiß es nicht.›
Genau in dem Moment, etwa zwischen Viertel nach zwölf und halb eins, sah ich die Krankenschwester weggehen, in einem hellgrünen Kostüm, das ihr ausgezeichnet stand. Da sie mir ihren Zimmerschlüssel nicht gab, hatte ich keine Gelegenheit, mit ihr zu sprechen. Ich dachte, sie ginge vielleicht Medikamente besorgen, und hätte ihr beinahe gesagt, dass die Apotheken geschlossen sein würden.

Um zwei Uhr rief mich schließlich der Etagenchef des vierten Stocks an und erkundigte sich, was mit 412 los sei. Das ist das Appartement von Monsieur Owen. Die Tür war immer noch zugeschlossen, und es antwortete niemand. Daher bin ich hinaufgegangen; ich habe mit meinem Nachschlüssel aufgesperrt und war ziemlich überrascht, als ich auf dem Tisch neben einem zerbrochenen Glas eine leere Whiskyflasche vorfand.

Im Badezimmer entdeckte ich schließlich in der Wanne den nackten Leichnam eines Mannes ...»
«Und dann?», entfuhr es Maigret.
«Dann nichts! Es war nicht Monsieur Owen.»
«Was sagen Sie da?»
«Ich sage, dass es nicht Monsieur Owen war. Mein Beruf zwingt mich unter anderem dazu, Physiognom zu sein. Ich habe alle vor Augen, die das Hotel betreten und es verlassen. Ich kann versichern, dass ich diesen jungen Mann nie gesehen habe ...»

«Pardon! Aber Monsieur Owen?»

«Genau das ist ja das Seltsame an der Geschichte. Seine Kleider hingen in der Garderobe, und sein Gepäck war im Appartement, und zwar vollständig. Andererseits war in 412 kein einziges Kleidungsstück vorhanden, das dem jungen Mann gehören könnte, dabei liegt doch auf der Hand, dass er das ‹Excelsior› nicht vollkommen nackt betreten hat.»

Maigret hatte sich vor dem breiten Fenster niedergelassen und schaute aufs Meer hianus, wo man die Köpfe der Schwimmer aus dem Wasser auftauchen sah. Monsieur Louis, der hinter ihm stand, sagte sich, dass die Partie noch nicht gewonnen sei, und suchte nach einem neuen Köder.

«Vergessen Sie nicht, dass die hübsche Krankenschwester, wie ich Ihnen ja schon gesagt habe, das Hotel erst zwischen Viertel nach zwölf und halb eins verlassen hat. Der Arzt hat indessen soeben erklärt, dass der Tod des jungen Mannes, der nicht Monsieur Owen ist, in den frühen Morgenstunden eingetreten sein muss ...»

«Hm! Hm!», brummte Maigret, der sich immer noch sträubte.

«Das ist nicht alles. Monsieur Owen, der zu fürchten schien, dass ihn ein plötzliches Unwohlsein überfallen könnte oder aus sonstigen Gründen seine Krankenschwester in der Nähe haben wollte, hatte sie in 413 untergebracht, und die Verbindungstür zwischen den beiden Appartements war stets offen ...»

«Umso schlimmer für sie», sagte Maigret seufzend.

«Das finde ich auch. Die Herren von der mobilen Brigade haben bereits ihre Personenbeschreibung in alle Himmelsrichtungen losgelassen. Sie neigen umso mehr dazu, sie für schuldig zu halten, als die Zeugenaussage eines Zimmerkellners unwiderlegbar ist. Um neun Uhr vormittags, als er durch den Flur ging und wie üblich an den Türen horchte, erkannte er in 412 deutlich die Stimme der Krankenschwester. Zu diesem Zeitpunkt war das Verbrechen aber bereits begangen worden.»

Maigret hätte große Lust gehabt, aus Protest gegen die ganze

Geschichte und gegen seinen unseligen Jagdtrieb seine Badehose und seinen roten Bademantel anzuziehen und sich am Strand in den Sand zu legen, um den Badenixen zuzuschauen.

«Das ist noch nicht alles», fuhr der unerbittliche Monsieur Louis fort, der in seiner strengen Livree bisweilen an einen protestantischen Pastor erinnerte.

«Was gibt es denn noch?»

«Ich habe Ihnen nicht erzählt, wie der junge Mann gestorben ist.»

«Das ist mir auch egal!», warf Maigret in einem letzten Anfall von Willenskraft rasch ein. «Da ziehe ich lieber in eine Familienpension, in der ich viel Geld bezahle und zu jeder Mahlzeit eben esse, was auf den Tisch kommt. Hören Sie, Louis, mir reicht es! Wenn ich meinen Aufenthalt hier damit bezahlen muss, dass ich wieder ...»

«Ich bitte um Verzeihung», murmelte der Portier untertänig und bewegte sich rückwärts auf die Tür zu.

Er kannte Maigret seit langem. Er wusste, dass er ihn nicht gehen lassen würde. Im Übrigen warf sich der ehemalige Kommissar gerade in Positur, was immer ein gutes Zeichen war. Und ohne den Kopf zu wenden, fragte er:

«Woran ist er denn gestorben?»

Da erklärte Monsieur Louis im selben Tonfall, in dem er «Der Wagen von Madame ist vorgefahren!» gesagt hätte:

«Er ist in der Badewanne ertränkt worden!»

Die Partie war gewonnen. Maigret hatte Blut geleckt, wie man so zu sagen pflegt.

Er hatte sich mit soundso vielen Verbrechen befassen müssen, und er hatte sich über so viele Leichen gebeugt, dass man einen ansehnlichen Dorffriedhof damit hätte füllen können.

«Falls Sie kommen wollen und einen Blick ...»

«Nein, mein Lieber! Hören Sie mir gut zu: Ich möchte auf keinen Fall in diese Untersuchung hineingezogen werden. Haben Sie mich verstanden? Bei der ersten Zeile über mich in den Zeitungen verlasse ich sofort Ihr Etablissement, obwohl es vorzüglich ist. Außerdem werde ich mich um absolut nichts kümmern ... Ich habe nichts dagegen, dass Sie mich auf dem Laufenden halten, einfach so, gesprächsweise ... Falls mir dazu irgendetwas einfallen sollte, was unwahrscheinlich ist, so behaupte ich ja nicht, dass ich mich weigern werde, es Ihnen mitzuteilen ...»

«Aber Sie wollen den Leichnam nicht sehen?»

«Sie werden ihn doch fotografieren, nicht wahr? Finden Sie Mittel und Wege, dass Ihnen der Erkennungsdienst ein Bild gibt!»

War es nicht eigentlich unverantwortlich, in Ruhe die Sonne und den Duft dieses mediterranen Frühlings genießen zu wollen? Jetzt, da er wieder allein war, kramte er in seinem Zimmer herum und suchte etwas, wusste aber nicht mehr was. Er redete sich ein, sehr schlecht gelaunt zu sein. Trotzdem konnte er sich, als er plötzlich seinem Spiegelbild begegnete, eines leisen Lächelns nicht erwehren.

«Diese Kerle haben ein gutes Gedächtnis!», sagte er sich.

Leute, die immerhin etwas davon verstanden, denn ein Monsieur Louis war durchaus in der Lage, die Fähigkeit eines Polizisten zu beurteilen. Nun ja, er hatte den alten Maigret nicht vergessen, obwohl er schon pensioniert war. Der Kommissar der mobilen Brigade, den man gerufen hatte, war vielleicht ein Ass. Trotzdem hatte Louis eine Viertelstunde lang zu mancher List gegriffen, um Maigret zur Mithilfe zu bewegen! Und er dürfte dabei nicht auf eigene Faust gehandelt haben. Der Inhaber des «Excelsior» saß ihm sicher im Genick.

«Unter der Bedingung, dass ich da in nichts hineingezogen werde», wiederholte er.

Noch etwas ließ ihn lächeln: sich in Flanellhose und weißem Hemd zu sehen, mit einer gestreiften Krawatte, die er, ohne es zu wissen, in den Farben einer englischen Universität ausgewählt hatte.

«Owen! Owen! Ganz in Grau! Grauer Anzug, graues Hemd, graue Krawatte. Donnerwetter! Handschuhe aus grauem

Zwirn. So! So! Ich würde gern wissen, warum Monsieur Owen Handschuhe aus grauem Zwirn trug, wenn er es sich in der Sonne bequem machte.»

Er hörte die Telefone, das Kommen und Gehen draußen und das leise Klicken des Fahrstuhls nicht mehr. Etwas später begab er sich hinunter, über die Treppe, so sehr fürchtete er, den Polizeibeamten zu begegnen. Er stellte fest, dass Gäste in kleinen Gruppen in der Hotelhalle zusammenstanden, wohin die Neuigkeit trotz der getroffenen Vorsichtsmaßnahmen durchgesickert war.

Er ging, ohne stehen zu bleiben, an Monsieur Louis vorbei, der sich an seinem Schlüsselbrett zu schaffen machte, und gelangte auf die Croisette, über der eine so großartige Stimmung lag, dass es ein Verbrechen schien, den Leuten damit lästig zu fallen, dass man plötzlich in der Badewanne eines Monsieur Owen starb.

«Owen ... Owen ...»

Es war gerade die Tageszeit, zu der er seiner Frau schreiben sollte, und er suchte an einem Kiosk eine farbenprächtige Karte aus, auf der Jachten abgebildet waren, von denen jede ihre fünf Millionen wert war.

«*Schönes Wetter. Sonne. Habe Siesta gehalten. Das Leben ist schön!*», schrieb er.

Er wollte Monsieur Louis nicht die Genugtuung verschaffen, dass er sich auf diesen Fall stürzte wie das Elend auf die Armut. Deshalb zwang er sich dazu, dreimal die Croisette entlangzulaufen, nicht ohne dabei nach den Gestalten in Badeanzügen zu schauen, die sich am Strand der Körperkultur hingaben.

«Owen ... Owen ...»

Das summte in ihm wie eine eingesperrte Fliege. Er hätte wahrlich nicht sagen können, was ihm keine Ruhe ließ!

«Owen ... Owen, was soll das!»

Als die Sonne unterging, musste er sich zurückhalten, um seinen Schritt nicht zu beschleunigen. Der Hotelpage, der die

Drehtür überwachte, grüßte ihn, und er entdeckte Monsieur Louis in angeregtem Gespräch mit zwei Engländern, die sich im Fahrplan der Eisenbahn nicht zurechtfanden.

Da der Portier ihm den Zimmerschlüssel nicht aushändigte und so tat, als würde er gar nicht sehen, dass er darauf wartete, blieb er, mit der Pfeife zwischen den Zähnen, dort stehen. Er musste eine lange Debatte über die Vorteile und die Nachteile zweier Züge mit anhören, dann gingen die Engländer endlich.

«Ist soeben verhaftet worden!», verkündete Monsieur Louis sogleich.

«Owen?»

«Seine Krankenschwester ... Genau in dem Moment, als sie in Nizza aus dem Triebwagen stieg ... Die Polizei hat mich sofort angerufen ...»

«Was sagt sie denn?»

«Dass sie nichts weiß ... Der Inspektor kommt gleich, um mir Einzelheiten zu erzählen ...»

Maigret streckte die Hand aus, um den Schlüssel entgegenzunehmen, der an einem schweren Stern aus blankem Metall hing, auf dem eine Zahl stand.

«Das ist nicht alles ...»

«Ich höre ...»

«Das gesamte Personal ist aufgefordert worden, an dem Leichnam vorbeizudefilieren. Keiner hat den Mann jemals im Hause gesehen. Der Nachtportier, mein Kollege Pitois, den Sie ja kennen, ist sich darin ganz sicher. Obendrein hielt sich vergangene Nacht ein Polizist in der Halle auf, wegen des Ministers, der, wie Sie wissen, im ‹Excelsior› weilt, und er bestätigt die Aussage von Pitois ...»

Maigret streckte immer noch die Hand nach seinem Schlüssel mit dem Stern aus. Monsieur Louis ließ nicht locker:

«Wann kann ich Sie treffen?»

«Wozu?»

«Um Ihnen zu erzählen, was ich gleich erfahren werde. Ich habe um acht Uhr Dienstschluss. Es gibt in der Nähe des Hafens ein ruhiges kleines Restaurant. Das ‹Pétanque› . . . Wenn Sie einverstanden wären . . .»

Man begegnete bereits Herren im Smoking. Maigret, dem nicht danach war, sich fein zu machen, aß deshalb lieber im Grillraum zu Abend. Der Himmel war malvenfarben, das Meer ebenfalls, aber etwas dunkler.

«Monsieur Owen . . .», knurrte er.

Hätte er Louis denn nicht zum Teufel jagen können, anstatt sich den Kopf so zu zerbrechen, wie er es gerade tat!

Nichtsdestoweniger verzog er das Gesicht zu einer flüchtigen Grimasse, als er auf dem Weg in sein Stockwerk zwei Männer erblickte, die einen schweren, länglichen Gegenstand transportierten, zweifellos einen Sarg, den man mit einem Tuch verhüllt hatte, damit er weniger bedrohlich aussah. Die Träger schlichen wie Diebe an den Wänden des Hotels entlang, in dem nur Freude und Vergnügen eine Daseinsberechtigung hatten.

«Monsieur Owen . . .»

Der Sarg rief ihm Tante Émilie ins Gedächtnis, von der ihm jeden Augenblick ein Telegramm ankündigen mochte, dass sie gestorben sei, und mit den Ellbogen auf die Brüstung seiner Dachterrasse gestützt, zündete er sich schließlich eine Pfeife an und zuckte die Schultern, während vereinzelte Klänge der zum Aperitif gespielten Konzertmusik zu ihm heraufdrangen.

«Monsieur Owen . . .»

Und seine grauen Handschuhe! Aus grauem Zwirn! Was es nicht alles gibt!

2

«Für mich 'ne Halbe . . .», sagte Maigret mit einem Seufzer der Zufriedenheit und klopfte dabei seine Pfeife auf den Fußboden aus.

Endlich eine echte Halbe, in einem dicken Henkelkrug, und

nicht so eine kleine Flasche ausländisches Bier, stilvoll im Kristallglas serviert, wie im «Excelsior».

Im «Pétanque» fühlte sich der ehemalige Kommissar in seinem Element, und infolgedessen nahmen seine Augen wieder diesen abwägenden und zugleich duchdringenden Blick an, an den man sich bei der Kriminalpolizei in Paris noch lebhaft erinnerte. Er strahlte wieder diese seltsame Sanftmut aus, die sich dann seiner bemächtigte, wenn sein Verstand am eifrigsten arbeitete.

Monsieur Louis neben ihm, im schwarzen Anzug, blieb sehr würdevoll, und es verging keine Minute, ohne dass jemand kam und ihn begrüßte oder ihm die Hand schüttelte, stets mit einem Anflug von Ehrerbietung. Dennoch waren hier an der Theke des kleinen Restaurants, auf der sich Schinkenbrötchen stapelten, mehr Smokings und dunkle Anzüge als Sakkos zu sehen und mehr Abendroben als Frauen in Straßenkleidung; aber die Smokings waren die der Croupiers, an den dunklen Anzügen mit schwarzer Krawatte waren die Oberkellner zu erkennen und an denen mit weißer Krawatte die Eintänzer, während die hübschen Frauen die Animierdamen des Kasinos waren.

«Gibt's was Neues?», fragte Maigret und ließ seine Blicke über diese kleinen Leute schweifen, die ihm so vertraut waren.

«So viel, dass ich mir auf meinem Zettel Notizen gemacht habe. Wollen Sie sie abschreiben?»

Maigret schüttelte den Kopf, paffte kleine Wölkchen aus seiner Pfeife und schien sich für alles zu interessieren, was um ihn herum passierte, wobei ihm dennoch keine Einzelheit dessen entging, was Monsieur Louis ihm erzählte.

«Vor allem ist es noch nicht gelungen, das Opfer zu identifizieren, und seine Fingerabdrücke, die man per Funkbild nach Paris geschickt hat, sind in der Kartei des Palais de Justice nicht vorhanden. Es handelt sich um einen ungefähr fünfundzwanzig bis siebenundzwanzig Jahre alten Mann mit angegriffener Gesundheit, der regelmäßig dem Morphium gefrönt hat. Im Augenblick des Todes stand er noch unter dem Einfluss des Rauschgifts.»

«Sie wollen doch nicht behaupten, dieser Unbekannte hätte das Zimmer 412 betreten, sich völlig nackt ausgezogen, um in der Badewanne von Monsieur Owen ein Bad zu nehmen, sei im warmen Wasser ohmächtig geworden und unglücklicherweise ertrunken?»

«Nein! An seinem Hals und an seinen Schultern hat man blaue Flecken festgestellt, die ihm kurz vor seinem Tod zugefügt wurden, folglich von der Person, die den Kopf des Opfers unter Wasser gehalten hat.»

«Die genaue Todeszeit, Louis?»

«Warten Sie, ich muss nachsehen ... Sechs Uhr morgens ... Aber ich habe etwas noch Merkwürdigeres erfahren ... Sie kennen doch die Aufteilung der Appartements ... Hinter jedem Badezimmer befindet sich ein separates WC ... Diese WCs werden durch schräge Kippfenster von fünfzig auf fünfzig Zentimeter belüftet ... Nun, in 412 ist die Scheibe dieses Kippfensters mit einem Diamanten herausgeschnitten worden, was vermuten lässt, dass da jemand eingestiegen ist ... Draußen führt tatsächlich eine Nottreppe oder vielmehr eine Feuerleiter in der Nähe dieses Kippfensters vorüber. Ein Mann mit akrobatischem Talent hätte sich auf diesem Weg ins Hotel einschleichen können.»

«Um sich im Zimmer von Monsieur Owen auszuziehen und ein Bad zu nehmen, jedenfalls in dessen Badewanne!», wiederholte Maigret, der sich in diesen Punkt verbiss. «Ein bisschen komisch, finden Sie nicht auch?»

«Ich interpretiere nicht ... Ich gebe nur wieder, was man mir gesagt hat ...»

«Hat man die junge, blonde Krankenschwester verhört?»

«Sie heißt Germaine Devon ... Sie besitzt wirklich ein Schwesterndiplom, und bevor sie in die Dienste von Monsieur Owen getreten ist, war sie die Krankenpflegerin eines anderen Schweden, eines Monsieur Stilberg, der vor etwas über einem Jahr gestorben ist ...»

«Selbstverständlich weiß sie nichts!»

«Absolut nichts! Sie hat Monsieur Owen in Paris kennen gelernt, in der Halle eines großen Luxushotels, wo sie sich vorgestellt hat. Er hat sie engagiert, und seither reiste sie mit ihm herum. Monsieur Owen war nach ihrer Aussage ein ziemlich nervöser Mensch, der befürchtete, jeden Augenblick vom Wahnsinn befallen zu werden. Sein Vater und sein Großvater sind anscheinend in geistiger Umnachtung gestorben.»

«Und dennoch war er bei keinem Arzt in Behandlung?»

«Er hütete sich vor Ärzten, weil er davor Angst hatte, dass ihn einer in eine Anstalt einweisen würde...»

«Womit verbrachte er seine Zeit, jede Nacht?»

«Aber...», wandte Monsieur Louis erstaunt ein, während er erneut seine Notizen durchlas. «Warten Sie... Ich glaube nicht, dass diese Frage gestellt wurde... Das wäre mir aufgefallen... Man muss wohl annehmen, dass er schlief...»

«Wann behauptet Mademoiselle Germaine, da sie nun einmal so heißt, ihren Chef zum letzten Mal gesehen zu haben?»

«Heute Morgen ist sie angeblich wie immer gegen neun Uhr in sein Zimmer gegangen und hat ihm sein Frühstück gebracht, weil er nicht vom Hotelpersonal bedient werden wollte. Sie hat nichts Ungewöhnliches bemerkt. Die Tür zum Badezimmer war geschlossen, und sie ist nicht auf den Gedanken gekommen, sie zu öffnen. Monsieur Owen war, so behauptet sie, wie an jedem Morgen, und während er im Bett sitzend seinen Toast und den Tee zu sich nahm, bat er seine Krankenschwester, für ihn nach Nizza zu fahren, um einen Brief, der auf dem Nachttisch lag, zu einer bestimmten Adresse zu bringen, Avenue du Président Wilson, wenn ich mich richtig erinnere...»

«Dieser Brief?»

«Augenblick noch! Mademoiselle Germaine hat also den Triebwagen bestiegen und ist am Bahnhof von der Polizei aufgegriffen worden. Sie hatte den Brief in ihrer Tasche, oder vielmehr einen Umschlag, der nur ein weißes Blatt Papier enthielt. Was die auf dem Umschlag angegebene Adresse betrifft, die existiert gar nicht, in der Avenue du Président Wilson gibt es keine dreihundertsiebzehn Hausnummern ...»

Maigret winkte dem Kellner, er solle ihm noch ein Bier bringen, und rauchte eine Weile schweigend, ohne dass sein Begleiter ihn zu stören wagte.

«Nun?», fragte er plötzlich ungeduldig. «Ist das schon alles?»

«Pardon! Ich glaubte ...»

«Was glaubten Sie?»

«Dass Sie damit beschäftigt wären nachzudenken ...»

Daraufhin zuckte der ehemalige Kommissar die Schultern, als wäre es einfältig gewesen zu glauben, er könnte nachdenken!

«Sie informieren mich schlecht, Louis ...»

«Aber ...»

«Der Beweis dafür ist, dass Sie mir einen ganzen Abschnitt der Untersuchung verschweigen ... Geben Sie doch zu, dass die Polizei Sie gefragt hat, welche Gäste seit dieser Nacht das Hotel verlassen haben ...»

«Das stimmt ... Weil das aber nichts ergeben hat, dachte ich nicht mehr daran ... Übrigens kann man streng genommen nicht von einer heutigen Abreise sprechen, weil sie bereits seit gestern Abend angekündigt war ...»

Maigret runzelte die Stirn und wurde noch aufmerksamer.

«Es handelt sich um 133, Monsieur Saft, ein junger, sehr vornehmer polnischer Herr, der um vier Uhr morgens geweckt werden wollte und das ‹Excelsior› um fünf Uhr verlassen hat, um das Flugzeug nach London zu erreichen ...»

«Warum haben Sie eben erklärt, dass das nichts ergeben hätte?»

«Die Person in der Badewanne ist um sechs Uhr gestorben ...»

«Selbstverständlich haben Sie Monsieur Saft und Monsieur Owen nie zusammen gesehen?»

«Niemals! ... Im Übrigen hätten sie einige Mühe gehabt, einander zu begegnen, da Monsieur Saft den Großteil seiner

Nächte im Kasino oder in Monte Carlo verbrachte und sich tagsüber ausruhte ...»

«Und Mademoiselle Germaine?»

«Was meinen Sie damit?»

«Ging sie viel aus?»

«Ich gebe zu, dass ich darauf nie geachtet habe. Hätte ich sie abends weggehen sehen, ich glaube, das hätte mich überrascht. Meiner Meinung nach muss sie ein ziemlich zurückgezogenes Leben geführt haben ...»

Durch die Fenster sah man das hell erleuchtete Kasino und die nächtlichen Schemen der weißen Jachten.

«Hohe Einsätze heute?», erkundigte sich Monsieur Louis bei einem Saalchef der Spielbank, der auf einen Sprung ins «Pétanque» gekommen war, um sich etwas Szenenwechsel zu verschaffen.

«Wir haben gerade Bankos von hunderttausend gehabt ...»

Maigret schien eins zu sein mit der Bank, auf der er saß, und in seiner Ecke war der Rauch dichter als sonst wo im Lokal. Doch plötzlich erhob er sich, klopfte mit einer Münze auf den Tisch, zahlte und nahm seinen Hut, ohne sich im Mindesten um seinen Begleiter zu kümmern, der ihm folgte.

Die Hände in den Hosentaschen, erweckte er den Eindruck, als hätte er nur das eine Ziel, auf der Mole spazieren zu gehen und das Meer zu betrachten, das im Mondlicht silbern glänzte.

«Das ist viel zu kompliziert ...», murmelte er schließlich wie zu sich selbst.

«Ich dachte», wandte Monsieur Louis diplomatisch ein, «Sie hätten schon Fälle aufgeklärt, die verwickelter waren als dieser ...»

Maigret hielt im Gehen inne, sah ihn nachdenklich an und zuckte die Schultern.

«Das hab ich damit nicht gemeint ...»

Er nahm seine Wanderung wieder auf, und auch den Faden seiner Überlegungen. Unablässig blieben Autos vorm Eingang zum Kasino stehen und die himmelblau gewandeten Pagen stürzten auf die Wagentüren zu. Durch die ausladenden Fenster konnte man die Umrisse der über die Roulette- und Bakkarattische gebeugten Spieler ausmachen.

«Angenommen ...»

Monsieur Louis war beinahe so weit, dass er den Atem anhielt, so sehr fürchtete er eine erneute Abfuhr. Jeden Augenblick schien es ihm, als würde der Kommissar gleich den Kopf heben, um entschieden abzulehnen. Aber nein! Er fing einen Satz an, brach ab, grübelte vor sich hin, schüttelte verneinend den Kopf und schaute dabei drein, als wollte er, wie in der Schule, eine im Ansatz falsche Aufgabe von der Tafel löschen.

«Sagen Sie, Louis ...»

«Ja?», fragte dieser hastig.

«Könnten Sie eigentlich durch das Kippfenster im WC einsteigen?»

«Ich habe es nicht versucht, aber ich glaube, dass ich es schaffen würde ... Allerdings bin ich nicht dick ...»

«Monsieur Owen war auch nicht dick ... Und der junge Mann in der Badewanne?»

«Eher lang und mager ...»

«Und trotzdem! ...»

Was wollte er mit seinem «Und trotzdem!» sagen? Monsieur Louis ging auf Zehenspitzen, machte kehrt, wenn Maigret kehrtmachte, blieb stehen, wenn dieser vor irgendeinem Schiff stehen blieb, das er nicht einmal anschaute. Monsieur Louis hatte nur die eine Angst, er könnte seinen Begleiter sagen hören: «Nun, nach reiflicher Überlegung nehme ich mich dieser Sache nicht an ...»

Denn er hatte dem Inhaber des «Excelsior» versprochen, sein Freund Maigret würde diese Angelegenheit innerhalb weniger Stunden aufklären, wie er es bei ihm so oft mit angesehen hatte.

«Sagen Sie, Louis ...»

Das wurde ja fast zum Refrain, und jedes Mal zuckte der Portier zusammen.

«Diese Kippfenster, die sind doch im ganzen Hotel gleich,

nicht wahr? Also meins hat eine Scheibe aus Mattglas. Da hängt wohl ein Stück Schnur dran, mit der man es auf- und zumachen kann, aber mir ist aufgefallen, dass es immer halb geöffnet ist...»

«Zur Belüftung!», erklärte Monsieur Louis.

«Warum hat man sich dann die Mühe gemacht, die Scheibe mit einem Diamanten herauszuschneiden? Sie sehen doch ein, dass ich Recht habe, *dass das zu kompliziert ist*! Und vergessen Sie eins nicht: Nur Amateure machen's kompliziert. Die professionelle Arbeit ist im Allgemeinen sauber, ohne Schnickschnack. Nur das, was nötig ist, mehr nicht! Hätte Monsieur Owen das Hotel am Morgen verlassen wollen, dann hätte er das unbekümmert tun können, durch den Haupteingang, weil man den Leichnam ja noch nicht entdeckt hatte. Warum, zum Teufel, ist dann diese Scheibe herausgeschnitten worden?»

«Vielleicht, um in das Appartement hineinzukommen?»

Kein Zweifel, Maigret war an diesem Tag auf Widerspruch eingestellt, denn er grummelte:

«Also, das ist zu simpel...»

«Da komme ich nicht mehr mit...»

«Das will ich hoffen! Sonst wären Sie verdammt schlau. Haben Sie, der Sie in Ihrem Leben Tausende von Leuten aus der Nähe gesehen haben, eigentlich viele gesehen, die zu jeder Tageszeit Handschuhe getragen haben?»

«Clemenceau zum Beispiel... Ihm lag daran, seine lädierten Hände zu verbergen... Ich habe auch eine alte Engländerin gekannt, der ein Finger fehlte und deren Handschuh einen künstlichen Daumen enthielt...»

Maigret seufzte und sah mit wahrhaft angewiderter Miene um sich.

«Das ist wie dieser Umschlag mit einem weißen Blatt drinnen... Hören Sie mal, soll ich Ihnen sagen, was ich glaube?»

Nichts wäre Monsieur Louis lieber gewesen, sein Gesicht strahlte.

«Nun ja, ich glaube, wenn man einen Dummkopf und einen

höchst intelligenten Mann zusammenbringt . . . Nein! Das trifft es nicht ganz . . . Nehmen Sie einen Profi und einen Amateur . . . Jeder kommt mit seiner eigenen Idee an . . . Jeder hat seinen eigenen Plan . . . Jeder möchte sein Teil dazu beitragen, koste es, was es wolle, und dabei kommt dann ungefähr das heraus, was Sie gesehen haben . . . Die Scheibe im WC zum Beispiel, die geht auf das Konto des Amateurs, denn die Leute vom Fach machen sich schon seit einer Ewigkeit nicht mehr mit einem Diamanten an Glasscheiben ran . . . Aber der Brief nach Nizza . . .»

«Glauben Sie, dass die Krankenschwester . . .»

Sie gingen an einem offenen Fenster vorüber, aus dem Musik herausdrang, und Maigret schielte mürrisch nach den tanzenden Paaren.

«Wenn ich mir vorstelle, dass die Tante meiner Frau jetzt gerade . . . Ich wünsche mir beinahe, dass es schon vorbei wäre, dass mich im Hotel ein Telegramm erwartet und dass ich den nächsten Zug nehmen muss, um in Quimper das Trauergeleit anzuführen . . . Ist Ihnen wenigstens etwas aufgefallen, wenn Sie mir schon dieses ganze Schlamassel einbrocken?»

«Was denn . . . ?»

«Nein! Ihnen ist nicht einmal aufgefallen, dass Mademoiselle Germaine als Erstes bei einem Schweden im Dienst stand . . . Ich drücke mich deutlicher aus: Sie war die Krankenpflegerin eines echten Schweden, der wirklich krank war und der obendrein daran gestorben ist . . . Übrigens, wo hat man sie denn hingesteckt?»

«Wen?»

«Die Krankenschwester, natürlich!»

«Man hat sie wieder freigelassen . . . Selbstverständlich wird sie weiterhin von der Polizei überwacht, und man hat sie gebeten, Cannes nicht zu verlassen . . . Im Moment müsste sie im Hotel sein . . .»

«Und das haben Sie nicht gleich gesagt, Sie Idiot!»

«Ich wusste nicht, dass . . .»

«Wohnt sie immer noch in ihrem Appartement?»

«Vorerst ja ...»

Maigret kehrte der Mole den Rücken und ging nun mit großen, entschlossenen Schritten die Croisette entlang. Ab und an sah man in der Dunkelheit ein regloses Paar.

«Steht der Inspektor vor ihrer Tür?»

«Nicht direkt ... Er hält sich in ihrem Stockwerk auf, um sie zu überwachen ... In der Halle ist noch einer ...»

Das war weniger denn je der Augenblick, um Maigret zu verärgern, dem endlich eine Idee gekommen zu sein schien, die er in die Tat umsetzen wollte.

«Sagen Sie, Louis ...»

Maigret lächelte, als er sich diesen Satzanfang aussprechen hörte, denn er klang wahrhaftig schon wie eine alte Leier.

«Was hat er eigentlich getrunken, Monsieur Owen?»

«Darauf kann ich Ihnen antworten ... Von meinem Platz aus konnte ich ihn nämlich den ganzen Tag auf der Terrasse sehen, und mir ist aufgefallen, dass er nie etwas anderes als Mineralwasserflaschen vor sich hatte ...»

«Und Mademoiselle Germaine?»

«Das weiß ich nicht. Sie setzte sich nie auf die Terrasse. Ich kann mich morgen bei ihrem Ober und beim Etagenkellner danach erkundigen ...»

Trotzdem musste jemand den Whisky getrunken haben, dessen Flasche man leer im Zimmer vorgefunden hatte!

«Können Sie mir diese Auskunft nicht vor morgen beschaffen?»

«Ich werde den Getränkekellner fragen, der Nachtdienst hat ...»

Das taten sie. Die Hotelhalle war verwaist. Ein Polizist, den Maigret nicht zu sehen vorgab, las auf einem mit karmesinrotem Samt bezogenen Bänkchen Zeitung. Der Nachtportier begrüßte seinen Kollegen vom Tage und reichte Maigret den Zimmerschlüssel.

«Ruf mal Baptiste an!»

Telefon. Ein paar Worte hin und her.

«Ja ... Komm einen Moment herauf ...»

Die Hälfte der Hotelhalle lag im Dunkeln, und in diesen Teil zog sich Maigret zurück, um den Getränkekellner auszufragen.

«412 und 413? ... Warten Sie! ... Nein ... Ich habe ihnen nie Alkohol serviert ... Oder genauer gesagt ... Gestatten Sie, dass ich meinen Notizblock hole ...»

Als er zurückkehrte, war er ganz sicher.

«Weder in 412 noch in 413 habe ich je Whisky serviert ... Ich habe soeben die Getränkebons durchgesehen, und es ist auch tagsüber keiner serviert worden ... Nichts als Mineralwasser ...»

Monsieur Louis fürchtete noch immer, Maigret könnte den Mut verlieren. Ihm kam es so vor, als würde jede neue Auskunft die ganze Angelegenheit nur noch undurchsichtiger machen, und er beobachtete den Kommissar verstohlen.

«Möchten Sie, dass ich Sie zu ihr bringe?»

«Ich gehe allein ...»

«Soll ich auf Sie warten?»

«Nein! Ich sehe Sie morgen ... Halten Sie sich auf dem Laufenden über das, was die Polizei möglicherweise herausfindet ...»

Er ging zunächst in sein Zimmer zurück, kämmte sich kurz und wischte sogar mit einem Tuch über seine von der Croisette staubigen Schuhe.

Ursprünglich hatte er die Absicht gehabt, an die Tür der Krankenschwester zu klopfen, die eine Etage unter ihm wohnte. Aber als er drauf und dran war, sich ins Treppenhaus hinauszubeugen, fiel ihm ein, dass er vielleicht durch die geschlossene Tür mit ihr verhandeln musste, was den Inspektor der mobilen Brigade anlocken würde.

Er machte auf dem Absatz kehrt und schloss das Fenster, weil ihn der Anblick des silbrig glänzenden Meeres alle Augenblicke von seinen Gedanken abbrachte. Auf dem Tisch stand ein Telefonapparat.

Schließlich hob er den Hörer ab und vernahm die Stimme des Telefonisten:
«Ja, bitte ...»
«Verbinden Sie mich bitte mit Zimmer 413!»
Widerwillig stellte er fest, dass er ein wenig nervös war. Er malte sich aus, wie der Hotelangestellte einen Stöpsel in eine der Buchsen des Schaltpults steckte und ankündigte:
«Hallo! Zimmer 413? ... Ein Gespräch für Sie ...»
Es musste übrigens komplizierter gewesen sein, denn die Zeit verstrich, es klickte mehrmals, und wiederholt ertönten verworrene Zwischenrufe, ehe eine erstaunte Stimme fragte:
«Wer ist am Apparat?»
Maigret glaubte, die junge Frau vor sich zu sehen, schon zu Bett gegangen, vielleicht erschrocken, wer weiß, und sie mochte noch nicht die Zeit gehabt haben, um das Licht einzuschalten.
«Hallo!», sagte er. «Ist dort Mademoiselle Germaine Devon? Guten Abend, Mademoiselle ...»
«Guten Abend, Monsieur ...»
Sie war beunruhigt, das war sicher. Sie musste sich fragen, was man von ihr wollte.
«Hier spricht jemand, der zufällig die Whiskyflasche gefunden hat, die heute Morgen im Zimmer von Monsieur Owen stand ...»
Vollkommene Stille.
«Hallo! ... Hören Sie mich?»
Immer noch Stille am anderen Ende der Leitung, dann ein Klicken, das verriet, dass die junge Frau den Lichtschalter gefunden hatte.
«Ich weiß, dass Sie noch am Apparat sind. Und Sie kämen ganz schön in Verlegenheit, wenn ich auflegte ...»
«Warum?»
Er triumphierte! Das «Warum» klang voller Angst. Es ließ noch eine gewisse Abwehrkraft erkennen, kein Zweifel, aber sie war bereits erschüttert.
«Vielleicht wäre ich bereit, Ihnen diese Flasche zurückzuge-

ben... Allerdings müssten Sie sie in meinem Appartement abholen...»

«Wohnen Sie im Hotel?»

«In der Etage über Ihnen...»

«Was wollen Sie von mir?»

«Ihnen die Flasche zurückgeben.»

«Warum?»

«Können Sie sich das nicht denken?»

Erneut trat Stille in, und Maigrets Nerven waren so angespannt, dass das Mundstück seiner Pfeife zwischen seinen Zähnen knackte.

«Kommen Sie ins Zimmer 517 herauf... Es liegt direkt am Ende des Flurs... Ein Eckzimmer... Sie brauchen nicht zu klopfen... Die Tür wird nur angelehnt sein...»

«Warum?», fragte die Stimme. «Was muss ich mitbringen?»

«Ich merke, dass Sie verstanden haben... Sie wissen so gut wie ich, was die wert ist, nicht wahr?... Es wäre allerdings besser, nicht die Aufmerksamkeit des Polizisten zu erregen, der Ihre Etage überwacht...»

Er horchte noch einen Moment, legte auf, verharrte eine ganze Weile reglos, mit der Hand auf dem Telefonapparat, dann nahm er abermals den Hörer ab, von der plötzlichen Angst getrieben, dass ihm nicht genügend Zeit bleiben würde, alles zu tun, was er noch tun musste.

«Hallo!...» (Er senkte die Stimme.) «Vermittlung?... Ist Monsieur Louis noch unten?... Soeben weggegangen?... Ja, hier ist 517... Hat er Sie informiert?... Gut... Also, ich möchte gern, dass Sie Folgendes machen... 413 wird vielleicht bald ein Gespräch anmelden... Ist es Ihnen möglich, mich so zuzuschalten, dass ich mithören kann?... Was sagen Sie?... Ja... Sonst komme ich hinunter in die Vermittlung, aber es wäre besser... Was?... Ja... Ja... Ich warte...»

Der Telefonist bat ihn, für einen Augenblick aufzulegen, weil er angerufen wurde. Gleich darauf rief er zurück.

«Hallo! ... Zimmer 517? ... Sie haben Recht gehabt ... 413 hat ein Gespräch nach Genf angemeldet ...»
«Sind Sie sicher, dass es Genf ist?»
«Ich kann Ihnen sogar sagen, dass es das ‹Hôtel des Bergues› ist, weil ich die Nummer kenne ... Ich werde das Nötige tun, um Sie zuzuschalten ... Es ist mit zehn Minuten Wartezeit zu rechnen ...»

Zeit, um eine Pfeife zu stopfen und, ehe er Mademoiselle Germaine empfing, im Zimmer etwas aufzuräumen, weil es Maigret nie gelungen war, einen Sinn für Ordnung zu entwickeln.

3

Zehn Minuten lang hätte er viel dafür gegeben, aus Leibeskräften den zehn, zwölf, fünfzehn Jahre alten Maigret ohrfeigen zu können, der er einmal gewesen war und der in der Schule beständig nur dreierlei Preise errungen hatte: den fürs Aufsatzschreiben in Französisch, den für Vortragskunde und schließlich den Preis fürs Turnen.

Irgendwo in der Ferne wiederholte eine Frauenstimme:
«*Allô! ... Ici l'Hôtel des Bergues, Genève ...*»
Dann übersetzte die Stimme automatisch, wie im Radio, die gleiche Ansage ins Englische, ins Deutsche.
«Hallo! ... Wen wollen Sie sprechen?»
«Würden Sie mich bitte mit Monsieur Smith verbinden», sagte eine nähere Stimme, die wohl zu Germaine Devon gehören musste. Und Maigret ahnte, dass obendrein noch der Telefonist des Hotels in der Leitung war, dessen Neugierde er geweckt hatte.

Erstaunlich schnell meldete sich eine Männerstimme:
«*Hello ...*»
Dann Germaine Devon auf Englisch, etwas, was geheißen haben muss:

«Ist dort Mister Smith am Apparat?»

Dann noch mehr Englisch am anderen Ende der Leitung, dann plötzlich eine, besonders auf der französischen Seite, sehr lebhafte Unterhaltung in einer Sprache, die nun nicht mehr Englisch, sondern Polnisch oder Russisch war.

Maigret konnte nur voll Bitterkeit den Teppich anstarren. Die Stimme der Krankenschwester klang erregt, drängend, die des Mannes zuerst erstaunt, dann ungehalten.

Sie erzählte eine lange Geschichte, und er unterbrach sie mit einigen Fragen. Anschließend musste sie sich wohl danach erkundigt haben, was sie zu tun hätte, und er wurde ärgerlich, machte ihr Vorwürfe wegen etwas, was sich der ehemalige Kommissar nicht im Mindesten zusammenreimen konnte.

Plötzlich merkte Maigret, während er den Tisch betrachtete, dass ein wichtiges Accessoire fehlte, und, ohne das Telefon loszulassen, klingelte er nach dem Kellner.

«Bring mir ganz schnell eine Whiskyflasche ...», verlangte er mit dem Hörer am Ohr.

«Voll? Mit wie viel Gläsern?»

«Voll oder leer! Ohne Gläser ...»

Was mochte er bloß sagen, mit dieser jetzt dumpfen, fast flehenden Stimme? Dabei hätte schon ein bisschen Neigung zum Sprachenlernen ausgereicht, um alles zu verstehen!

War der, dort in Genf, wirklich wütend? Manche Unterhaltungen in einer fremden Sprache erwecken diesen Eindruck bei jenen, die sie nicht verstehen, und Maigret sah sich vor. Dem Rhythmus nach hätte er den Mann etwa so interpretiert:

«Pech für dich ... Denk dir etwas aus! ... Lass mich in Ruhe! ...»

Aber diese Sätze konnten ebenso gut genau das Gegenteil davon bedeuten.

«Pardon ...», sagte jemand im Zimmer.

Es war der Kellner, der fragte:

«Welchen Whisky möchten Sie?»

«Eine eckige braune Flasche, am liebsten leer ...»
«Was sagen Sie?»
«Aber schnell, verdammt noch mal! Begreifen Sie denn nicht, dass Sie alles vermasseln?»

Ihm war heiß. Er geriet in Zorn. Hätte er Monsieur Louis dabehalten, der wäre wenigstens imstande gewesen, das Telefongespräch zu übersetzen.

«Hallo! Genf...», säuselte schließlich eine französische Stimme. «Ist das Gespräch beendet?»

«Beendet!», antwortete Genf.

«Hallo! ‹Excelsior›?... Haben Sie beendet?... Das macht drei Einheiten ...»

«Danke ... Guten Abend ...», gab der Mann von der Telefonzentrale des Hotels zurück.

Endlich kam der Kellner, voller Verachtung, mit seiner leeren Flasche auf einem silbernen Tablett. Maigret hatte kaum noch die Zeit, ihn hinauszuwerfen, als er schon jemanden die Treppe heraufkommen hörte. Er ließ die Tür angelehnt, drehte sich einmal um sich selbst, legte die Hände auf den Rücken und rief mürrisch: «Herein!», kaum dass er die eiligen Schritte auf dem Teppich erahnte.

Germaine Devon stand mit misstrauischem Blick in seinem Zimmer, und er kehrte ihr immer noch den Rücken zu, als er sie aufforderte:

«Schließen Sie bitte die Tür ...»

Da es ihm nie gelungen war, Fremdsprachen zu erlernen, musste er, so gut er eben konnte, diese Schwäche überspielen, deshalb blieb er mit dem Gesicht zum Fenster stehen, drehte sich erst nach geraumer Zeit um und herrschte sie mit möglichst abweisender Miene an:

«Wie viel hat er gesagt, dass Sie zahlen sollen?»
«Wer?»
«Genf ... Wie viel? ...»

Wieder einmal zeigte sich, wie unterschiedlich die Auffassungen von weiblicher Schönheit waren. Monsieur Louis hatte ihm gesagt:

«Eine hübsche Blondine ...»

Und da noch von wohl gerundeten Formen die Rede gewesen war, hatte er sie sich ein wenig pummelig vorgestellt. Mademoiselle Germaine war vielleicht schön, aber sie war nicht hübsch. Wenn ihre Gesichtszüge auch ebenmäßig waren, so waren sie doch hart, und ihre makellosen Formen ließen einen bei weitem nicht an weibliche Schwäche denken.

«Antworten Sie: Wie viel?»

«Wie viel verlangen Sie?»

Die Flasche stand da, auf dem Tisch, zwischen ihnen, und wenn sie erst einmal nicht mehr da stand, dann hatte der ehemalige Kommissar seine gesamten Trümpfe verloren.

«Die ist viel wert», raunte er und versuchte das schmierige Gehabe eines Erpressers nachzuahmen ...

«Das kommt darauf an ...»

«Worauf?»

«Auf die Flasche ... Gestatten Sie?»

«Einen Augenblick ... Wie viel?»

Sie war klüger, als er ihr einen Moment lang zugetraut hatte, denn er sah deutlich, dass sich ein gewisser Argwohn in ihren Blick geschlichen hatte.

«Ich möchte sie zuerst überprüfen ...»

«Und ich möchte zuerst wissen, wie viel ...»

«In diesem Fall ...», entgegnete sie und wandte sich zur Tür, als wollte sie gehen.

«Wenn Sie wollen!»

«Was werden Sie tun?», fragte sie, während sie sich umdrehte.

«Ich werde den Inspektor rufen, der sich in Ihrer Etage aufhält. Ich werde ihm diese Flasche zeigen. Ich werde ihm sagen, dass ich sie im Zimmer von Monsieur Owen gefunden haben ...»

«Es ist versiegelt worden ...»

«Das hab ich mir schon gedacht ... Wenn es sein muss, werde

ich zugeben, dass ich einen Teil der Siegel aufgebrochen habe... Ich werde vorschlagen, den Inhalt analysieren zu lassen, oder vielmehr das, was diese Flasche enthalten hat...»

«Und was hat sie enthalten?»

«Wie viel?», wiederholte er.

«Und wenn es nicht die richtige Flasche ist?»

«Ihr Pech! Ja oder nein...»

«Wie viel verlangen Sie?»

«Sehr viel... Vergessen Sie nicht, dass es um die Freiheit von ein oder zwei Menschen geht und zweifellos um jemandes Kopf...»

Im selben Augenblick, in dem er das sagte, lief er bis zu den Ohren rot an, vor Scham, denn ihm wurde urplötzlich bewusst, dass er einen unverzeihlichen Fehler begangen hatte. Wenn er schon das Gespräch der jungen Frau nicht verstanden hatte, war es dann nicht wahrscheinlich, dass der Telefonist des Hotels, der gewiss mehrere Fremdsprachen beherrschte, es mit angehört hatte? Er hätte ihn nur anzurufen brauchen, bevor Germaine Devon bei ihm eintraf...

Sei's drum! Es war zu spät! Die Pokerpartie hatte begonnen, und er musste den höchsten Einsatz riskieren.

«Wer sind Sie?», fragte sie mit zusammengebissenen Zähnen und mit hinterhältigem Blick.

«Sagen wir, ich sei niemand...»

«Polizei?»

«Nein, Mademoiselle...»

«Kollege?»

«Möglicherweise...»

«Sie sind Franzose, nicht wahr?»

«Sie auch, glaube ich...»

«Väterlicherseits... Aber meine Mutter war Russin...»

«Ich weiß...»

«Woher wissen Sie das?»

«Weil ich soeben das Gespräch mit angehört habe, das Sie mit Genf geführt haben...»

Im Stillen bewunderte er sie, denn er hatte selten einen Gegner von solcher Kaltblütigkeit vor sich gehabt. Sie ließ ihn keinen Moment lang aus den Augen, und er war vielleicht noch nie so scharfsinnig und so eingehend unter die Lupe genommen worden. Selbst die Art, wie sie den Mund verzog, drückte deutlich aus: «Jedenfalls sind Sie nur ein kleiner Fisch ...»

Und sie schaffte es, sich unmerklich dem Tisch zu nähern, von dem sich Maigret wie zufällig entfernte. Als sie bis auf etwa einen Meter herangekommen war, streckte sie rasch den Arm aus, ergriff die Flasche, die nur Whisky enthalten hatte, roch daran, und augenblicklich bebten ihre Nasenflügel vor Zorn so sehr, dass Maigret, falls ein Revolver in ihrer Reichweite gewesen wäre, nicht mehr viel für sein Leben gegeben hätte.

(Hier folgten einige Silben, wahrscheinlich in Russisch, die der Kommissar nicht verstand, die aber dennoch den Abscheu der jungen Frau zum Ausdruck brachten.)

«Ist es nicht diese Flasche da?», spottete er, während er sich vorwärts bewegte, um zwischen sie und die Tür zu treten.

Ein eisiger, Furcht erregender Blick.

«Ich bitte um Verzeihung ... Ich muss mich geirrt haben ... Da habe ich wohl dem Kellner die Flasche mitgegeben, in der das besagte Zeug drinnen war, und diese hier behalten ... Ich kann ja nach ihm läuten, um mich zu vergewissern ...»

«Was für eine Komödie spielen Sie eigentlich? Wer sind Sie? Was wollen Sie von mir? Geben Sie doch zu, dass Sie gar nicht auf das Geld aus sind ...»

«Sie haben es erraten.»

«Also? Lassen Sie mich vorbei ...»

«Nicht sofort!»

«Was habenn Sie entdeckt?»

«Bisher nichts Genaues ... Allerdings bin ich sicher, dass wir zu zweit die ganze Wahrheit aufdecken werden ... Woran ist Ihr erster Chef gestorben?»

«Darauf antworte ich Ihnen nicht ...»

«Wie es Ihnen beliebt. In diesem Fall werde ich den Inspektor heraufbitten und die Unterredung dann in seinem Beisein fortführen ...»

«Mit welchem Recht?»

«Das geht Sie nichts an.»

Allmählich versetzte dieser Mann sie in Angst, der nichts von sich preisgab und dem es nach und nach gelang, erschreckende Autorität über sie zu gewinnen.

«Sie sind kein Erpresser», stellte sie mit Bedauern fest.

«Da haben Sie nicht ganz Unrecht. Ich habe Sie etwas gefragt. An welcher Krankheit litt Monsieur Stilberg, dass er gezwungen war, stets eine Krankenschwester in seiner Nähe zu haben?»

In diesem Augenblick überlegte er noch, ob sie antworten oder ob sie nicht antworten würde. Er setzte alles aufs Spiel und ließ sie dabei nicht aus den Augen.

«Er war morphiumsüchtig», murmelte sie, nachdem sie mit sich selbst gerungen hatte.

«Genau das habe ich mir gedacht. Er hat doch gewiss versucht, davon loszukommen, und sich eine Krankenschwester genommen, damit sie ihm dabei hilft?»

«Er hat es nicht geschafft ...»

«Das stimmt: Er ist gestorben. Aber ein Jahr lang und mehr konnten Sie in aller Ruhe das Verhalten eines Morphiumsüchtigen beobachten. Hatten Sie zu dieser Zeit schon einen Liebhaber?»

«Erst gegen Ende ...»

«Was war er von Beruf? ... Sicher Student ...»

«Woher wissen Sie das?»

«Unwichtig ... Er war Student, nicht wahr? Wahrscheinlich studierte er Chemie ... Es ging ihm gesundheitlich nicht gut ... Während einer Krankheit musste er seine Zuflucht zu Morphium nehmen, was im Allgemeinen der Ausgangspunkt für Abhängigkeiten dieser Art ist ...»

Seit Jahren war es nicht mehr vorgekommen, dass er jemanden einem derartigen Verhör unterzogen hatte, einer Nervenprobe gewissermaßen, einem Verhör, in dessen Verlauf er alles erfahren musste, ohne jemals mit leeren Händen dazustehen. Ihm war heiß. Er hatte seine Pfeife, auf deren Mundstück er beim Sprechen herumbiss, ausgehen lassen. Er wanderte auf und ab und trauerte dem Quai des Orfèvres nach, wo man, wenn man erschöpft ist, wenigstens einen Mitarbeiter um Entlastung bitten kann.

Zum Glück spornte ihn der Gedanke an, dass der Inspektor, der sie überwachen sollte, während der ganzen Zeit in der Etage unter ihnen wahrscheinlich friedlich auf einem Polsterbänkchen döste!

«Sie waren seine Geliebte geworden ... Sie hatten keine Stelle. Er auch nicht ... Hat ihn der Missbrauch, den er mit den Betäubungsmitteln trieb, vielleicht daran gehindert, sein Diplom zu machen?»

«Aber ...»

Man brauchte sie nur anzusehen, um genau zu wissen, dass alles, was der ehemalige Kommissar behauptete, genau der Wahrheit entsprach.

«Wer sind Sie?»

«Unwichtig! Um sich das Morphium zu beschaffen, musste sich Ihr Liebhaber wahrscheinlich mit gewissen Kreisen in Paris einlassen. Sie gingen mit ihm dort ein und aus ... Unterbrechen Sie mich, wenn ich mich irre ...»

Und er fuhr auf diese Weise mit seiner Ermittlung auf Biegen oder Brechen fort.

«Worauf wollen Sie hinaus?»

«Sie machten die Bekanntschaft eines Mannes, den wir bis auf Weiteres Monsieur Saft nennen können, was sicher nicht sein richtiger Name ist ... Ein Pole oder ein Russe ... Wahrscheinlich Russe vor dem Krieg und Pole nach dem Krieg ... Nun, wenn Ihnen der Name Saft nicht gefällt, können wir ihn auch Smith nennen und ihn im ‹Hôtel des Bergues› anrufen ...»

Das war der Augenblick, in dem Germaine sich setzte, ohne etwas zu sagen. Eine schlichte Bewegung, aber um wie viel beredter als alle weitschweifigen Tiraden! Sie musste weiche Knie bekommen haben. Sie sah sich um, als suchte sie etwas zu trinken, aber die Zeit war noch nicht reif dafür, ihr Leine zu lassen.

«Er hat Ihnen am Telefon die Leviten gelesen, Ihr Monsieur Saft oder Smith, nicht wahr? Es war ja auch Ihr Fehler, Mademoiselle Germaine! Da ist ein Mann, der sein Handwerk versteht, ein internationaler Betrüger von beachtlichem Kaliber. Aber ja! Widersprechen Sie nicht! Wenn er da wäre, würde er Ihnen sagen, dass man sich in Ihrer Lage besser als gute Verliererin erweist. Sehen Sie, ich gebe ja zu, dass ich noch nicht weiß, was seine Spezialität ist. Schecks, Wechsel, falsche Wertpapiere oder falsche Ausweise? Das spielt überhaupt keine Rolle!»

«Sie bluffen!», wagte sie einzuwenden, während sie ein Fünkchen ihrer Kaltblütigkeit zurückgewann.

«Und Sie? Sagen wir, dass wir beide bluffen... Ich habe Ihnen wenigstens etwas voraus: Sie wissen nicht, was ich weiß, und Sie wissen nicht einmal, was ich bin...»

«Ein Privatdetektiv!»

«Sehr heiß!... Trotzdem trifft es das noch nicht ganz... Monsieur Saft bringt Sie also auf den Gedanken, sich die Kenntnisse Ihres Liebhabers zunutze zu machen... Wie sollen wir ihn denn nennen?»

Sie bot ihm die Stirn:

«Sagen wir Jean...»

In diesem Augenblick klopfte ein Nachbar, der am Schlafen gehindert wurde, an die Wand.

«Sagen wir Jean... Und da wird dieser kranke und morphiumsüchtige Jean doch tatsächlich zum Mittelpunkt einer organisierten Bande. Er ist der einzige Amateur unter Profis... Er will nur zur festgesetzten Zeit seine Spritze haben und sorglos leben... Hier ist der Punkt, Mademoiselle Germaine, wo Sie intelligenter sein wollten als Ihre Komplizen und wo Sie einen Fehler gemacht haben...»

Sie konnte nicht umhin zu fragen:

«Welchen?»

«Sie wollten sich nicht mit Ihrem Liebhaber in einem Zimmer am Montmartre oder im Quartier Latin vergraben ... Sie wollten auch nicht auf gut Glück in billigen Hotels wohnen ... Sie haben es für schlau gehalten, Ihrem Jean ein neues Aussehen und eine neue Identität zu verschaffen ... Sie waren vorher die Krankenschwester eines Schweden ... Also haben Sie Ihren Freund als Schweden zurechtgemacht, als einen Mann in mittleren Jahren wie der andere, als einen, der ebenfalls wie der andere in Luxushotels abstieg, sich wie der andere in Grau kleidete und Stunden um Stunden in einem bequemen Sessel zubrachte ...»

Sie wandte den Kopf ab, und Maigret fuhr fort:

«Diejenigen, die selbst nichts erfinden können, kopieren zwangsläufig ein Modell ... Sie haben Monsieur Owen so geschaffen, wie Sie Monsieur Stilberg im Gedächtnis hatten ... Und so war Ihr Jean Owen recht friedlich, wärmte sich den Großteil des Tages in der Sonne und bekam zur festgesetzten Zeit seine Spritze, nicht ohne vorher, davon bin ich überzeugt, seine kleine Arbeit abgeliefert zu haben ...»

«Was für eine Arbeit? Geben Sie zu, dass Sie nichts wissen ...»

«Ich gebe zu, dass ich zu Beginn dieser Unterredung nichts oder fast gar nichts wusste. Beruhigen Sie sich! Schauen Sie nicht so begehrlich zur Tür! Ich hätte mit dem Portier telefoniert, noch ehe Sie das untere Ende der Treppe erreichen würden ... Drei Dinge ließen mir keine Ruhe, drei Einzelheiten, die ins übrige Bild nicht hineinpassten: die grauen Handschuhe, die mit einem Diamanten herausgeschnittene Fensterscheibe und die Whiskyflasche ... Diese drei Einzelheiten glichen den Fehlern, die ein Schüler dem Werk eines hervorragenden Fachmanns hinzugefügt hatte ... Sagen wir, Saft sei dieser Fachmann und Sie die Schülerin ... Sie müssen wissen, dass Anfänger immer dazu neigen, das Werk der Lehrmeister zu korrigieren ...»

Er hätte alles für ein frisch gezapftes Bier gegeben, und sogar für einen Whisky, dessen leere Flasche er vor sich hatte, aber er konnte seinen Elan nicht derart unterbinden. Er begnügte sich damit, seine Pfeife anzuzünden, die ein paar Sekunden später wieder ausging.

«Die Handschuhe, die waren kindisch, das ist Fehler Nummer eins. Den ganzen Tag über, und sogar zu den Mahlzeiten, trägt man Handschuhe nur, um lädierte Hände zu verstecken, und in dem Fall war es schwer, nicht an Säureverätzungen zu denken... Die Flasche, die ist mir erst heute Abend eingefallen... Ich erinnerte mich plötzlich daran, dass ein Morphium- oder Kokainsüchtiger nie zugleich Alkoholiker ist, und da hat mich diese Whiskyflasche stutzig gemacht... Ich habe mich danach erkundigt, ob Sie getrunken hätten... Man hat mir gesagt, dass dem nicht so war... Ich habe mich vergewissert, dass die Flasche nicht aus dem Hotel stammte...»

«Wo ist sie jetzt?», fragte die junge Frau, die zwar bleich war, aber die Hoffnung nicht aufgegeben hatte, und die Maigret mit kritischem Verstand lauschte.

«Sie muss noch an ihrem Platz im Zimmer stehen, wo niemand auf den Gedanken gekommen ist, an ihr zu riechen... Was die herausgeschnittene Scheibe betrifft... Ich bin sicher, Mademoiselle Germaine, dass Ihr Freund Saft oder Smith nicht stolz auf Sie ist... Ich wette, dass Ihnen das erst danach eingefallen ist... Ein befreundeter Maler hat mir oft erzählt, dass er, wenn er ein Bild erst einmal vollendet hat, der Versuchung widersteht, es noch ein letztes Mal zu überarbeiten, weil dieses Überarbeiten für gewöhnlich nur das ganze Werk zerstört... Also, denken Sie mal nach...»

Er nahm einen Stuhl, setzte sich rittlings darauf und, ohne es eigentlich zu wollen, gab er sich gutmütig und arglos wie bei einem Gespräch unter Leuten vom selben Fach.

«Können Sie sich etwa vorstellen, wie einer von Ihnen, Sie oder irgendein Monsieur Owen, einen Fremden, der durchs Fenster eingestiegen ist, bittet, sich auszuziehen und sich eine kleine Morphiumspritze geben zu lassen, und, um den Spaß lustig zu Ende zu bringen, ihn dann noch dazu einlädt, in Monsieur Owens Wanne ein Bad zu nehmen?

Wäre wenigstens die Scheibe nicht herausgeschnitten worden! ... Vielleicht wären dann manche anderen Ungereimtheiten nicht aufgefallen ... Aber Sie haben eine zu durchsichtige Spur nach draußen legen wollen ... Ganz so wie mit diesem Brief, den Sie angeblich in Nizza eigenhändig übergeben sollten ...»

Es verblüffte ihn, dass er sie in dem Augenblick, in dem er es am wenigsten erwartet hätte, sagen hörte:

«Wie viel?»

«Nicht doch, Herzchen! Das war vorhin ein taugliches Mittel, um Sie aus der Reserve zu locken. Haben Sie es denn noch nicht begriffen?»

«Zwanzigtausend ...»

«Zwanzigtausend Pfund?»

«Zwanzigtausend Franc ... Vierzig ... Fünfzigtausend? ...»

Er zuckte die Schultern und klopfte seine Pfeife über dem Teppich aus, was ihm, seit er im «Excelsior» wohnte, zum ersten Mal passiert war.

«Aber nein! Aber nein! Was ich jetzt mache ... Tja! Sie werden mir einfach sagen, ob meine kleine Geschichte stimmt oder nicht ... Ihr kranker und süchtiger Student, Jean, da Sie ihn nun einmal so nennen, ist Ihr Liebhaber geworden ... Sie haben Monsieur Saft kennen gelernt, der Ihnen zu verstehen gegeben hat, welcher Nutzen aus ihm zu ziehen wäre ... Dann, anstatt alles so zu machen, wie es gemacht werden sollte, anstatt Ihren Studenten in irgendeiner verschwiegenen möblierten Wohnung in Paris zu verstecken, haben Sie sich diesen ganzen Monsieur Owen ausgedacht, diese gefälschte Identität eines Schweden, die Perücke, die graue Kleidung, das geschminkte Gesicht und, zu guter Letzt, um seine säurezerfressenen Hände zu verbergen, die entsetzlichen Zwirnhandschuhe ... Wissen Sie, meine Liebe, all das riecht nach Dilettantismus ... Und ich bin überzeugt, dass Saft Ihnen das mehr als einmal gesagt hat ...

Aber Sie waren ihm nützlich, vor allem Jean Owen, der ihm seine Schecks oder Wechsel abgelaugt und wahrscheinlich auch Unterschriften geschickt gefälscht hat ...

Ich würde hundert zu eins wetten, dass Sie die Geliebte von Saft geworden sind und dass Ihr anderer Liebhaber dahinter gekommen ist ... Ich würde auch darauf wetten, dass er Ihnen gedroht hat, falls Sie ihn abermals betrügen, der Polizei alles zu enthüllen ...

Und da haben Sie beschlossen, ihn umzubringen ... Saft, gerissen wie er ist, hat sich als Erster abgesetzt und das Feld Ihnen überlassen, dann ist er in Lyon aus dem Flugzeug nach London ausgestiegen und hat das nach Genf genommen ...

Sie haben sich eine Inszenierung ausgedacht ... Sie haben sich gesagt, je mysteriöser das Verbrechen sein würde, desto geringer wären die Chancen, Sie zu entlarven ...Zunächst galt es, Ihren Liebhaber nicht in Owens Gestalt zu töten, sondern in seiner wahren Gestalt ...

Allerdings war dieses Bad um sechs Uhr früh noch ein Fehler! Denn wer nimmt morgens um sechs ein Bad? Jemand, der früh aufsteht, oder jemand, der spät schlafen geht.

Monsieur Owen ließ sich aber morgens erst spät blicken und ging abends angeblich früh zu Bett.

‹Was mochte er bloß bis sechs Uhr früh in seinem Zimmer gemacht haben?›, habe ich mich gefragt.»

Man hätte meinen können, sie habe sich in ihr Schicksal gefügt. Sie rührte sich nicht mehr. Ihr Blick hing unverwandt an Maigrets Augen.

«... denn, was auch immer Sie sich gedacht haben mögen, man zieht jemanden nicht so einfach aus und trägt ihn in die Badewanne, wenn er nicht will ... Letzte Nacht hat Owen wie gewöhnlich gearbeitet ... Wenn ich mich nicht sehr irre, dann haben Sie, um sich die Arbeit zu erleichtern, die Morphiumdosis erhöht ... Als er in seinem Bad lag, war es leicht für Sie ... Das überspringe ich besser, nicht wahr? Ein widerlicher Anblick! ...Danach haben Sie Ihrem Werk den letzten Schliff gegeben. Und noch weit mehr! Das laute Gespräch um neun Uhr vormittag! Die Fensterscheibe! Der Brief nach Nizza! Und die Perücke, die Handschuhe, die Schminkutensilien, die Sie mitgenommen haben, um ein Verbrechen an Monsieur Owen vorzutäuschen, den es gar nicht gab ...

Sie haben verloren, meine Liebe!»

Er zuckte zusammen, selbst erstaunt über diese zuletzt gesprochenen Worte, über ihren Klang, denn nach Jahren war er auf einmal unwillkürlich wieder in den Ton des «Hasses» verfallen, das heißt, in den Ton, der am Quai des Orfèvres herrscht.

Das war so offenkundig, dass sie, anstatt zu protestieren, in einer instinktiven Bewegung die Arme den Handschellen entgegenstreckte und murmelte:

«Nehmen Sie mich fest?»

«Ich? Keineswegs ...»

«Was dann?»

«Nichts ...»

Er war vom stupiden Ausgang dieser stürmischen Unterredung beinahe ebenso verwirrt wie sie.

«Dennoch ...», begann Germaine.

«Dennoch was? Sie wollen doch nicht, dass ich Sie festnehme, obwohl ich nicht mehr bei der Polizei bin?»

«Aber, in diesem Fall ...»

«Nein! Glauben Sie nicht, dass Sie sich aus dem Staub machen können ... Ein Inspekteur hält sich in der vierten Etage auf und ein anderer unten ...»

«Erlauben Sie mir, in mein Apparetement zurückzugehen?»

«Was wollen Sie tun?»

Voller Tragik fragte sie zurück, während sie seinem Blick standhielt:

«Können Sie sich das nicht denken?»

«Gehen Sie!», sagte er seufzend.

Wenn schon! Es war besser, wenn die Sache so endete! Trotzdem legte er sich nicht schlafen, sondern ging bald danach in den Flur hinaus, um zu horchen, vernahm undeutliche Geräusche und erfuhr etwas später, dass die junge Frau die Siegel in der Verbindungstür zum Zimmer 412 aufgebrochen hatte. Als er dort eintraf, war die Whiskyflasche verschwunden. Ein Inspektor hatte Germaine Devon die Handschellen angelegt. Der Nachtportier war auch da.

«Das war es, was Sie tun wollten?», stellte Maigret angewidert fest.

Sie lächelte nur.

Und in diesem Augenblick ahnte er noch nicht, was ihm dieses Lächeln bescheren würde, denn die Voruntersuchung dauerte sechs Monate, und während dieser sechs Monate wurde Maigret zwanzig Mal als Zeuge geladen und einer Frau gegenübergestellt, die alles bestritt, einschließlich der Beweise.

Sie leugnete auch noch bei der Hauptverhandlung vorm Schwurgericht, zu der der ehemalige Kommissar erscheinen musste und bei der es dem Verteidigungsanwalt ums Haar gelungen wäre, ihn in eine lächerliche Rolle zu drängen.

«Manche Menschen», sagte er, «können sich mit dem endgültigen Ruhestand nicht abfinden, selbst dann nicht, wenn die fachkundigen Behörden entschieden haben, dass es dazu an der Zeit sei...»

Es fehlte nicht viel, und sie wäre freigesprochen worden. Letzten Endes wurden noch bestehende Zweifel zu ihren Gunsten berücksichtigt, und sie kam mit fünf Jahren davon, während Maigret, in einem Bistro neben dem Palais de Justice, die Einladung von Monsieur Louis, für ein paar Tage nach Cannes zu kommen, ablehnte.

Was Tante Émilie betrifft, nun, sie ist damals nicht gestorben!

Die Wirtin

Roald Dahl

Billy Weaver hatte London nachmittags mit dem Personenzug verlassen, war unterwegs in Swindon umgestiegen, und als er in Bath ankam, war es etwa neun Uhr abends. Über den Häusern am Bahnhof ging der Mond auf; der Himmel war sternklar, die Luft schneidend kalt, und Billy spürte den Wind wie eine flache, eisige Klinge auf seinen Wangen.

«Entschuldigen Sie», sagte er, «gibt es hier in der Nähe ein nicht zu teures Hotel?»

«Versuchen Sie's mal im ‹Bell and Dragon›», antwortete der Gepäckträger und wies die Straße hinunter. «Da können Sie vielleicht unterkommen. Es ist ungefähr eine Viertelmeile von hier auf der anderen Seite.»

Billy dankte ihm, nahm seinen Koffer und machte sich auf, die Viertelmeile zum «Bell and Dragon» zu gehen. Er war noch nie in Bath gewesen und kannte niemanden im Ort. Aber Mr Greenslade vom Zentralbüro in London hatte ihm versichert, es sei eine herrliche Stadt. «Suchen Sie sich ein Zimmer», hatte er gesagt, «und wenn das erledigt ist, melden Sie sich sofort bei unserem Filialleiter.»

Billy war siebzehn Jahre alt. Er trug einen neuen marineblauen Mantel, einen neuen braunen Hut und einen neuen braunen Anzug. Seine Stimmung war glänzend, und er schritt energisch aus. In letzter Zeit bemühte er sich, alles energisch zu tun, denn seiner Ansicht nach war Energie das hervorstechendste Kennzeichen erfolgreicher Geschäftsleute. Die großen Tiere in der Direktion waren immer fantastisch energiegeladen. Billy bewunderte sie sehr.

In der breiten Straße, die er entlangging, gab es keine Läden, sondern nur zwei Reihen hoher Häuser, von denen eines wie das andere aussah. Alle hatten Portale und Säulen, zu den Haustüren führten vier oder fünf Stufen hinauf, und zweifellos hatten hier einmal vornehme Leute gewohnt. Jetzt aber bemerkte man sogar im Dunkeln, dass von den Türen und Fensterrahmen die Farbe abblätterte und dass die weißen Fassaden im Laufe der Jahre rissig und fleckig geworden waren.

Plötzlich fiel Billys Blick auf ein Fenster zu ebener Erde, das von einer Straßenlaterne hell beleuchtet wurde. An einer der oberen Scheiben klebte ein Zettel. *Zimmer mit Frühstück* lautete die gedruckte Aufschrift. Unter dem Zettel stand eine Vase mit schönen großen Weidenkätzchen.

Er blieb stehen. Dann trat er etwas näher. An beiden Seiten des Fensters hingen grüne Gardinen aus einem samtartigen Gewebe. Die gelben Weidenkätzchen passten wunderbar dazu. Er ging ganz dicht heran und spähte durch die Fensterscheibe ins Zimmer. Das Erste, was er sah, war der Kamin, in dem ein helles Feuer brannte. Auf dem Teppich vor dem Feuer lag ein hübscher kleiner Dackel, zusammengerollt, die Nase unter dem Bauch. Das Zimmer war, soweit Billy im Halbdunkel erkennen konnte, recht freundlich eingerichtet. Außer einem großen Sofa und mehreren schweren Lehnsesseln war noch ein Klavier da, und in einer Ecke entdeckte er einen Papagei im Käfig. Billy sagte sich, dass Tiere eigentlich immer ein gutes Zeichen seien, und auch sonst hatte er den Eindruck, in diesem Haus könne man eine anständige Unterkunft finden. Sicherlich lebte es sich hier behaglicher als im «Bell and Dragon».

Andererseits war ein Gasthof vielleicht doch vorteihafter als ein Boardinghouse. Da konnte man abends Bier trinken und sich mit Pfeilwerfen vergnügen, man hatte Gesellschaft, und außerdem war er gewiss erheblich billiger. Er hatte schon einmal in einem Hotel gewohnt und war recht zufrieden gewesen. Ein Boardinghouse dagegen kannte er nur dem Namen nach, und ehrlich gesagt, hatte er ein wenig Angst davor. Schon das

Wort klang nach wässerigem Kohl, habgierigen Wirtinnen und penetrantem Blücklingsgeruch im Wohnzimmer.

Nachdem Billy diese Überlegungen zwei oder drei Minuten lang in der Kälte angestellt hatte, beschloss er, zunächst einen Blick auf das «Bell and Dragon» zu werfen und sich dann endgültig zu entscheiden. Er wandte sich zum Gehen.

Da geschah ihm etwas Seltsames. Als er zurücktrat, um seinen Weg fortzusetzen, wurde sein Blick plötzlich auf höchst merkwürdige Weise von dem Zettel gefesselt, der am Fenster klebte. *Zimmer mit Frühstück*, las er, *Zimmer mit Frühstück, Zimmer mit Frühstück, Zimmer mit Frühstück.* Jedes Wort war wie ein großes schwarzes Auge, das ihn durch das Glas anstarrte, ihn festhielt, ihn zum Stehenbleiben nötigte, ihn zwang, sich nicht von dem Haus zu entfernen – und ehe er sichs versah, war er von dem Fenster zur Haustür gegangen, hatte die Stufen erstiegen und die Hand nach dem Klingelknopf ausgestreckt.

Er läutete. Die Glocke schrillte in irgendeinem der hinteren Räume, und gleichzeitig – es musste gleichzeitig sein, denn er hatte den Finger noch auf dem Knopf – sprang die Tür auf und vor ihm stand eine Frau.

Wenn man läutet, dauert es gewöhnlich mindestens eine halbe Minute, bevor die Tür geöffnet wird. Aber diese Frau war wie ein Schachtelmännchen: Man drückte auf den Knopf, und schon sprang sie heraus! Geradezu unheimlich war das.

Sie mochte fünfundvierzig bis fünfzig Jahre alt sein, und sie begrüßte ihn mit einem warmen Willkommenslächeln.

«Bitte treten Sie näher», sagte sie freundlich. Sie hielt die Tür weit offen, und Billy ertappte sich dabei, dass er automatisch vorwärts gehen wollte. Der Drang oder vielmehr die Begierde, ihr in dieses Haus zu folgen, war außerordentlich stark.

«Ich habe das Schild im Fenster gesehen», erklärte er, ohne die Schwelle zu überschreiten.

«Ja, ich weiß.»

«Ich suche ein Zimmer.»

«Alles ist für Sie bereit, mein Lieber», antwortete sie. Ihr Gesicht war rund und rosig, der Blick ihrer blauen Augen sehr sanft.

«Ich war auf dem Weg zum ‹Bell and Dragon›», berichtete Billy. «Aber dann sah ich zufällig dieses Schild in Ihrem Fenster.»

«Lieber Junge», sagte sie, «warum stehen Sie denn in der Kälte? Kommen Sie doch herein.»

«Wie viel kostet das Zimmer?»

«Fünfeinhalb für die Nacht einschließlich Frühstück.»

Das war unglaublich billig. Weniger als die Hälfte des Betrages, mit dem er gerechnet hatte.

«Wenn es zu viel ist», fügte sie hinzu, «kann ich's vielleicht auch ein bisschen billiger machen. Wollen Sie ein Ei zum Frühstück? Eier sind zur Zeit teuer. Ohne Ei kostet es einen halben Shilling weniger.»

«Fünfeinhalb ist ganz gut», erwiderte er. «Ich möchte gern hier bleiben.»

«Das habe ich mir gleich gedacht. Kommen Sie herein.»

Sie schien wirklich sehr nett zu sein. Und sie sah genauso aus wie eine Mutter, die den besten Schulfreund ihres Sohnes für die Weihnachtstage in ihrem Hause willkommen heißt. Billy nahm den Hut ab und trat ein.

«Hängen Sie Ihre Sachen nur dorthin», sagte sie. «Warten Sie, ich helfe Ihnen aus dem Mantel.»

Andere Hüte oder Mäntel waren in der Diele nicht zu sehen. Auch keine Schirme, keine Spazierstöcke – nichts.

«Wir haben hier *alles* für uns allein», bemerkte sie und lächelte ihm über die Schulter zu, während sie ihn die Treppe hinaufführte. «Wissen Sie, ich habe nicht sehr oft das Vergnügen, einen Gast in meinem kleinen Nest zu beherbergen.»

Die Alte ist ein bisschen verdreht, dachte Billy. Aber für fünfeinhalb die Nacht kann man das schon in Kauf nehmen. «Ich hätte geglaubt, Sie wären von Gästen überlaufen», sagte er höflich.

«Bin ich auch, mein Lieber, bin ich auch. Die Sache ist nur so, dass ich dazu neige, ein ganz klein wenig wählerisch und eigen zu sein – wenn Sie verstehen, was ich meine.»

«O ja.»

«Aber bereit bin ich immer. Ja, ich halte Tag und Nacht alles bereit für den Fall, dass einmal ein annehmbarer junger Mann erscheint. Und es ist eine große Freude, mein Lieber, eine sehr große Freude, wenn ich hie und da die Tür aufmache und jemand vor mir sehe, der *genau* richtig ist.» Sie hatte den Treppenabsatz erreicht, blieb stehen, die eine Hand auf dem Geländer, wandte den Kopf und lächelte mit blassen Lippen auf ihn herab. «Wie Sie», setzte sie hinzu, und der Blick ihrer blauen Augen glitt langsam von Billys Kopf bis zu seinen Füßen und dann wieder hinauf.

In der ersten Etage sagte sie zu ihm: «Hier wohne ich.»

Sie stiegen noch eine Treppe höher. «Und dies ist Ihr Reich», fuhr sie fort. «Ich hoffe, Ihr Zimmer gefällt Ihnen.» Damit öffnete sie die Tür eines kleinen, aber sehr hübschen Vorderzimmers und knipste beim Eintreten das Licht an.

«Morgens scheint die Sonne direkt ins Fenster, Mr Perkins. Sie heißen doch Mr Perkins, nicht wahr?»

«Nein», sagte er. «Weaver.»

«Mr Weaver. Wie hübsch. Ich habe eine Wärmeflasche ins Bett getan, damit sich die Bezüge nicht so klamm anfühlen. In einem fremden Bett mit frischer Wäsche ist eine Wärmflasche sehr angenehm, finden Sie nicht? Und falls Sie frösteln, können Sie jederzeit den Gasofen anstecken.»

«Danke», sagte Billy. «Haben Sie vielen Dank.» Er bemerkte, dass die Überdecke bereits abgenommen und die Bettdecke an einer Seite zurückgeschlagen war – er brauchte nur noch hineinzuschlüpfen.

«Ich bin so froh, dass Sie gekommen sind», beteuerte sie und blickte ihm ernst ins Gesicht. «Ich hatte mir schon Gedanken gemacht.»

«Alles in Ordnung», antowrtete Billy munter. «Gar kein Grund zur Sorge.» Er legte seinen Koffer auf den Stuhl und schickte sich an, ihn zu öffnen.

«Und wie sieht's mit Abendbrot aus, mein Lieber? Haben Sie irgendwo etwas gegessen, bevor Sie herkamen?»

«Danke, ich bin wirklich nicht hungrig», sagte er. «Ich glaube, ich werde so bald wie möglich schlafen gehen, weil ich morgen beizeiten aufstehen und mich im Büro melden muss.»

«Gut, dann will ich Sie jetzt allein lassen, damit Sie auspacken können. Aber ehe Sie sich hinlegen, seien Sie doch bitte so freundlich, unten im Salon Ihre Personalien ins Buch einzutragen. Das muss jeder tun, denn es ist hierzulande Gesetz, und in *diesem* Stadium wollen wir uns doch nach den Gesetzen richten, nicht wahr?» Sie winkte leicht mit der Hand und verließ rasch das Zimmer.

Das absonderliche Benehmen seiner Wirtin beunruhigte Billy nicht im Geringsten. Die Frau war ja harmlos – darüber bestand wohl kein Zweifel –, und zudem schien sie eine freundliche, freigebige Seele zu sein. Vermutlich hatte sie im Krieg einen Sohn verloren oder einen anderen Schicksalsschlag erlitten, über den sie nie hinweggekommen war.

Wenig später, nachdem er seinen Koffer ausgepackt und sich die Hände gewaschen hatte, ging er ins Erdgeschoss hinunter und betrat den Salon. Die Wirtin war nicht da, aber im Kamin brannte das Feuer, und davor schlief noch immer der kleine Dackel. Das Zimmer war herrlich warm und gemütlich. Da habe ich Glück gehabt, dachte Billy und rieb sich die Hände. Besser hätte ich's gar nicht treffen können.

Da das Gästebuch offen auf dem Klavier lag, zog er seinen Füllfederhalter heraus, um Namen und Adresse einzuschreiben. Auf der Seite standen bereits zwei Eintragungen, und Billy las sie, wie man es bei Fremdenbüchern immer tut. Der eine Gast war ein gewisser Christopher Mulholland aus Cardiff, der andere hieß Gregory W. Temple und stammte aus Bristol.

Merkwürdig, dachte er plötzlich. Christopher Mulholland. Das klingt irgendwie bekannt.

Wo in aller Welt hatte er diesen keineswegs alltäglichen Namen schon gehört?

Ein Mitschüler? Nein. Vielleicht einer der vielen Verehrer seiner Schwester oder ein Freund seines Vaters? Nein, ganz gewiss nicht. Er blickte wieder in das Buch.

‹*Christopher Mulholland, 231 Cathedral Road, Cardiff.*
Gregory W. Temple, 27 Sycamore Drive, Bristol.

Wenn er es recht bedachte, hatte der zweite Name einen fast ebenso vertrauten Klang wie der erste.

«Gregory Temple», sagte er laut vor sich hin, während er in seinem Gedächtnis suchte. «Christopher Mulholland...»

«So reizende junge Leute», hörte er eine Stimme hinter sich. Er fuhr herum und sah seine Wirtin ins Zimmer segeln. Sie trug ein großes silbernes Tablett, das sie weit von sich ab hielt, ziemlich hoch, als hätte sie die Zügel eines lebhaften Pferdes in den Händen.

«Die Namen kommen mir so bekannt vor», sagte er.

«Wirklich? Wie interessant.»

«Ich möchte schwören, dass ich sie irgendwoher kenne. Ist das nicht sonderbar? Vielleicht aus der Zeitung. Handelt es sich etwa um berühmte Persönlichkeiten? Kricketspieler, Fußballer oder dergleichen?»

«Berühmt...» Sie stellte das Tablet auf den niedrigen Tisch vor dem Sofa. «Ach nein, berühmt waren sie wohl nicht. Aber sie waren ungewöhnlich hübsch, alle beide, das kann ich Ihnen versichern. Groß, jung und hübsch, mein Lieber, genau wie Sie.»

Billy beugte sich von neuem über das Buch. «Nanu», rief er, als sein Blick auf die Daten fiel. «Die letzte Eintragung ist ja mehr als zwei Jahre alt.»

«So?»

«Tatsächlich. Und Christopher Mulholland hat sich fast ein Jahr früher eingeschrieben – also vor reichlich drei Jahren.»

«Du meine Güte», sagte sie kopfschüttelnd mit einem gezierten kleinen Seufzer. «Das hätte ich nie gedacht. Wie doch die Zeit verfliegt, nicht wahr, Mr Wilkins?»

«Ich heiße Weaver», verbesserte Billy. «W-e-a-v-e-r.»

«O ja, natürlich!» Sie setzte sich auf das Sofa. «Wie dumm von mir. Entschuldigen Sie bitte. Zum einen Ohr hinein, zum anderen hinaus, so bin ich nun mal, Mr Weaver.»

«Wissen Sie», begann Billy von neuem, «was bei alledem höchst merkwürdig ist?»

«Nein, was denn, mein Lieber?»

«Ja, sehen Sie, mit diesen beiden Namen – Mulholland und Temple – verbinde ich nicht nur die Vorstellung von zwei Menschen, die sozusagen unabhängig voneinander existieren, sondern mir scheint auch, dass sie auf irgendeine Art und Weise zusammengehören. Als wären sie beide auf demselben Gebiet bekannt, wenn Sie verstehen, was ich meine – etwa wie ... ja ... wie Dempsey und Tunney oder wie Churchill und Roosevelt.»

«Sehr amüsant», sagte sie. «Aber kommen Sie, mein Lieber, setzen Sie sich zu mir aufs Sofa. Sie sollen eine Tasse Tee trinken und Ingwerkekse essen, bevor Sie zu Bett gehen.»

«Bemühen Sie sich doch nicht», protestierte Billy. «Machen Sie bitte meinetwegen keine Umstände.» Er lehnte am Klavier und sah zu, wie sie eifrig mit den Tassen und Untertassen hantierte. Sie hatte kleine weiße, sehr bewegliche Hände mit roten Fingernägeln.

«Ich bin überzeugt, dass ich die Namen in der Zeitung gelesen habe», fuhr Billy fort. «Gleich wird's mir einfallen. Ganz bestimmt.»

Es gibt nichts Quälenderes, als einer Erinnerung nachzujagen, die einem immer wieder entschlüpft. Er mochte nicht aufgeben.

«Warten Sie einen Moment», murmelte er. «Nur einen Moment. Mulholland ... Christopher Mulholland ... war das nicht der Eton-Schüler, der eine Wanderung durch Westengland machte und der dann plötzlich ...»

«Milch?», fragte sie. «Und Zucker?»

«Ja, bitte. Und der dann plötzlich ...»

«Eton-Schüler?», wiederholte sie. «Ach nein, mein Lieber, das kann nicht stimmen, denn *mein* Mr Mulholland war kein

Eton-Schüler. Er studierte in Cambridge. Na, wollen Sie denn nicht herkommen und sich an dem schönen Feuer wärmen? Nur zu, ich habe Ihnen schon Tee eingeschenkt.» Sie klopfte leicht auf den Platz an ihrer Seite und schaute Billy erwartungsvoll lächelnd an.

Er durchquerte langsam das Zimmer und setzte sich auf die Sofakante. Sie stellte die Teetasse vor ihn hin.

«So ist's recht», sagte sie. «Wie hübsch und gemütlich das ist, nicht wahr?»

Billy trank seinen Tee, und auch sie nahm ein paar kleine Schlucke. Eine Zeit lang sprachen die beiden kein Wort. Aber Billy wusste, dass sie ihn ansah. Sie hatte sich ihm halb zugewandt, und er spürte, wie sie ihn über den Tassenrand hinweg beobachtete. Hin und wieder streifte ihn wie ein Hauch ein eigenartiger Geruch, der unmittelbar von ihr auszugehen schien und der keineswegs unangenehm war. Ein Duft, der Billy an irgendetwas erinnerte – er konnte nur nicht sagen, an was. Eingemachte Walnüsse? Neues Leder? Oder die Korridore im Krankenhaus?

Schließlich brach sie das Schweigen. «Mr Mulholland war ein großer Teetrinker. Nie im Leben habe ich jemanden so viel Tee trinken sehen wie den lieben Mr Mulholland.»

«Ich nehme an, er ist erst vor kurzem ausgezogen», meinte Billy, der noch immer an den beiden Namen herumrätselte. Er war jetzt ganz sicher, dass er sie in der Zeitung gelesen hatte – in den Schlagzeilen.

«Ausgezogen?» Sie hob erstaunt die Brauen. «Aber nein, lieber Junge, er ist gar nicht ausgezogen. Er wohnt noch hier. Mr Temple auch. Sie sind beide im dritten Stock untergebracht.»

Billy stellte die Tasse vorsichtig auf den Tisch und starrte seine Wirtin an. Sie lächelte, streckte eine ihrer weißen Hände aus und klopfte ihm beruhigend aufs Knie. «Wie alt sind Sie, mein Freund?»

«Siebzehn.»

«Siebzehn!», rief sie. «Ach, das ist das schönste Alter! Mr

Mulholland war auch siebzehn. Aber ich glaube, er war ein wenig kleiner als Sie, ja, bestimmt war er kleiner, und seine Zähne waren nicht *ganz* so weiß wie Ihre! Sie haben wunderschöne Zähne, Mr Weaver, wissen Sie das?»

«So gut, wie sie aussehen, sind sie gar nicht», sagte Billy. «Auf der Rückseite haben sie eine Menge Füllungen.»

Sie überhörte seinen Einwurf. «Mr Temple war natürlich etwas älter», erzählte sie weiter. «Er war schon achtundzwanzig. Aber wenn er mir das nicht verraten hätte, wäre ich nie darauf gekommen, nie im Leben. Sein Körper war ganz ohne Makel.»

«Ohne was?», fragte Billy.

«Er hatte eine Haut wie ein Baby. *Genau* wie ein Baby.»

Es entstand eine Pause. Billy nahm seine Tasse, trank einen Schluck und setzte sie behutsam auf die Untertasse zurück. Er wartete auf irgendeine Bemerkung seiner Wirtin, aber sie hüllte sich in Schweigen. So saß er denn da, blickte unentwegt in die gegenüberliegende Zimmerecke und nagte an seiner Unterlippe.

«Der Papagei dort...», sagte er schließlich. «Wissen Sie, als ich ihn zuerst durchs Fenster sah, bin ich tatsächlich darauf hereingefallen. Ich hätte schwören können, dass er lebt.»

«Leider nicht mehr.»

«Eine ausgezeichnete Arbeit», bemerkte Billy. «Wirklich, er sieht nicht im Geringsten tot aus. Wer hat ihn denn ausgestopft?»

«Ich.»

«Sie?»

«Natürlich», bestätigte sie. «Haben Sie schon meinen kleinen Basil gesehen?» Sie deutete mit einer Kopfbewegung auf den Dackel, der so behaglich zusammengerollt vor dem Kamin lag. Billy schaute hin, und plötzlich wurde ihm klar, dass sich das Tier die ganze Zeit ebenso stumm und unbeweglich verhalten hatte wie der Papagei. Er streckte die Hand aus. Der Rücken des Hundes, den er vorsichtig berührte, war hart und kalt, und als er mit den Fingern das Haar beiseite schob, sah er darunter die trockene, gut konservierte schwarzgraue Haut.

«Du lieber Himmel», rief er, «das ist ja fantastisch!» Er wandte sich von dem Hund ab und blickte voller Bewunderung die kleine Frau an, die neben ihm auf dem Sofa saß. «So etwas muss doch unglaublich schwierig sein»

«Durchaus nicht», erwiderte sie. «Ich stopfe *alle* meine kleinen Lieblinge aus, wenn sie von mir gehen. Möchten Sie noch eine Tasse Tee?»

«Nein, danke», sagte Billy. Der Tee schmeckte ein wenig nach bitteren Mandeln, und das mochte er nicht.

«Sie haben sich in das Buch eingetragen, nicht wahr?»

«Ja, gewiss.»

«Dann ist es gut. Weil ich später, falls ich Ihren Namen einmal vergessen sollte, immer herunterkommen und im Buch nachschlagen kann. Das tue ich fast täglich mit Mr Mulholland und Mr ... Mr ...»

«Temple», ergänzte Billy. «Gregory Temple. Entschuldigen Sie, aber haben Sie denn außer den beiden in den letzten zwei, drei Jahren gar keine anderen Gäste gehabt?»

Sie hielt die Tasse hoch in der Hand, neigte den Kopf leicht nach links, blickte aus den Augenwinkeln zu ihm auf, lächelte ihn freundlich an und sagte: «Nein, lieber Freund. Nur Sie.»

Schönen Tod noch, Sammy Luke

Antonia Fraser

In New York waren alle Menschen ausgesprochen höflich zu Sammy Luke.

Zum Beispiel bei seiner Ankunft am Kennedy Airport. Sammy war von der Herzlichkeit der Begrüßung sehr angetan. Er dachte: Zara fiele bestimmt ein Stein vom Herzen! Zara (seine Frau) neigte nämlich dazu, sich um Sammy große Sorgen zu machen – mit einigem Recht, wie er zugeben musste, jedenfalls, was die Vergangenheit betraf. In der Vergangenheit war Sammy nervös gewesen, empfindlich, angespannt – oder wie der richtige Ausdruck dafür auch immer lauten mochte; Sammy ging davon aus, dass einige von Zaras Freundinnen härtere Worte für sein Problem gefunden hatten. Tatsache war, dass die Dinge häufig schief gingen, wenn Sammy darin verwickelt war, und oft genug musste Zara einspringen, um wieder auszubügeln, was er angerichtet hatte. Aber das war in England gewesen. Sammy war sich ziemlich sicher, dass er in Amerika nicht so nervös sein würde; vielleicht würde er sogar, geheilt durch die Neue Welt, seine Nervosität ganz und gar ablegen können.

Oder zum Beispiel die Beamten bei der Passkontrolle – hatte man Sammy nicht vor ihnen gewarnt?

«Das sind die reinsten Schlägertypen», hatte Zaras Freundin, die reiche Tess, die regelmäßig in die Staaten reiste, mit dunkler Stimme gemunkelt. Einen Moment lang hatte sich Sammy, noch mit seiner alten englischen Nervosität behaftet, eine Gruppe von Terroristen vorgestellt, die mit Maschinengewehren und eiserner Disziplin ihre Kontrollstellen bewachten. Der Beamte, der Sammy schließlich zu sich rief, saß in einer Glaskabine. Er war zierlich gebaut, vielleicht sogar zierlicher als Sammy, was sich jedoch wegen der Sichtblende an der Kabine nicht abschließend beurteilen ließ. Der Beamte lächelte sogar, als er Sammy zurief:

«Kommen Sie, kommen Sie, gleich die ganze Familie!» Ein Schild außerhalb der Kabine wies darauf hin, dass nur jeweils eine Person – oder eine Familie – vortreten dürfe.

«Ich fürchte, ich reise diesmal ohne meine Frau», entschuldigte sich Sammy.

«Ich wünschte, das würde mir auch mal passieren», antwortete der Beamte mit einem jovialen Grinsen.

Sammy fragte sich verwirrt – schließlich war es ein langer, anstrengender Flug gewesen –, ob er seine Gefühle für seine Frau, die sich von den entsprechenden Gefühlen dieses Beamten deutlich unterschieden, näher erklären sollte – ob er sagen sollte, wie sehr er es bedauerte, dass Zara ihn nicht begleiten konnte. Aber sein neuer Freund prüfte bereits seinen Reisepass, blätterte in einem dicken schwarzen Wälzer und sagte:

«Ein Schriftsteller ... Müsste ich Ihre Bücher kennen?»

Hier bot sich Sammy die Gelegenheit, den Zweck seiner Reise auf intelligente Weise darzulegen. Sammy Luke war der Autor von bislang sechs Romanen. Fünf davon hatten sich in England gut, ja, fast erstaunlich gut verkauft, ohne allerdings in den Vereinigten Staaten besondere Aufmerksamkeit zu erregen. Der sechste Roman, *Women Weeping*, hatte jedoch – vielleicht dank seines auf makabre Weise modischen Themas – in beiden Ländern ins Schwarze getroffen. Schon wenige Wochen nach der Veröffentlichung waren die amerikanischen Verkaufszahlen phänomenal, und sie stiegen weiterhin; eine Option auf die Filmrechte (möglicherweise mit Jane Fonda und Meryl Streep als Masochistinnen?) war bereits erteilt. Und so war Sammys neuer amerikanischer Verleger zu der Ansicht gekommen, dass nur noch eins nötig wäre, um aus dem großen Erfolg von *Women Weeping* in den USA einen *totalen* Erfolg zu machen: Aus dem Autor müsse ein Fernsehstar werden. Indem er auf durchaus seriöse Weise in einer Reihe von Fernsehinterviews und Talkshows seine Position zu den Themen Gewalt und weiblicher Masochismus verfocht, sollte Sammy Luke *Women Weeping* an die Spitzen der Bestsellerlisten katapultieren. So jedenfalls entsprach es der festen Überzeugung von Clodagh Jansen, Sammys Lektorin bei Porlock Publishers.

«Sie werden in den Talkshows wunderbar ankommen, Sammy», hatte Clodagh bei ihren Anrufen aus den Staaten ins Telefon gekrächzt. «Sie sind zierlich und telegen. Und dann...» Clodagh hatte mit ihren Lippen ein lautes Geräusch gemacht – als ob sie jemanden verschlingen wolle. Aber damit war sicherlich nicht Sammy gemeint. Clodagh war eine überzeugte Feministin, wie sie Sammy erklärte, als sie nach England kam, um *Women Weeping* gegen viel Konkurrenz für eine riesige Summe für den amerikanischen Buchmarkt einzukaufen. Aber sie glaubte an die soziale Funktion, die Bestseller wie *Women Weeping* übernehmen könnten: Erst durch sie ließen sich radikale feministische Werke finanzieren. Sammy hatte versucht, ihr zu erklären, dass sein Buch in keiner Weise antifeministisch sei. Schließlich habe Zara, seine Egeria, keinerlei Einwände erhoben...

«Sparen Sie sich das für die Talkshows auf, Sammy», war alles, was Clodagh darauf geantwortet hatte.

Während Sammy sich noch fragte, wie er all dies gegenüber dem Passbeamten auf dem Kennedy Airport in kurze, aber wohlgesonnene Worte fassen sollte, fragte der Mann in der Glaskabine: «Und der Zweck Ihrer Reise, Mr Luke?»

Sammy merkte plötzlich, dass er – dank Porlocks Erste-Klasse-Ticket – auf dem langen Flug viel zu viel getrunken hatte, zu viel getrunken und zu tief geschlafen. In seinem Kopf begann sich alles zu drehen. Doch welche Antwort er auch immer gegeben haben mochte, sie stellte den Mann in der Glaskabine offenbar zufrieden. Er drückte einen Stempel auf das weiße Blatt in seinem Pass und gab ihm seine Papiere zurück. Dann sagte er:

«Ich hoffe, Sie werden Ihren Besuch in den Vereinigten Staaten von Amerika in guter Erinnerung behalten, Mr Luke. Schönen Tag noch!»

«O ja, vielen Dank», erwiderte Sammy überschwänglich. «Es ist schon jetzt ein schöner Tag für mich.»

Sammys Erfahrungen im berühmten Barraclough-Hotel (von Clodagh für ihn gebucht) waren sogar noch erfreulicher. Alle, aber auch wirklich alle im Barraclough wollten, dass Sammy einen besonders angenehmen Aufenthalt hatte.

«Schönen Tag noch, Mr Luke!», endeten die meisten Gespräche, mit der Telefonistin des Hotels ebenso wie mit dem liebenswürdigen Menschen, der den Lift bediente, oder dem Hotelportier, der sich ebenfalls als echter Gentleman erwies. Selbst die New Yorker Taxifahrer, deren verschlossene Mienen diese Herzlichkeit eigentlich nicht erwarten ließen, wollten unbedingt, dass Sammy einen schönen Tag verbrachte.

«O ja, danke, ja», gab Sammy begeistert zur Antwort. Und nach einer Weile fügte er hinzu: «New York ist wirklich fantastisch.» Dazu grinste er und versuchte, seinen Worten den Hauch eines amerikanischen Akzents zu verleihen.

«New York ist die freundlichste Stadt der Welt», erzählte er Zara am Telefon. Er schrie so laut, dass seine Worte von kleinen vibrierenden Echos begleitet wurden.

«Tess sagt, sie meinen es nicht so.» Zaras Stimme klang erstaunlich dünn, ihre Macht wurde durch die Telefonleitung seltsam verkleinert. «Sie meinen es nicht ernst, weißt du.»

«Na, und? Tess hat sich geirrt, was die Schlägertypen bei der Passkontrolle anging. Warum soll sie sich nicht auch in diesem Punkt irren? Tess gehört nicht das ganze Land, weißt du. Sie hat nur einen kleinen Teil davon geerbt.»

«Liebling, wie redest du denn?», entgegnete Zara. Sam nahm ihre vertraute Besorgnis wahr, und ihre Stimme klang plötzlich wieder viel mächtiger. «Geht es dir auch gut? Ich meine, schaffst du es, so ganz allein dort drüben ...»

«Tagsüber bin ich hauptsächlich im Fernsehen», unterbrach

sie Sammy lachend. «Ich bin allein – bis auf die Moderatoren und vierzig Millionen Zuschauer.» Sammy überlegte, ob er wahrheitsgemäß ergänzen sollte, dass nicht alle Shows landesweit ausgestrahlt wurden; manchmal gab es nur eine Million oder anderthalb Millionen Zuschauer. Aber Zaras vorwurfsvoller Tonfall setzte diesem Gedankengang ein Ende:

«Du hast noch gar nicht nach Mummy gefragt!» Es war die plötzliche Erkrankung von Zaras Mutter gewesen, die Zara im letzten Moment davon abgehalten hatte, Sammy nach New York zu begleiten. Nicht nur Sammy war von Zaras Hilfe abhängig.

Erst nachdem Sammy aufgelegt hatte – natürlich nicht, ohne sich zärtlich nach dem Befinden von Zaras Mutter erkundigt und sich für seine primitive Stichelei gegen Tess entschuldigt zu haben –, wurde ihm klar, dass Zara Recht hatte. Auch in seinen Ohren hatte sein Tonfall ungebührlich geklungen. In London hätte er es nie gewagt, eine kritische Bemerkung über Tess zu machen. Gewagt? Sammy musste sich schon wieder korrigieren.

Zara, seiner starken, wunderbaren Zara, konnte er natürlich alles sagen. Sie war seine Frau. Wie ihnen alle ihre Bekannten immer wieder bescheinigten, standen sie sich ungewöhnlich nahe; ihre Kinderlosigkeit (eine Entscheidung, die aus ihrer anfänglichen Armut entstanden war und später einfach nie widerrufen wurde) hatte diese Intimität nur vergrößern können. Ihre Ehe gründete nicht auf einem sexuellen Strohfeuer – Sex hatte, selbst zum Anfang, in ihrer Beziehung nie eine große Rolle gespielt –, sondern auf etwas Tieferem, einer Seelenfreundschaft, die im Laufe der Jahre immer stärker geworden war. Sammy bezweifelte, dass in London noch ein anderes Ehepaar zu finden war, das sich so eng miteinander verbunden fühlte wie sie.

Das war die Wahrheit, und es war tröstlich, sich daran zu erinnern. Wenn nur Tess nicht im Laufe der letzten Jahre zu einer allgegenwärtigen Macht geworden wäre! Tess' Meinung über Kleider, Tess' Meinung über Inneneinrichtung, insbesondere über Gardinen... Der letzte Schrott! (Ein neuer Ausdruck, den Sammy von Clodagh aufgeschnappt hatte.) Merkwürdig, wie Tess' Erbschaft ihren Meinungen irgendwie mehr Gewicht verlieh – vor allem, wenn man bedachte, wie sehr Zara unverdienten Reichtum verachtete.

«Inzwischen habe ich auch Geld, sogar mehr als genug, und ich habe es redlich verdient», dachte Sammy und reckte die schmalen Schultern in der neuen blassblauen Jacke, zu deren Kauf ihm Zara, ja Zara, geraten hatte. Er betrachtete sich in einem der großen, goldgerahmten Spiegel, die die Wände seiner Suite im «Barraclough» schmückten, und schob das große Blumenarrangement, ein Geschenk der Hoteldirektion (oder von Clodagh?) zur Seite, um besser sehen zu können. Sammy Luke, der Eroberer von New York – oder zumindest des amerikanischen Fernsehens. Dann lachte er über die Absurdität der Situation.

Er trat vom Wohnzimmer der Suite auf den kleinen Balkon und schaute auf das lang gestreckte Netz von Straßen hinunter, das ihm zu Füßen lag, betrachtete die Dächer niedrigerer Gebäude und den verschwommenen grünen Fleck in der Mitte, den Central Park. Er war eben einfach sehr, sehr glücklich. Und dieses Glück gründete sich nicht nur auf den Erfolg seines Buches, den von Clodagh vorausgesagten augenblicklichen Werbeerfolg im Fernsehen oder die Aufmerksamkeit der Presse, die das Buch, wie ebenfalls von Clodagh vorausgesagt, teilweise heftig attackierte. Es gründete sich vor allem darauf, dass sich Sammy Luke in New York auf unermessliche, wundervolle, unpersönliche Art und Weise geliebt fühlte. Es war eine Liebe, die von ihm nichts forderte: sie war wie ein elektrischer Kamin, der selbst im ausgeschalteten Zustand den Eindruck von roten heißen Kohlen erweckte. New York glühte, aber es konnte ihn nicht verbrennen. Im Innersten seines Herzens wusste Sammy, dass er noch nie zuvor in seinem Leben so glücklich gewesen war.

In dem Moment klingelte das Telefon. Sammy verließ den Balkon. Er erwartete drei Anrufe. Der erste und wahrscheinlichste war Clodaghs täglicher Kontrollanruf: «Hi, Sammy, hier ist Clodagh. Die Show war wunderbar. Unser Mädchen aus der Publicity-Abteilung hat mir erzählt, anfangs sei es nicht so gut gelaufen. Sie hatte Angst gehabt, man könnte Sie verreißen . . . aber wie Sie dann durchgestartet sind . . . wirklich große Klasse!» Es folgten einige interessante Geräusche von Clodaghs beweglichen, sinnlichen Lippen. «Sammy, Sie waren in Topform. Sie hatten das Publikum wieder mal voll im Griff. Wahrscheinlich gefiel sich die Kleine einfach in der Beschützerrolle. Sue-May heißt sie, glaube ich, oder? Nein, Joanie. Genau, Joanie. Sie ist ganz verrückt nach Ihnen. Ich muss dringend mit ihr sprechen. Ich begreife nicht, wie so ein nettes Mädchen auf Männer stehen kann, und dann noch auf einen verheirateten Mann . . .»

Clodaghs Vorliebe für das eigene Geschlecht bildete in ihren Gesprächen den Anlass für immer neue, witzige Anspielungen. Seltsam, dass ihm auch das in New York so viel harmloser erschien. In England war Sammy insgeheim ziemlich schockiert gewesen über die Offenheit, mit der sich Clodagh zu ihrer Sexualität bekannte. Einmal war sie sogar auf beunruhigende, zweideutige Weise öffentlich über ihn hergefallen: «Sie sind selbst ein bisschen wie ein Mädchen, Sammy.» Und selbst das war noch gar nichts gegen den peinlichen Moment, als Clodagh lachend eine gewisse Zuneigung für Zara gezeigt und sich gefragt hatte, was Zara – abgesehen natürlich von dem Geld, das jetzt regelmäßig hereinkam – an Sammy finden könnte. In New York stimmte Sammy jedoch begeistert in ihre Späße ein.

Und so wenig ihm das auch bedeuten mochte, er freute sich, dass Joanie, das Mädchen von der Publicity-Abteilung, das den täglichen Ablauf seiner Verabredungen organisierte, verrückt nach ihm war; denn Joanie war anders als die attraktive, räuberische, Furcht erregende Clodagh, sie war klein und zart.

Die zweite mögliche Anruferin war Joanie selbst. Vielleicht stand sie schon unten in der Lobby des «Barraclough», bereit, ihn zur Aufnahme in ein Fernsehstudio am anderen Ende der

Stadt zu begleiten. Später würde sie Sammy dann wieder am Hotel absetzen und mit großer Konzentration das Taxi bezahlen, als könnte es Sammys Nerven aus der Ruhe bringen, wenn diese Handlung nicht vollkommen korrekt ausgeführt würde. Vielleicht, dachte Sammy lächelnd, könnte er Joanie eines Tages sogar hinauf in seine Suite bitten ... Wofür waren Hotelsuiten sonst schließlich da? (Sammy hatte bisher noch nie eine Suite bewohnt, sein englischer Verleger pflegte die altmodische Sitte, seine Autoren auf Werbetourneen in schlichten Hotelzimmern unterzubringen.)

Die dritte Möglichkeit war, dass Zara ihn zurückrief. Ihr letztes Gespräch hatte, trotz Sammys unermüdlicher Entschuldigungen, kein befriedigendes Ende gefunden. Allein in London zurückgeblieben, sorgte sich Zara offenbar noch mehr um Sammy als sonst. In seinen Gedanken bemerkte er eine gewisse Selbstgefälligkeit gegenüber Zara. Wenigstens dieses eine Mal gab es keinen Grund, sich Sorgen zu machen (außer vielleicht wegen Joanie, fügte er in Gedanken lächelnd hinzu).

Doch Sammys Selbstgefälligkeit wurde durch die Stimme am Telefon gründlich erschüttert:

«Du Schwein! Ich habe dich gestern Abend im Fernsehen gesehen ...», flüsterte eine weibliche Stimme. «Warte nur, Sammy Luke, ich komme in dein Zimmer und schneide dir deinen kleinen ...» Es folgte eine ausführliche anatomische Beschreibung dessen, was die Stimme mit Sammy Luke vorhatte. Die leise geflüsterten, grausamen Obszönitäten, die so schrecklich, so überraschend aus dem unschuldigen weißen Hoteltelefon drangen, schienen gar nicht aufzuhören, bohrten sich erbarmungslos in seine Ohren wie das Rauschen einer grässlichen Kaurischnecke – bis Sammy darauf kam, den Hörer an die Brust zu drücken und so die Stimme in den Falten seiner neuen blauen Jacke zu ersticken.

Nach einer Weile, als er das Gefühl hatte, es könnte vorbei sein, hob Sammy den Hörer wieder ans Ohr. Er hörte gerade noch, wie die Stimme sagte:

«Schönen Tod noch!»
Dann war Stille.

Sammy wurde übel. Einen Augenblick später rannte er schon würgend durch das prunkvolle Wohnzimmer seiner herrlichen Suite im «Barraclough». Das Bad am anderen Ende des großen Schlafzimmers schien ihm meilenweit entfernt zu sein; er erreichte es gerade noch rechtzeitig.

Sammy lag keuchend auf dem Teil des Doppelbetts, das dem Bad am nächsten war – dem Teil, der eigentlich für Zara vorgesehen war –, als wieder das Telefon klingelte. Er nahm ab, hielt den Hörer aber nicht direkt ans Ohr. Dann erkannte er die fröhliche, verbindliche Stimme der Telefonistin.

«Oh, Mr Luke», sagte sie, «als bei Ihnen besetzt war, hat Joanie Lazlo von Porlock Publishers angerufen. Sie ruft später noch einmal an. Ich soll Ihnen aber schon ausrichten, dass die Aufnahme heute Nachmittag ausfällt, Max Syegrand wurde an der Küste aufgehalten und wird nicht rechtzeitig wieder hier sein. Das ist wirklich schade, Mr Luke. Seine Show ist hervorragend. Joanie kommt heute Abend noch mit ein paar Büchern zu Ihnen, die signiert werden sollen ... Schönen Tag noch, Mr Luke!» Diesmal erschauderte Sammy, als er die vertraute, fröhliche Abschiedsformel hörte.

Es schien eine Ewigkeit zu dauern, bis Joanie anrief, um zu sagen, dass sie in der Hotellobby sei. Sie fragte, ob sie die Bücher zu ihm in die Suite bringen solle. Ihr hübsches rosiges Gesicht glühte, als sie, eine schwere mexikanische Einkaufstasche voller Bücher über der Schulter, Sammys Wohnzimmer betrat, und sie begrüßte Sammy auf die übliche enthusiastische Art und Weise. Doch Sammy konnte kaum glauben, dass er je erwogen hatte, sie – oder überhaupt irgendjemanden – zu verführen, hier in seiner vergoldeten Suite, inmitten der kostbaren Blumenarrangements. Das alles schien sehr, sehr lange her zu sein.

Denn in den Stunden vor Joanies Ankunft hatte Sammy zwei weitere Anrufe bekommen. Die flüsternde Stimme und ihre Beschreibungen von Sammys Schicksal waren immer dreister geworden, ohne dass die Stimme jemals lauter geworden wäre. Aus unerfindlichen Gründen lauschte Sammy ihren Worten von Anfang bis Ende. Zum Schluss kam jedes Mal die vertraute Floskel. Obgleich er halb damit gerechnet hatte, hatte er heftiges Herzklopfen bei den Worten:

«Schönen Tod noch, Mr Luke!»

Beim zweiten Anruf knallte er sofort den Hörer auf und rief die Vermittlung an:

«Genug!», sagte er laut und ziemlich atemlos. «Ich habe genug. Ich will nicht mehr.»

«Mr Luke?»

«Ich meine, ich will diese Anrufe nicht mehr. Ich kann das nicht ertragen.»

«Aber klar doch, wie Sie wünschen, Mr Luke.» Die Telefonistin war abgelöst worden – es war eine andere Stimme, nicht die fröhliche Frau, die so gern die Max-Syegrand-Show sah, aber sie war genauso freundlich. «Dann stelle ich ab jetzt keine Anrufe mehr durch. Das tu ich liebend gern für Sie, Mr Luke. Auf Wiederhören. Schönen Abend noch!»

Hätte Sammy die neue Telefonistin nach der Anruferin fragen sollen? Bestimmt hätte sie erklärt, sie würde ihm liebend gern jede Auskunft erteilen. Aber in seinem erschütterten Zustand hatte er Angst vor jeder weiteren fröhlichen, unpersönlichen New Yorker Begegnung. Außerdem war der erste Anruf von der netten Max-Syegrand-Verehrerin durchgestellt worden. Zara. Er musste mit Zara sprechen. Sie würde wissen, was zu tun war. Oder besser: Sie würde wissen, was *er* zu tun hatte.

«Was ist denn da drüben los?», rief sie verzweifelt. «Ich habe dreimal versucht, dich anzurufen, aber die verdammte Frau in der Zentrale hat sich geweigert, mich durchzustellen. Ist alles in Ordnung? Ich habe zurückgerufen, weil du vorhin so merkwürdig klangst. Irgendwie *high*. Du hast ständig über Sachen gelacht, die gar nicht lustig waren. Das sieht dir gar nicht ähnlich. Ich weiß, in New York sollen mit ganz normalen Leuten die verrücktesten Dinge geschehen, aber ich hätte nie gedacht...»

«Es geht mir gar nicht gut, Zara, überhaupt nicht gut», unterbrach sie Sammy; er merkte, dass seine Stimme hoch und ziemlich zittrig klang. «Vorhin ging es mir gut, sehr gut sogar, aber jetzt nicht mehr, überhaupt nicht mehr.» Zara schien sich auf das, was Sammy ihr erzählte, keinen Vers machen zu können, und nach einer Weile entschloss er sich, alle Erklärungen über seine frühere Hochstimmung wegzulassen. Zara schien nicht zu begreifen, was er sagte, und außerdem musste Sammy schuldbewusst eingestehen, dass Zaras Abwesenheit bei dieser vorübergehenden Verrücktheit eine nicht geringe Rolle gespielt hatte. Also stimmte Sammy ihr bereitwillig zu, als sie sagte, dass er sich seit seiner Ankunft in New York ziemlich merkwürdig verhalten habe, dann flehte er Zara an, ihm zu sagen, was er jetzt tun solle.

Nachdem sie Sammy ein umfassendes Geständnis entlockt hatte, klang sie wieder so forsch und fürsorglich, wie er es von ihr gewohnt war. Sie riet Sammy, sich unverzüglich bei Clodagh zu melden.

«Ehrlich gesagt, Sammy, ich verstehe nicht, warum du sie nicht gleich angerufen hast.» Zara erklärte, auch wenn Sammy dazu offensichtlich nicht in der Lage sei, könne Clodagh der Hotelzentrale bestimmt klarmachen, dass sie die Anrufe filtern und nur die rechtmäßigen Anrufe zu Sammy durchstellen solle.

«Möglicherweise kennt Clodagh diese Frau sogar», bemerkte Sammy in einem Anfall von Schwäche. «Einige ihrer Freundinnen sind ziemlich merkwürdig.»

Zara lachte. «Nicht *so* merkwürdig, hoffe ich.» Sie hatte jetzt wieder viel bessere Laune. Gewissenhaft dachte Sammy daran, sich nach dem Befinden von Zaras Mutter zu erkundigen, ehe er auflegte; und als er hörte, dass Tess geschäftlich nach Amerika geflogen sei, ging er sogar so weit zu sagen, dass er sich liebend gern auf einen Drink mit ihr treffen würde.

Als Joanie kam, erzählte Sammy ihr als Erstes von den Drohanrufen. Ihre Bestürzung verschaffte ihm eine gewisse Genugtuung.

«Aber das ist ja furchtbar, Sammy!», murmelte sie, und ihre haselnussbraunen Augen wurden wässrig vor zartem Mitgefühl. «Clodagh ist nicht im Büro, aber ich kann ja auch mit dem Hotelmanager sprechen...» Verwundert stellte Sammy fest, dass Joanie für ihn jede Anziehungskraft verloren hatte. Ihre Freundlichkeit hatte jetzt fast etwas Süßliches; vielleicht war es die reine Seichtheit, ein oberflächliches Strahlen, hinter dem sich nicht das Geringste verbarg; vielleicht hatte Tess recht, und die New Yorker waren tatsächlich unaufrichtig, meinten nichts von dem, was sie sagten, wirklich ernst. Alles in allem war Sammy froh, als sich Joanie, die signierten Bücher in der Schultertasche, von ihm verabschiedete.

Er bot ihr keinen zweiten Drink an, obwohl sie ihm einen Fahnenabzug der *New York Times*-Buchseiten vom Sonntag mitgebracht hatte. *Women Weeping* war auf der Bestsellerliste vier Plätze nach vorn gerückt.

«Schönen Abend noch, Sammy», sagte Joanie sanft, als sie die Tür der Suite hinter sich schloss. «Ich habe auf Clodaghs Anrufbeantworter eine Nachricht hinterlassen, und ich rufe Sie morgen wieder an.»

Aber Sammys Abend war nicht schön. Dummerweise entschloss er sich, in seiner Suite zu Abend zu essen; er hatte entsetzliche Angst, die Frau mit der Flüsterstimme könnte ihm auf der Straße vor dem «Barraclough» auflauern.

«Schönen Tag noch», sagte der Kellner automatisch, nachdem er das Essen auf einem vorgeheizten Rollwagen mit weißer Damastdecke ins Zimmer geschoben und Sammy die Quittung zum Unterschreiben vorgelegt hatte. Sammy hasste ihn.

«Der Tag ist vorbei. Es ist jetzt Abend», versetzte er mit spitzer, fast boshafter Stimme; leider hatte er das Trinkgeld schon auf die Quittung gelegt. Der Kellner verstaute die Dollars mit einer raschen, fachmännischen Bewegung in seiner Jackentasche. Auf dem Weg zur Tür drehte er sich um und lächelte:

«Ja. Gewiss doch. Danke, Mr Luke. Schönen Tag noch.» Seine Hand lag bereits auf der Klinke.

«Es ist Abend!», schrie Sammy. Er merkte bestürzt, dass er am ganzen Körper zitterte. «Verstehen Sie das nicht? Wollen Sie etwa leugnen, das es *Abend* ist?»

Der Kellner war leicht überrascht, aber offenbar nicht aus der Fassung zu bringen. Er sagte wieder: «Ja. Gewiss doch. Abend. Auf Wiedersehen.» Und damit ging er hinaus.

Sammy ging zur Minibar und goss sich einen Whisky ein. Er hatte keinen Hunger mehr. Der weiß gedeckte Esstisch deprimierte ihn; er erinnerte ihn an seine unerfreuliche Begegnung mit dem Kellner. Andererseits fehlte ihm der Mut, den Rollwagen einfach auf den Korridor zu schieben. Hatte er vorher vermieden, das «Barraclough» zu verlassen, musste er jetzt feststellen, dass er es nicht einmal mehr wagte, die Tür seiner eigenen Suite zu öffnen.

Clodagh war nicht im Büro, also war es zweifellos Joanies Schuld, dass die Hotelangestellten ihre Anweisungen noch immer missachteten. Ein weiterer Flüsteranruf erreichte Sammy gegen zehn Uhr abends, als er sich gerade einen oft von Werbespots unterbrochenen Film mit der jungen Elizabeth Taylor im Fernsehen anschaute. (Wenn er bis Mitternacht aufbliebe, könnte er sich selbst in einer aufgezeichneten Talkshow sehen.) Die Telefonistin war angewiesen, ihm jeweils den Namen des Anrufers zu nennen, damit Sammy noch im letzten Moment entscheiden konnte, ob er den Anruf entgegennehmen wollte oder nicht. Doch die Flüsterstimme drang direkt an sein Ohr.

In ihrer Ankündigung lag eine widerliche, neue Dringlichkeit: «Schönen Tod noch, Sammy Luke. Ich komme bald, sehr bald vorbei.»

Trotz des Whiskys – er hatte noch eine weitere kleine Flasche aufgemacht – zitterte Sammy am ganzen Körper, als er die Vermittlung anrief, um sich zu beschweren: «Ich bekomme immer noch diese Anrufe. Sie müssen etwas unternehmen. Es ist Ihre Aufgabe, sie mir vom Leibe zu halten.»

Die Telefonistin, eine Stimme, die er nicht wieder erkannte, klang erstaunt, aber voll guten Willens – falschen guten Willens, wie Sammmy inzwischen empfand. Auf jeden Fall stellte sie sich dumm und wollte sich nicht daran erinnern, in den letzten Minuten irgendein Gespräch zu Sammy durchgestellt zu haben. Sammy wagte es nicht, sie anzuweisen, überhaupt keine Anrufe mehr weiterzugeben, denn es hätte ja sein können, dass Zara anrief. Oder Clodagh – wo war Clodagh überhaupt, jetzt, wo er sie brauchte, damit sie ihn vor dieser feministischen Irren beschützte? Er war zu verzweifelt, um den Kontakt zur Außenwelt völlig zu kappen. Was würde Zara ihm raten?

Nachdem sie ihm einmal eingefallen war, erschien ihm die Antwort bestechend einfach. Sammy rief die Rezeption an und verlangte den Geschäftsführer. Wie die Telefonistin gab sich der Geschäftsführer erstaunt, aber extrem höflich.

«Drohungen, Mr Luke? Ich versichere Ihnen, Sie sind im ‹Barraclough› vollkommen sicher. Wir haben hervorragende Sicherheitskräfte ... Aber wenn Sie möchten, komme ich sofort zu Ihnen, um die Angelegenheit persönlich mit Ihnen zu besprechen ... Aber sicher, das tue ich liebend gern für Sie ...»

Wenig später erschien der Geschäftsführer in Sammys Suite. Er war sehr liebenswürdig und erwähnte nicht nur Sammys Auftritte im Fernsehen, sondern auch sein neues Buch. Er sagte, er sei ganz begeistert von dem Buch, ja, mehr noch, er habe es seiner dreiundachtzigjährigen Mutter (die Sammy in der *Today*-Show gesehen hatte) geschenkt, und sie sei ebenfalls ganz hingerissen. Sammy war zu erschöpft, um sich mehr als flüchtig zu fragen, was eine dreiundachtzigjährige Mutter wohl mit *Women Weeping* anfangen sollte. Die außerordentliche Höflichkeit des Geschäftsführers deprimierte Sammy noch mehr; es war absolut nicht klar, ob er Sammys Geschichte glaubte oder meinte, Sammy sei der plötzliche Erfolg ein wenig zu Kopf gestiegen. Vielleicht verhielten sich die Gäste im «Barraclough» ständig so, riefen aufgeregt bei der Zentrale an und berichteten von imaginären Morddrohungen? Doch auch zur weiteren Erforschung dieser Möglichkeit war Sammy viel zu erschöpft. Gegen Mitternacht stellte er wieder den Fernseher an. Er sah sich in der neuen blauen Jacke in der Talkshow sitzen, auf dem Stuhl zappeln, über seinen eigenen Humor lachen und ungefähr zum zehnten Mal leugnen, dass er selbst eine sadistische Ader habe und *Women Weeping* auf eigenen Erlebnissen beruhe.

Als das Telefon kurz nach dem Ende der Show in die Stille seiner Hotelsuite schrillte, wusste Sammy, dass es seine Verfolgerin war; doch der Anblick seines einstigen New Yorker Selbstbewusstseins hatte ihm wieder ein wenig Kraft verliehen. Seine Hand zitterte nicht mehr, als er den Hörer abnahm.

Es war Clodagh. Sie war gerade nach New York zurückgekehrt und hatte Joanies Nachricht auf ihrem Anrufbeantworter vorgefunden. Aufmerksam hörte sie sich an, was Sammy ihr zu sagen hatte. Sie wirkte ungewöhnlich ernst. Jedenfalls fehlte ihr die sonst übliche, laut jubelnde Begeisterung.

«Das gefällt mir aber ganz und gar nicht!», sagte sie nach einem – für Clodaghs Verhältnisse – ziemlich langen Schweigen. «Seit Andy Warhol müssen wir solche Scherzkekse verdammt ernst nehmen. Wir wär's gleich morgen mit einer Presseerklärung? Wir könnten zwei Fliegen mit einer Klappe schlagen: Die Publizität würde Sie schützen, und wir könnten damit gleich noch ein paar Bücher mehr verkaufen: Oder vielleicht lieber doch nicht? Ich werde darüber nachdenken und Joanie morgen früh Bescheid sagen.» Sammy war sehr erleichtert, dass Clodagh die Sache endlich selbst in die Hand nahm.

Dann herrschte wieder Schweigen. Als Clodagh erneut das Wort ergriff, klang ihre Stimme freundschaftlich, fast mütterlich; überraschenderweise erinnerte sie Sammy an Zara.

«Hören Sie, Sammylein, bleiben Sie, wo Sie sind, ich komme zu Ihnen. Wir wollen doch nicht unseren wichtigsten Autor verlieren, oder?»

Sammy ging auf den kleinen Balkon seiner Suite und schaute auf die Straßenlichter tief unter ihm. Aber er schaute nicht allzu lange, erstens weil er unter Höhenangst litt (was sich allerdings seit seiner Ankunft in New York stark gebessert hatte), zweitens weil er sich fragte, ob dort unten eine Feindin auf ihn wartete. Sammy glaubte schon lange nicht mehr, dass die Lichter dieser Stadt aus lauter Freundlichkeit blinkten. Er schaute hinunter und dachte an Clodagh, den starken Zara-Ersatz, der zu ihm eilte, um ihm das Leben zu retten.

Als Clodagh ziemlich plötzlich an der Tür seiner Suite erschien – wahrscheinlich hatte sie ihn nicht erschrecken wollen, indem sie von der Hotellobby aus anrief –, sah sie sehr stark aus, stark und sehr attraktiv in den schwarzen Designerjeans und der schwarzen Seidenbluse. Durch die Bluse konnte er ihre Nippel und die Form ihrer flachen, männlichen Brust erkennen, die Brust eines jungen griechischen Athleten.

«Sammylein», sagte Clodagh fast zärtlich. «Wem sollte es einfallen, Sie zu bedrohen?»

Die Türen zum Balkon standen noch offen. Clodagh wies Sammy an, ihnen beiden einen Whisky einzugießen (in der Schärfe ihres Befehls glaubte er, eine Spur der alten Clodagh zu erkennen). In gebieterischem Ton nötigte sie Sammy anschließend zwei geheimnisvolle große Pillen auf. Zusammen mit dem Whisky, versprach sie, würden sie ihm schöne Träume schenken, «und dann können Sie keine hässlichen Anrufe mehr stören».

Ein wenig unbehaglich war ihm Clodaghs Neigung, dicht neben ihm zu stehen und einen ihrer langen Arme liebevoll um seine Schultern zu legen, und so hatte Sammy nicht das Geringste einzuwenden, als Clodagh ihm befahl, ihre beiden Drinks auf den Balkon zu bringen. Er war froh, der leicht beunruhigenden Intimität der Suite entfliehen zu können.

In jeder Hand ein Glas stand Sammy am Rande der Brüstung und schaute nach unten. Er fühlte sich besser. Sein früheres Wohlwollen gegenüber New York überflutete ihn, als der Whisky und die Pillen zu wirken begannen. Jedenfalls stellte er sich nicht mehr vor, dass dort unten in der Straße vorm «Barraclough» eine Feindin auf ihn lauerte.

In gewisser Weise hatte Sammy natürlich Recht. Seine Feindin stand nicht dort unten auf der Straße, sondern direkt hinter ihm, auf dem Balkon, die schwarzen Handschuhe über die kräftigen Hände gestreift, die aus den Manschetten der schwarzen Seidenbluse ragten.

«Schönen Tod noch, Sammy Luke.» Selbst der vertraute Satz hatte kaum Zeit, in seinem Herzen ein Schaudern hervorzurufen, als Sammy plötzlich spürte, wie er fiel, in die tiefe Schlucht der New Yorker Straße, dreiundzwanzig Stockwerke tief. Die beiden Whiskygläser fielen ihm aus der Hand, und kleine Glassplitter verstreuten sich rund um die Stelle, wo Sammys zierlicher Körper auf den Bürgersteig prallte. Der Whisky löste sich ganz und gar auf; niemand konnte sich später daran erinnern, dass ihm in der Madison Avenue kleine Whiskytropfen ins Gesicht gesprüht wären.

Die weichherzige Joanie weinte, als die Polizei ihr Sammys maschinegeschriebenen Selbstmordbrief zeigte, dessen Unterschrift ihr vom Signieren der Bücher so vertraut war; der Text selbst war das letzte Produkt der verbeulten Reiseschreibmaschine, die Sammy mit nach New York gebracht hatte. Aber Joanie musste bestätigen, dass Sammy bei ihrem letzten Treffen in seiner Suite einen verzweifelten Eindruck gemacht hatte – einen Eindruck, der durch die Menge Whisky verstärkt wurde, die Sammy vor seinem Tod getrunken hatte –, beim Sturz hatte er in jeder Hand ein Glas gehalten, sagte die Polizei, von den Beruhigungspillen einmal ganz zu schweigen.

Auch die Aussagen des Kellners vervollkommneten das Bild.

«Der Mann wirkte ziemlich angeschlagen, als ich ihm sein Essen brachte.» Nach einer Weile fügte er hinzu: «Wahrscheinlich war er einsam. Wollte reden. Sie kennen ja diese Leute. Wollte mich aufhalten, als ich ging. Wollte ein Gespräch anfangen. Ich hätte dableiben und mit ihm reden sollen, aber ich musste weiter, hatte viel zu tun.» Der Kellner zeigte aufrichtige Reue.

Auch der Hotelmanager war voller Reue, was angesichts der

Tatsache, dass Sammys Tod durch den Sturz von einem Balkon des «Barraclough» in der Presse große Beachtung fand, nur zu verständlich war.

Eine der Telefonistinnen – Sammys fröhliche Freundin – war völlig fassungslos: «Gott, ich kann es gar nicht glauben! Ich habe ihn doch gerade erst im Fernsehen gesehen!» Die andere Telefonistin reagierte gelassener; sie sagte, Sammy habe an dem Abend einen verwirrten Eindruck gemacht und sich nicht entscheiden können, ob er Anrufe entgegennehmen wollte oder nicht.

Zara Luke in England erzählte allen Freunden und Bekannten von Sammys letztem Lebenstag und seiner abenteuerlichen Geschichte von den Drohanrufen, für die es darüber hinaus keinerlei Beweise gab. Niemand war überrascht, als sie enthüllte, dass Sammy bereits in der Vergangenheit eine ganze Reihe von Nervenzusammenbrüchen gehabt hatte und immer besonders ängstlich gewesen war, wenn er allein verreisen musste.

«Ich werde mir nie verzeihen, dass ich ihn allein fortgelassen habe», beendete Zara ihre Erzählungen mit bewegter Stimme.

Clodagh Jansen gab im Namen von Porlock Publishers eine würdevolle Erklärung ab.

Und Clodagh war es auch, die die Witwe des Autors am Flughafen abholte, als sie eine Woche später in New York eintraf, um all die traurigen Anordnungen zu treffen, die der Tod des armen Sammy notwendig machte.

Am Flughafen umarmten sich Clodagh und Zara diskret und mit den angemessenen Tränen der Trauer. Erst später, im Schutz der Abgeschiedenheit von Clodaghs Apartment – denn es wäre doch wirklich unhöflich gewesen, Zara im «Barraclough» absteigen zu lassen –, wurden ihre Umarmungen intimer und ungestümer. Doch das war nur der Anfang: Keine von beiden hatte einen Grund, die Dinge zu überstürzen.

«Wir haben endlos viel Zeit», murmelte Sammys Witwe Sammys Lektorin ins Ohr.

«Und endlos viel Geld», flüsterte Clodagh; sie musste Zara unbedingt noch erzählen, dass *Women Weeping* am kommenden Sonntag auf dem ersten Platz der Bestsellerliste stehen würde.

Die Leute sind so leichtgläubig

Colin Dexter

Den Spruch, den Louis draufhatte, werd ich mein Lebtag nicht vergessen. Hauptsächlich, weil er uns, ein zynisches Grinsen um den schlauen alten Mund, so oft damit gekommen ist. «Die Leute sind so leichtgläubig!» Stets und ständig hat er diesen Spruch abgelassen, der gute Louis. Und genauso hab ich es selber gesagt, an die tausendmal. Erst gestern Abend wieder, zu den reichen Knöpfen, die unser Bus vor dem «Lulu-Bar-Motel» ausgespuckt hatte. Ehe sich die ganze Bande, die gestärkten Servietten im Schoß, über eins von Louis' berühmten Menüs – fünf Sterne, vier Gänge – hermachte, mit den passenden Weinen zu jedem Gericht und dem feinen Likörchen als Abschluss. Ja ja, die Leute sind so leichtgläubig ... Nicht alle, wohlgemerkt, und dass wir uns nicht missverstehen: Diese spezielle Ausprägung menschlicher Schwäche ist für mich nur am Rande interessant, weil ich mir nämlich von dem großen Kuchen hin und wieder selber ein bescheidenes Scheibchen abschneide. Jetzt zum Beispiel, bevor ich die echtledernen Reisekombinationen auslade und über die Motelkorridore schleppe.

Aber immer schön der Reihe nach. Das mit der Schlepperei kommt später. Jetzt sind wir erst mal vorgefahen, und ich halte – die schwarze Aktenmappe unter den rechten Arm geklemmt – eine kleine Rede an mein Volk. Hier, liebe Freunde, sage ich, ist die erste Station eurer Superreise, auf der für euch alle garantiert unheimlich viel Spaß drin ist. Und hier muss ich die persönliche Betreuung der Gruppe abgeben, ich war bloß für die erste Etappe zuständig, wenn's morgen nach dem Frühstück weitergeht, hat jemand anders die Ehre und das Vergnügen, euch durch die Gegend zu kutschieren. Aber heut Abend findet ihr mich noch in der Cocktailbar (alles klar, Leute?), und wenn's irgendwelche Problemchen gibt, könnt ihr euch vertrauensvoll an mich wenden, wir werden das Kind schon schaukeln. Eins noch, Freunde, ein klitzekleiner Rat an alle. Es gibt hier ein paar Typen, aalglatte, ausgefuchste, linke Typen, sag ich euch, die ... Also ich will euch natürlich nicht den Urlaub vermiesen, und ich wäre der Letzte, der was dagegen sagen würde, wenn der eine oder andere von euch Lust auf ein Spielchen mit dem gefährlichsten Zocker von hier bis Honolulu hätte, aber ... Na ja, wie gesagt, Freunde, wenn ich euch einen klitzekleinen Rat geben darf: Manche Leute sind furchtbar leichtgläubig, und es tät mir echt nicht schmecken, wenn einer von euch ... Ja, also, wie gesagt, das tät mir einfach nicht schmecken.

So pack ich es meist ein, und dass die Verpackung nicht schlecht ist, wird keiner bestreiten wollen. Na und? (hör ich den einen oder anderen fragen). Wenn einer unbedingt seine Ersparnisse auf anderer Leute Konten transferieren will, soll er doch! Du kannst die Menschen nicht zu ihrem Glück zwingen, Danny, alter Junge, und schließlich hast du getan, was du konntest, fertig, aus, nächster Punkt der Tagesordnung. Alles völlig vernünftig und logisch, ich weiß. Trotzdem liegen sie mir ein bisschen auf der Seele, all diese lieben, anständigen Leutchen, weil ... na, eben weil sie so leichtgläubig sind. Und wer sich nichts aus Geschichten über liebe Leutchen macht, die ausgebufften Ganoven wie saftige Birnen in den Schoß fallen, dem wird meine Story nicht gefallen. Kein bisschen wird sie ihm gefallen.

Die meisten waren um die sechzig oder Anfang siebzig (Kinder sind bei den Luxibus-Pauschalreisen Mangelware), und jeder, der an meinem Fahrersitz vorbeispazierte, drückte mir ein paar Bucks in die Hand und sagte artig danke schön für einen einmaligen Urlaubsstart. Danach hatte ich zwei Stunden damit zu tun, das Gepäck zu den einzelnen Zimmern zu buckeln, und es war halb neun geworden, eh ich mir Lucys Hühnercurry zu Gemüte führen konnte. Lucy? Ein Teufelsmädchen, Typ Superbusenblondine, meine männlichen Mitmenschen fliegen bloß so auf sie, und um ehrlich zu sein... Aber zurück zum Thema.

Die Cocktailbar ist ein protzig aufgemotzter Plastiktempel mit dickem Teppich, orangefarbenen Kunstledersesseln und schummrig-rosa Wandlampen. Gegen halb zehn füllte sich der Laden. Viele der Gäste kannte ich von meinem Bus her. Aber es waren auch andere Typen darunter. Echte Typen, alles, was recht ist...

Er war nicht groß, knapp einsfünfundsechzig, und trug einen dieser auffallend karierten Anzüge, wie man sie aus alten Hollywoodfirmen kennt. Als ich reinkam, stand er an der Bar und ließ geschickt Karten von einer Hand in die andere gleiten. «Lust auf ein Spielchen, Leute? Ich bin Lukey.» Potthässlich, aber irgendwie einnehmend, der Typ mit seinem Blendaxlächeln um den breiten Mund. Man konnte fast vergessen, wie verdammt unsympathisch er einem war.

Kurz vor zehn biss der Erste an. Ein stämmiger Bursche mittleren Alters, der aussah, als ob er ganz genau wüsste, wo's langging. Na ja. Ich sah müßig zu, wie sie sich an einen der Tische in der Mitte setzten, und es dauerte nicht lange, bis sich weitere Zuschauer einfanden, die sich ein bisschen Zerstreuung von der Show versprachen. Schließlich ging's ja nicht um ihr Geld.

Nun stand der gute Luke besonders auf ein bestimmtes Spiel, und das will ich euch jetzt mal kurz verklickern, damit ihr den späteren Verlauf der Story mitkriegt. (Nur Mut, gleich geht's weiter.) Zuerst kommt ein Dollar als Einsatz in den Pott. Dann kriegt jeder Spieler zwei Karten, die Bilder zählen zehn, das Ass elf Punkte und alle anderen Karten ihren gezeigten Wert. Daraus folgt – wie der Tag der Nacht und der Dusel dem Luke –, dass das Glück dir grinst, wenn du eine Zehn und ein Ass kriegst, denn das, meine Freunde, sind Vingt-et-un, ob man's nun in Fahrenheit oder in Celsius rechnet, und was Besseres als Einundzwanzig gibt's nicht. Und solange du daran denkst, dass mit Einundzwanzig die Schallgrenze erreicht ist, kannst du flott eine Karte nach der anderen kaufen und – aber so weit ist ja wohl nun alles klar.

Sämtliche Zuschauer staunten Bauklötze über das Tempo, denn unserem Herausforderer (nennt mich einfach Bart) waren offenbar die Lukesberry-Regeln nicht ungeläufig, und jede Minute machte er fünf, sechs Spiele. Klatsch, ein Dollar Einsatz. Klatsch, ein Dollar drauf. Schnipp, schnipp, schnipp, schnipp. Karte. Danke. Schluss. Dollar, Dollar. Schnipp, schnipp. Schneller, immer schneller. Inzwischen hab ich mich hinter Bartey gestellt und schau ihm in die Karte. Er zieht eine Zehn und eine Vier, besinnt sich keine Mikrosekunde und sagt: Danke. Lukey legt eine Sieben auf, eine Acht, kauft eine Karte dazu, einen Buben – und ist über die Schallgrenze weg. Bartey streicht sein Geld ein, und weiter geht's:

Dollar, Dollar, schnipp, schnipp. Und als Bart wieder gewinnt, fragt Luke ihn ganz friedlich, ob er mal geben will. Aber Bart lehnt das großzügige Angebot ab. «Nee, danke», sagt er, «ich bin grad so schön am Gewinnen, wenn du mir weiter so klasse Karten gibst, kann ich nicht meckern.»

Na schön, Luke gibt also weiter, und zwar mit einer derart affenartigen Geschwindigkeit, dass eine Zeitlupe noch zu schnell wäre, um dieses flinkfingerige Geflitze zwischen dem Pack Karten so richtig nachzuvollziehen. Ich wette, da hätt einer das berühmte Adlerauge vom alten Cortez haben können und hätt doch nicht mitgekriegt, ob Luke die Karten von oben oder aus der Mitte oder von unten nimmt. Unser Bartey ist trotzdem nach wie vor gut drauf. Jetzt nimmt er eine Sieben und eine Vier und legt zehn Dollar hin, weil er noch eine Karte haben will. Lukey pellt zehn Dollar von seiner dicken Rolle und legt sie drauf, gibt Bartey eine Neun – und es sieht sehr gut aus. Dann deckt Luke seine beiden Karten auf (hätt er sich eigentlich sparen können, er weiß sowieso, welche es sind – eine Sechs und eine Neun) – und es sieht sehr schlecht aus. Er zieht die nächste Karte. Eine Acht. Und wieder ist er über die Einundzwanzig raus.

«Pass auf, jetzt komm ich gleich groß raus», sagt Luke.

«Nicht bei mir, mein Junge», sagt Bart und streicht die zweiundzwanzig Dollar ein.

«Willst du etwa aufhören?»

«Genau», sagt Bart.

«Du spielst wohl nicht zum ersten Mal?»

«Erraten.»

«Hörst du immer auf, wenn du am Gewinnen bist?»

«Erraten.»

Ein paar Sekunden sagt Luke überhaupt nichts, sondern greift sich nur den Pack Karten und macht ein stocksaures Gesicht dazu, als wenn ihm irgendwie im Weltenplan gewaltig was danebengegangen ist. Dann wird er plötzlich poetisch. «Pass mal auf, Bartey», sagt er. «Frisch gewagt ist halb gewonnen, halb ist schon mein Werk vollbracht. Sterne leuchten wie die Sonnen, nur dem Feigen ist die Nacht.» Schätze, das sind die einzigen Verse, die er sich je in den Schädel gepfropft hat. «Du hast mir nur die siebzig Dollar abge*knöpft*, stimmt's?», fährt Luke fort. «Ich mach dir einen Vorschlag. Leg die Kohle in die Mitte, ich leg die gleiche Summe drauf. Na, was ist? Ein Spielchen noch, mehr nicht.»

Inzwischen hatten sich an die dreißig Zuschauer versammelt, die Bartey zu gleichen Teilen zu- wie abrieten. Alle waren sie mit Feuereifer dabei. Einer besonders ...

Er war mir schon an der Bar aufgefallen, ein kurioses Männchen Mitte oder Ende siebzig, nicht größer als einsfünfundvierzig bis einsfünfzig in den Schuhen mit den extrahohen Hacken. Er hatte ein unheimlich braun gebranntes und unheimlich zerknittertes Gesicht und trug einen Blazer mit knallig roten und leuchtend blauen Streifen. Unter der Blazertasche war in ebenso geschmacklos wie liebevoll gestickten Lettern zu lesen: *Virgil K. Perkins jun.* Unwillkürlich fragte sich jeder, ob irgendwo noch ein *Virgil K. Perkins sen.* herumspuken mochte. Allerdings fiel die Antwort nach näherer Inaugenscheinnahme des senilen Sohnemanns wohl negativ aus. Dieser Tattergreis also redete Bartey besonders eindringlich ins Gewissen, seine Dollars einzustreichen und Schluss zu machen. Eine Weile sah es so aus, als würde er Bartey rumkriegen. Aber nein – die Versuchung war zu groß.

«Gemacht», sagte Bartey. «Ein Spiel noch.»

Luke scheint es nicht ganz wohl in seiner Haut zu sein, wie er seine siebzig Dollar dagegensetzt und den Pack Karten zurechtrückt. Die Zuschauermenge ist inzwischen angeschwollen, es sind jetzt vierzig, fünfzig, die schweigend zusehen, wie Luke gibt. Bartey lässt seine zwei Karten ein paar Sekunden auf dem Tisch liegen, und seine Hand bibbert ein bisschen, als er sie aufnimmt. Eine Zehn und eine Sechs. Sechzehn. Zum ersten Mal an diesem Abend zaudert er, versucht, seine Chancen abzuwägen. Dann sagte er danke, aber er muss es zweimal sagen, weil ihm das Wort beim ersten Mal irgendwo in der Kehle stecken geblieben ist. Jetzt ist Lukey dran, er legt eine Sechs und dann eine Neun. Fünfzehn. Lange betrachtet Luke stirnrunzelnd seine Fünfzehn, die rechte Hand spielt mit der nächsten Karte im Pack, macht eine Vierteldrehung mit ihr, eine halbe, fast schon eine ganze Drehung – dann legt er sie zurück.

«Fünfzehn», sagt er.

«Sechzehn», sagte Bartey triumphierend und greift sich das Geld. Dann ist er weg.

Die Menge fängt an, sich zu verlaufen, nur Luke sitzt noch da und lässt die Karten von einer großen Pratze in die andere gleiten, als der Alte ihn anspricht.

«Sie haben sich einen Drink verdient, Sir», sagt er. «Virgil K. Perkins junior ist mein Name. Das da ist Minny, meine kleine Frau.»

«Wir sind aus Omaha», ergänzt Minny höflich.

Virgil spendiert Luke einen Whisky, und sie kommen ins Reden.

«Riskieren Sie auch hin und wieder ein Spielchen, Mr Perkins?»

«Ich? No, Sir», sagt Virgil. «Ich und meine kleine Frau –»

(Minny ist zehn, zwölf Zentimeter größer als er) «wollen einen schönen Urlaub machen. Mehr nicht. Wir kommen aus Omaha, aber das sagte sie ja schon.»

Wo diese braven Bürger herkommen, scheint Luke weniger zu interessieren. «Ein paar Spielchen auf die Schnelle, Mr Perkins?»

«Nein», erwidert der freundlich lächelnd.

«Hören Sie, Mr Perkins, mir geht's gar nicht darum zu gewinnen, ehrlich. Wenn wir nur –»

«Nein», sagt Virgil.

«Haben Sie noch nie was von Anfängerglück gehört?»

«Nein», sagt Virgil.

«Aus Omaha sind Sie also», sagt Luke und wendet sich breit lächelnd Minny zu.

Ich überlasse die drei ihrem Schicksal, geh zur Bar und bestelle bei Lucy, die manchmal ab zehn an der Bar aushilft, einen Orangensaft. Ihre Bluse ist verdammt tief ausgeschnitten, und ihre Frisur ist verdammt hoch aufgetürmt. Aber sie sagt nichts, sondern zwinkert mir nur zu. Ohne Lächeln.

Ja, und wie ich zu dem Tisch zurückkomme, sitzt doch da tatsächlich Virgil K. Perkins und versucht sich mal an einem kleinen Spielchen, wie er es ausdrückt. Die Einzelheiten kann ich mir eigentlich schenken, wie? Das Ende vom Lied, Freunde, könnte jeder von euch jetzt schon selber trällern ... Aber der Ordnung halber will ich's doch lieber hinschreiben, ich mach's auch kurz, oder jedenfalls so kurz wie möglich.

Wie diese Sachen eben so laufen: ein Dollar rauf, ein Dollar runter, ganz sachte und allmählich, und das Kerlchen grinst wie ein Honigkuchenpferd und schnappt sich immer gieriger seine Karten. Aber natürlich macht irgendwann das Glück nur noch mal kurz winke, winke, und das Malheur beginnt. Zwanzig Dollar Verlust, dreißig, vierzig ...

«Irgendwie hab ich offenbar heut Dusel», sagt Luke mit entwaffnendem Lächeln, als würde er am liebsten seinen ganzen

Dollarhaufen über den Tisch schaufeln, damit dem Virgil der grämliche Zug um den Mund vergeht. Allmählich fällt es schon auf, und lange kann's nicht mehr dauern, bis jemand sich diese fixen Finger genauer ansieht, die ewig Achten und Neunen geben, wo nur Vieren und Fünfen den alten Virgil noch rausreißen könnten.

«Warum lässt du nicht ihn mal geben?», fragt einer.
«Eben, warum eigentlich nicht?», stößt ein anderer nach.
«Wollen Sie geben, Pop?», lenkt Luke ein.
Aber Virgil schüttelt den weißen Kopf. «Ich hab genug», sagt er. «Eigentlich müsst ich überhaupt –»
«Komm schon», sagt Minny ganz lieb.
«Klar kann er geben, wenn er will», sagt Luke.
«Aber nicht von unten.»
Luke springt auf wie von einer Tarantel gestochen und sieht sich um. «Wer war das?», fragt er, und seine Stimme klingt gequetscht und böse. Es ist ganz still geworden, und keiner meldet sich. Am allerwenigsten ich – denn die Frage kommt von mir.

«Jetzt reicht's, Pop», sagt Luke, nachdem er sich wieder hingesetzt hat. «Wenn so ein Mistkerl mir unterschiebt, dass ich schummele, und wenn er nicht mal so viel Mumm hat, sich zu melden, kratzt er damit meine Ehre an, und jetzt wird die Sache ausgetragen, wie's unter Ehrenmännern üblich ist. Sie geben, Pop.»

Der Alte zögert – aber nicht lange. Ehre ... das ist eins von diesen Wörtern, die man in seinen Kreisen mit großen Buchstaben schreibt und mit denen man nicht leichtfertig umgeht. Also greift er sich die Karten und mischt mit einer Tollpatschigkeit, die in den Annalen des Kartenspiels ihresgleichen sucht. Irgendwie aber kriegt er es schließlich hin und gibt.

«Karte», sagt Luke und legt einen Zehn-Dollar-Schein auf den Tisch des Hauses.
Virgil zieht bedächtig nach und schiebt ihm eine Karte rüber.
«Danke», sagt Luke.

Der Alte holt ein überdimensionales Taschentuch aus seinem Blazer, tupft sich die Stirn und deckt seine Karten auf: eine Königin und – ein Ass.

Luke zuckt nur die Schultern und schiebt ihm den Einsatz zu. «Na also, Pop. Nur weiter so.»

«Nein», schreit Minny, die von Anfang an keinen Zweifel daran gelassen hat, dass ihr die ganze Richtung nicht passt.

Aber Virgil legt ihr sanft eine Hand auf die Schulter. «Nicht böse sein, altes Mädchen. Mach dir keine Sorgen. Ein Spielchen noch, und dann . . .»

Und noch eins und noch eins und noch eins. Und das Glück wendet sich von dem Kerlchen aus Omaha ab, nicht das kleinste bisschen mehr will es von Virgil Perkins wissen.

Geht's ihm nur darum, das Gesicht nicht zu verlieren? Oder seine Ehre zu retten? No, Sir. Ich hab den Eindruck, dass er aus purer Verzweiflung einen Schein nach dem anderen auf die glatte Tischplatte klatscht und einen Verlust nach dem anderen einsteckt, während Minny, die neben ihm sitzt, die Augen fest geschlossen hat, als ob sie den Rest ihrer Hoffnung auf ein stilles Gebet setzt. (Ich fasse die Aktenmappe unter meinem rechten Arm fester, als ich seh, wie mich Lucy über die Zuschauermenge hinweg anschaut. Wieder ohne Lächeln.)

Um halb elf war Virgil K. Perkins jun. tausend Dollar losgeworden und saß da wie ein Häufchen Unglück. Dabei fehlte es ihm nicht an Freunden. Die Zuschauer waren von Anfang an auf seiner Seite gewesen, wenn's nach ihnen gegangen wäre, hätte er inzwischen haushoch gewonnen. Aber unserem guten Luke Flinkfinger konnte keiner mehr was vorwerfen, denn die miesen Karten gab Virgil sich ja nun inzwischen selber.

Damit ist wohl jetzt Schluss. Müde schiebt er den Packen über den Tisch und steht auf. «Tut mir Leid, altes Mädchen», sagt er mit erstickter Stimme zu Minny. «Es war ja auch dein Geld . . .»

Aber da beugt Luke sich vor, legt dem Alten seine mächtige Pratze auf das magere Handgelenk und sagt leise: «Jetzt hören

Sie mal gut zu, Pop. Sie trauern Ihren tausend Mäusen nach, ist klar. Aber wenn Sie's schlau anstellen, kriegen Sie das im Handumdrehen wieder in die Reihe. Wir machen noch ein Spielchen –»

«NEIN!», kreischt seine Eheliebste. «Das kommt überhaupt nicht in Frage. Keinen einzigen Dollar setzt er mehr, haben Sie mich verstanden? Er . . . er ist doch nur ein armer alter Narr, begreifen Sie das nicht? Ein leichtgläubiger alter . . .» Der Rest bleibt ihr im Hals stecken, und Virgil setzt sich wieder hin und legt ihr einen Arm um die Schulter, während sie lautlos anfängt zu weinen.

«Wollen Sie denn das Geld nicht zurückhaben?», fragt Luke. Er redet genauso leise wie vorher. Aber alle haben die Frage verstanden.

«Hör nicht auf ihn», schreit einer.

«Mach Schluss, Pop», ein anderer.

Und da wendet sich Luke an die versammelte Mannschaft. «Unser alter Pop hat mehr Mumm in den Knochen als ihr alle zusammen. Außerdem wisst ihr ja noch gar nicht, was ich vorschlagen will. Oder?» Luke schaut kess in die Runde. «Na los, weiß es etwa einer?»

Alles ist wieder still, und Luke schaut Virgil an und macht sein Angebot: «Ich hab heut Abend verdammten Dusel gehabt, das haben Sie ja selber gemerkt. Und deshalb geb ich Ihnen eine einmalige Chance. Wir machen ein letztes Spielchen, und ich ziehe mir zwei Punkte ab. Alles klar? Wenn ich achtzehn mache, zählt's wie sechzehn. Und so weiter. Na, was ist, Pop?»

Aber der alte Virgil schüttelt den Kopf. «Sie sind ein anständiger Kerl, Luke, aber –»

«Also sagen wir drei Punkte», sagt Luke ernsthaft. «Meine zwanzig zählen wie siebzehn. Okay? Hören Sie zu, Pop.» Er lehnt sich wieder vor und packt ihn am Handgelenk. «Ein besseres Angebot macht Ihnen keiner. *Keiner.* Und soll ich Ihnen mal was sagen? Dass all das schöne Moos wieder in Ihre Brieftasche zurückwandert, ist jetzt schon so gut wie sicher.»

Es ist ein verdammt verlockendes Angebot. Verdammt verlockend, alles, was recht ist. Und es zeigt sich bald, dass auch die Zuschauer das Angebot verdammt verlockend fanden, und viele schwenkten um.

«Na, was ist?», fragt Luke.

«Nein», sagt Virgil. «Es geht ja nicht nur um mich, sondern auch um Minny. Ich hab für einen Abend genug Unfug angestellt, stimmt's, altes Mädchen?»

Und da schaut Minny ihm gerade ins Gesicht. Ihr verweintes Gesicht ist plötzlich wie verwandelt, ihre blauen Augen blitzen herausfordernd. «Los, Virgil, zeig's ihm», sagt sie stolz und fest.

Aber Virgil sitzt immer noch da, deprimiert und unentschlossen. Er streicht sich über das schöne, volle Silberhaar und überlegt. Eine Minute, zwei Minuten. Dann fällt die Entscheidung. Er nimmt fast alle Scheine aus seiner Brieftasche, zählt sie langsam und liebevoll, stapelt sie ordentlich in der Tischmitte. «Wollen Sie nachzählen, Luke?», fragt er. Und es ist, als ob das Blatt sich mit einem Mal gewendet hat, als ob der Alte den Sieg wittert wie der Gaul den Stall.

Jetzt ist es Luke, der plötzlich flatterig zu werden scheint und zögert, dem seine Kaltschnäuzigkeit vorübergehend abhanden gekommen ist. Aber das Angebot steht, fünfzig, sechzig Zuschauer sorgen schon dafür, dass er keinen Rückzieher macht. Langsam zählt er sein Geld ab und legt es auf Virgils Scheinchen.

Zweitausend Dollar Einsatz für ein einziges Spiel.

Luke hat sich schon die Karten gegriffen und mischt sie mit der gewohnten beiläufigen Fingerfertigkeit.

«Wieso gibst du eigentlich?»

Luke sieht auf und wirft mir einen scharfen Blick zu. «Hast *du* das eben gefragt, alter Junge?»

Ich nicke. «Genau. Ich will wissen, wieso du plötzlich geben willst. Das geht bei dir nämlich nicht mit rechten Dingen zu. Du nimmst sie von oben und du nimmst sie von unten, und wer weiß, wo du sie noch überall –»

«Wir sehen uns draußen, Freund, sobald –»

«Irrtum», sage ich gelassen. «Ich geh heut Abend nicht mehr nach draußen, und für dich schon lange nicht, Freund.»

Er markiert so richtig den starken Max in diesem Augenblick, unser Luke, aber mir kann er mit so was nicht imponieren. Die Haut an seinen Knöcheln wird ganz weiß, während er langsam aufsteht und seinen Stuhl zurückschiebt. Und dann setzt er sich wieder, genauso langsam – und wir erleben eine Überraschung. Luke schiebt die Karten über den Tisch. «Okay, Pop. Sie geben.»

Irgendwie schafft es der Alte mit bibbernden Händen, die Karten durchzumischen, und als zwei runterfallen, bück ich mich und geb sie ihm zurück.

«Trennen», sagt Pop.

Luke trennt – ungefähr in der Mitte des Packens (so wie ich Luke kenne, war es *genau* die Mitte). Wunderbarerweise sind Virgils Hände beim Geben plötzlich ganz ruhig. Eine Karte für Luke, eine für Virgil, noch eine für Luke, noch eine für Virgil. Ein paar Sekunden lassen die beiden ihre Karten auf dem Tisch liegen, dann greift Luke sich seine. Erst die eine, dann die andere.

«Danke», sagt er, und seine Stimme klingt ein bisschen heiser.

Alle starren jetzt Virgil an, der seine erste Karte aufdeckt. Eine Sieben. Dann die zweite: eine Zehn. Siebzehn! Drei Punkte dazugezählt, Freunde, macht summa summarum runde zwanzig. In der Cocktailbar erhebt sich ein anerkennendes Munkeln und Raunen.

Jetzt wandern die Blicke rüber zu Luke, und in der gespannten Stille deckt er langsam die Karten auf. Ein König und dann – Herrgott noch mal! – ein Ass. Und wie Luke sich lächelnd diese prächtige Einundzwanzig besieht, geht ein Stöhnen durch die Menge wie beim Springreiten, wenn der Favorit den letzten Oxer reißt.

Was soll man da machen, Freunde? Lucy war die Erste, die in die Bresche sprang, sobald Luke sich verdrückt hatte. Sie drängelte sich durch die Zuschauermenge durch, langte tief in ihren prall gefüllten Ausschnitt und förderte die Trinkgelder zutage, die sie an diesem Abend eingenommen hatte.

«Mr Perkins? Viel ist es ja nicht, ich weiß, aber ... aber vielleicht hilft es doch ein bisschen. Bitte nehmen Sie ...» Es waren nur sieben, acht Dollar, aber die trugen zweihundertfache Frucht. Dann kam ich dran. Ich hatte im Bus so an die fünfunddreißig Dollar kassiert, die ich jetzt (meine Aktenmappe fester fassend) aus der Gesäßtasche holte und auf Lucys zerknautschte Scheine packte.

«Mr Perkins, alter Freund, Sie hätten in *meinem* Bus sein müssen.» Mehr sagte ich nicht.

Virgil sagte überhaupt nichts. Gramgebeugt saß er da, die schluchzende Minny neben sich, und kriegte offenbar kein Wort raus. Aber das tat der Rührung und der Teilnahme der Zuschauer keinen Abbruch. Und sie hatten, wie gesagt, größere Mengen von Louis' Spitzenweinen intus. Sie ließen sich nicht lumpen, das muss man ihnen lassen. Zwanzig Dollar. Noch mal zwanzig Dollar. Ein Fünfziger. Ein Paar Zehner. Noch ein Zwanziger, noch ein Fünfziger. Es war eine Freude zu sehen, wie all diese aufrechten, gottesfürchtigen Mitmenschen was von ihren mühsam zusammengekratzten Ersparnissen abgaben. Da war keiner, schätze ich, der nicht etwas auf den immer höher werdenden Berg gelegt hätte. Virgil blieb stumm. Als er schließlich zum Ausgang schwankte, Minny an einer Hand, ein dickes Bündel gespendetes Geld in der anderen Hand, wandte er sich um, als ob er doch noch das Wort an seine lieben Freunde richten wollte. Aber es kam nichts raus. Er drehte sich um und verließ die Cocktailbar.

Am nächsten Morgen wachte ich davon auf, dass Luke sich über mich beugte und mich sachte an der Schulter rüttelte.

«Louis will dich um halb elf sprechen.»

Ich hob den linken Arm und schielte auf meine Armbanduhr. Es war schon fünf vor zehn.

«Alles okay, Danny?» Luke stand jetzt an der Tür (da musste er ja einen Schlüssel zu meinem Zimmer gehabt haben?) und sah nicht besonders glücklich aus.

«Klar.»

«Half elf also», wiederholte Luke und machte die Tür hinter sich zu.

Ich war noch hundemüde und hatte einen Brummschädel, was bei mir nicht oft vorkommt. Gestern Abend hatte ich nichts getrunken, abgesehen von dem Orangensaft, den Lucy... Orangensaft? Mir wurde ein bisschen mulmig zumute, und ich warf einen Blick auf die andere Betthälfte. Die Decke war zu einer schönen weißen Hypotenuse zurückgeschlagen. Lucy hatte sich wahrscheinlich schon ganz früh verdrückt, sie war in diesen Dingen immer sehr vernünftig und umsichtig...

Aus dem Rasierspiegel sah mir eine reichlich sorgenvolle Visage entgegen, und während ich den Anzug vom Bügel nahm und feststellte, dass die Aktenmappe weg war, guckte ich noch immer ziemlich langsam. Wäre das Ding nicht weg gewesen, hätte ich allerdings noch wesentlich langsamer geguckt. Und beim Anziehen kriegte ich mich allmählich wieder ein. Ich griff mir die beiden dicken verschlossenen Umschläge, die die ganze Nacht unter meinem Kissen verbracht hatten, und steckte mir einen rechts, einen links in die Manteltaschen. Dann klopfte ich gut gelaunt an die Tür von Louis' Privatgemächern und trat ein. Es war zehn Uhr zweiunddreißig.

An dem langen Tisch standen sechs Stühle, ganz wie immer. Vier Figuren saßen schon da: Luke, Bartey und Minny und am oberen Ende Louis höchstpersönlich, noch immer nicht größer als eins fünfundvierzig bis einsfünfzig in den Schuhen mit den extrahohen Hacken, aber nicht mehr in dem knallig gestreiften Blazer und ohne die silberweiße Haarpracht, die gestern Abend seinen kahlen Schädel bedeckt hatte.

«Bist spät dran», sagte er, aber es klang nicht unfreundlich. «Setz dich, Danny.» Ich setzte mich und kam mir vor wie ein Erstklässler (aber so komme ich mir bei Louis meist vor).

«Hast du Lucy gesehen?», fragt Minny, während Bartey mir einen Schluck Whisky eingießt.

«Lucy? Nein. Habt ihr in ihrem Zimmer nachgeschaut?»

Aber darauf will keiner so recht was sagen, und wir warten ein paar Sekunden schweigend, bis Louis wieder das Wort ergreift.

«Danny», sagt er, «du weißt, was ich dir erzählt hab, als wir dich vor ein paar Monaten in unser kleines Team reingenommen haben. Dass wir eine Viertelmillion anpeilen wollten, ehe wir was Neues anfangen...»

Ich nickte.

«Inzwischen haben wir's fast geschafft, Danny, und das dürfte dir nicht entgangen sein, denn es gehörte ja zu deinen Obliegenheiten, montags meine kleine Lucy zur Bank zu begleiten, nicht? Schätze, du weißt über den Kontostand ziemlich genau Bescheid.»

Ich nickte wieder und sah ihm offen ins Gesicht.

«Und ich hab auch nie ein Geheimnis draus gemacht, dass ich diesen Laden hier Luke und Bartholomew überschreiben würde, sobald sie unter Beweis gestellt haben, dass sie's verdienen.»

Ich nickte bedächtig, aber eins hat er wohl vergessen.

«Lucy sollte auch was davon kriegen», sag ich.

«Du hast meine Lucy sehr gern, nicht?», sagt Minny leise.

«Ja, ich hab sie sehr gern, Minny.» Und das ist die reine Wahrheit.

«Ist doch klar, altes Mädchen, das haben wir inzwischen alle gemerkt.» Louis dreht sich zu Minny um und tätschelt ihr liebevoll den Arm. Dann wendet er sich wieder an mich. «Um mein Töchterchen brauchst du dir keine Sorgen zu machen, Danny. Hast du dir noch nie überlegt, wieso ich diese kleine Kapitalanlage hier das ‹Lulu-Bar-Motel› genannt hab?»

Ich muss wohl ein etwas blödes Gesicht gemacht haben, aber der Whisky bringt mein Gehirn schnell auf Touren, und mir geht ein Licht auf. Schlauer Fuchs, dieser Louis. Das *Lucy-Luke-Bartholomew*-Motel...

Aber Louis redet schon weiter. «Ich hab dich hierhergebeten, Danny, weil ich eigentlich heut Vormittag die Sache zum Abschluss bringen wollte. Und um dir zu sagen, wie sehr ich deine Mitwirkung zu schätzen weiß. Aber ich finde schon, dass Lucy dabei sein sollte, und deshalb –», er sah Luke und Bart an «– ja, also deshalb schlage ich vor, dass wir heut Abend noch mal zusammenkommen. Gegen acht Einverstanden?»

Dagegen hatte niemand was einzuwenden, und ich stand auf.

«Willst du in die Stadt, Danny?», fragte Louis mit einem Blick auf meinen Mantel.

«Genau», sagte ich, ließ sie sitzen, wo sie saßen, und fuhr mit dem Bus zum Bahnhof.

Komisch, wenn ich ein schlechtes Gewissen habe, kommt's mir immer so vor, als ob alle anderen schon Bescheid wissen. Aber diesmal ist die Sache geritzt, da kann mir keiner mehr an den Wagen fahren. Und überhaupt war es ursprünglich Lucys Idee, sie brauchte mich, um den Scheck auszuschreiben und die Unterschrift von Louis zu fälschen. Mit einem Kartenspiel kann ich zwar genauso wenig umgehen wie ein arthritischer Tintenfisch, aber dafür hab ich meine Spezialmaschine. Yes, Sir. Und dass Lucy mir vertraute, sah man ja daran, dass ich das viele schöne Geld – 240 000 Dollar alles in allem, ordentlich gebündelte Fünfhunderter, in zwei Umschlägen verpackt und zugeklebt –, dieses hübsche kleine Vermögen also seit zwei Tagen in der alten Aktentasche mit mir herumschleppte. Und jetzt dauert es gar nicht mehr lange, Lucy, mein Liebling, bis wir uns an der Sperre vom Bahnsteig eins treffen und miteinander in der sinkenden Sonne entschwinden.

Viertel vor zwölf war ich in meinem Mantel an Ort und Stelle und fasste mich in Geduld. (Mit der Pünktlichkeit hatte Lucy es noch nie so genau genommen.) Ich zündete mir noch eine Zigarette an. Und noch eine. Um zwölf Uhr fünfundvierzig erfasste mich eine gewisse Unruhe, um ein Uhr fünfundvierzig war die Unruhe schon ziemlich ausgeprägt, und um zwei Uhr fünfundvierzig schwante mir allmählich die Wahrheit. Trotzdem wartete ich weiter wie ein Trottel. Und irgendwie hab ich wohl seither nicht aufgehört, auf Lucy zu warten ...

Als der dicke Zeiger der Bahnhofsuhr auf die Vier rückte, gab ich auf und stellte mich vor die Tafel mit den Abfahrtszeiten. In einer Dreiviertelstunde ging ein Zug nach New York, den würde ich nehmen. Ich ging auf einen Kaffee in den Wartesaal. Wieder war eine Illusion dahin. Und trotzdem ... Arme, arme süße Lucy! Ein trauriges Lächeln kam mich an, als ich mir vorstellte, wie sie die Aktenmappe aufmachen und aus den beiden dicken Umschlägen 480 Blatt festes weißes Papier – jedes im Format eines Fünfhundert-Dollar-Scheins – holen würde. Sie musste mich wohl für ganz schön ... ja, für ganz schön leichtgläubig halten, dass sie mit mir ausgemacht hatte, *sie* würde die Aktenmappe an sich nehmen.

Ich schätzte, dass die einfache Fahrt nach New York fünfzig, sechzig Dollar kosten würde. Während ich mich an dem Fahrkartenschalter anstellte, wo's nach meiner Kalkulation am schnellsten gehen musste, nahm ich den dicken Umschlag aus der rechten Manteltasche, machte ihn auf – und stand da wie versteinert. Er enthielt an die 240 Blatt festes weißes Papier – jedes im Format eines Fünfhundert-Dollar-Scheins. Meine Hand zitterte, als ich aus der Schlange ausscherte und den zweiten Umschlag aufmachte. Die gleiche Situation. Nein, nicht ganz. Auf dem obersten weißen Blatt stand in Louis' unverkennbarer Krakelschrift:

Ich wollts dir ja beibringen, Danny, aber du hast eben meine Filosofie nie so richtig gerafft. Dabei hab ich dirs immer und immer wieder gesagt. Die Leute sind so ...

Na ja, mittlerweile wisst ihr bestimmt, wie der Satz weitergeht.

Ich setzte mich wieder in den Wartesaal, bestellte noch einen Kaffee, zählte meine Barschaft – zehn Dollar und vierzig Cents – und überlegte, was jetzt werden sollte. Vielleicht ... vielleicht gab's ja doch ein paar Sachen, an denen ich mich hochziehen konnte. Zumindest wusste ich, wie man Philosophie schreibt. Und dann war ja auch ziemlich stark damit zu rechnen, das ich bald irgendwo (wie Louis zu sagen pflegte) ein paar liebe, nette, leichtgläubige Leute finden würde.

Aber die Gesichter von den Leuten im Wartesaal waren allesamt ausgesprochen aasig. Und beinhart.

Ich werde warten

Raymond Chandler

Um ein Uhr morgens schaltete Carl, der Nachtportier, die letzte der drei Tischlampen in der Haupthalle des Windermere Hotels aus. Der blaue Teppich dunkelte um eine oder zwei Schattierungen, und die Wände zogen sich in weite Ferne zurück. Die Sessel füllten sich mit Schattengestalten. In den Ecken hingen Erinnerungen wie Spinngewebe.

Tony Reseck gähnte. Er legte den Kopf auf die Seite und lauschte der schwachen, zwitschernd zittrigen Musik aus dem Radioraum jenseits eines dämmrigen Bogendurchgangs am anderen Ende der Halle. Er runzelte die Stirn. Nach eins in der Frühe sollte das eigentlich sein Radiozimmer sein. Niemand sollte sich darin aufhalten. Das rothaarige Mädchen da verdarb ihm seine Nächte.

Das Stirnrunzeln schwand, und die Miniatur eines Lächelns schnörkelte sich um seine Lippenwinkel. Er saß entspannt, ein kleiner, blasser, korpulenter, mittelältlicher Mann mit langen, zarten Fingern, die sich über dem Elchzahn an seiner Uhrkette gefaltet hatten, den langen, zarten Fingern eines Geschicklichkeitskünstlers, Fingern mit glänzenden, wohlgeformten Nägeln und sich verjüngenden Mittelgliedern, Fingern, die an den Spitzen ein wenig spatelförmig waren. Hübschen Fingern. Tony Reseck rieb sie sanft gegeneinander, und es lag Friede in seinen stillen, seegrauen Augen.

Das Stirnrunzeln trat wieder auf sein Gesicht. Die Musik fiel ihm lästig. Er stand mit seltsamer Geschmeidigkeit auf, aus einer einzigen Bewegung heraus, ohne die gefalteten Hände von der Uhrkette zu nehmen. Einen Augenblick zuvor noch hatte er entspannt zurückgelehnt dagesessen, und im nächsten stand er auf den Füßen, absolut ruhig und im Gleichgewicht, sodass es fast scheinen musste, als sei dem Auge die Bewegung des Aufstehens entgangen, als habe es so etwas wie einen Wahrnehmungsausfall gehabt.

Er ging mit schmalen, polierten Schuhen über den blauen Teppich, unhörbar fast, und trat unter den Bogen. Die Musik wurde lauter. Sie bot das heiße, scharfe Geschmetter, die rasenden, nervös zerrissenen Sequenzen einer Jam-Session. Sie war zu laut. Das rothaarige Mädchen saß da und starrte wie gebannt auf die Lautsprecherbespannung des großen Radioapparats, als könnte sie die Spieler der Band dahinter sehen, mit ihrem starren professionellen Grinsen und dem Schweiß, der ihnen den Rücken hinunterlief. Sie kauerte mit seitlich unter sich gezogenen Füßen auf einem Sofa, auf dem fast alle Kissen des Zimmers zu liegen schienen. Sie steckte sozusagen mittendrin, war von ihnen umgeben wie ein Blütensträußchen vom sorgfältig drapierten Seidenpapier des Blumenhändlers.

Sie wandte nicht den Kopf. Sie lehnte dort, die eine Hand zu einer kleinen Faust geballt auf ihrem pfirsichfarbenen Knie. Sie trug einen Hausanzug aus schwerer gerippter Seide, bestickt mit schwarzen Lotosknospen.

«Sie mögen Goodman, Miss Cressy?», fragte Tony Reseck.

Das Mädchen bewegte langsam die Augen. Das Licht darin war trübe, aber das Violett ihrer Augen tat fast weh. Es waren große, tiefe Augen, die keine Spur von Nachdenken zeigten. Ihr Gesicht hatte klassischen Schnitt und keinerlei Ausdruck.

Sie sagte nichts.

Tony lächelte und bewegte die Finger an seinen Seiten, einen nach dem andern, fühlte sie sich bewegen. «Sie mögen Goodman, Miss Cressy?», wiederholte er sanft.

«Nicht übermäßig», sagte das Mädchen tonlos.

Tony wippte auf den Hacken zurück und sah in ihre Augen. Große, tiefe, leere Augen. Oder waren sie das nicht? Er langte nieder und stellte das Radio leiser.

«Verstehen Sie mich nicht falsch», sagte das Mädchen. «Goodman macht Geld, und wenn ein Junge heute auf anständige Art sein Geld macht, dann muss man ihn achten. Aber diese Jitterbug-Musik hat für mich immer was vom Mief einer Bierkneipe an sich. Ich mag lieber was mit Rosen drin.»

«Vieleicht mögen Sie Mozart», sagte Tony.

«Nur zu, nehmen Sie mich ruhig auf den Arm», sagte das Mädchen.

«Ich wollte Sie keineswegs auf den Arm nehmen, Miss Cressy. Für mich ist Mozart der größte Mensch, der je gelebt hat, und Toscanini ist sein Prophet.»

«Ich dachte, Sie wären hier der Hausdetektiv.» Sie legte den Kopf zurück auf ein Kissen und starrte ihn durch die Wimpern an. «Stellen Sie mir mal was von diesem Mozart ein», fügte sie hinzu.

«Dazu ist es zu spät», seufzte Tony. «Jetzt findet man nichts mehr.»

Sie schenkte ihm einen weiteren, langen, klaren Blick. «Sie haben mich unter der Lupe, was, Plattfuß?» Eine kleines Lachen, leise, fast lautlos. «Was habe ich denn angestellt?»

Tony zeigte sein treuherziges Kinderlächeln. «Nichts, Miss Cressy. Ganz und gar nichts. Aber Sie brauchen ein bisschen frische Luft. Sie sind jetzt fünf Tage in diesem Hotel und noch nicht ein einziges Mal aus dem Haus gewesen. Und Sie haben ein Turmzimmer.»

Sie lachte erneut. «Machen Sie mal 'ne Geschichte draus für mich. Ich hab Langeweile.»

«Es gab schon mal hier ein Mädchen, das hatte dieselbe Suite. Sie blieb eine ganze Woche im Hotel, wie Sie. Ohne je auszugehen, meine ich. Sie sprach kaum ein Wort mit jemandem. Was meinen Sie, was sie dann getan hat?»

Das Mädchen beäugte ihn ernst. «Die Zeche geprellt.»

Er streckte seine lange, zarte Hand aus und drehte sie langsam um. Seine Finger flatterten, fast als gehe eine unsichtbare Welle darüber hin und breche sich daran, müßig und ganz gelassen. «Hm, nein. Sie schickte nach der Rechnung und bezahlte. Dann sagte sie dem Pagen, er solle in einer halben Stunde kommen und ihre Koffer holen. Dann ging sie hinaus auf den Balkon.»

Das Mädchen beugte sich ein wenig vor, die Augen immer noch ernst, die eine Hand wie eine Kappe auf ihrem pfirsichfarbenen Knie. «Was hatten Sie gesagt, wie heißen Sie?»

«Tony Reseck.»

«Klingt nach zugewandert.»

«Ja-ah», sagte Tony. «Aus Polen.»

«Erzählen Sie weiter, Tony.»

«Alle Turmsuiten haben einen privaten Balkon, Miss Cressy. Die Mauern am Rand sind sehr niedrig für vierzehn Stockwerke über der Straße. Es war ein dunkler Abend, der Abend damals, tief jagende Wolken.» Er ließ die Hand mit einer endgültigen Geste fallen, einer Geste des Abschieds. «Niemand sah sie springen. Aber als sie unten aufschlug, klang es wie ein Kanonenschuss.»

«Sie tragen zu dick auf, Tony.» Ihre Stimme war ein sauberes, trockenes Flüstern.

Er zeigte sein treuherziges Kinderlächeln. Seine stillen, seegrauen Augen schienen die langen Wellen ihres Haars fast zu streicheln. «Eve Cressy», sagte er sinnend. «Ein Name, der darauf wartet, in Leuchtbuchstaben zu erscheinen.»

«Der darauf wartet, dass ein großer dunkler Bursche erscheint, der nichts taugt, Tony. Es kann Ihnen egal sein, warum. Ich war mal mit ihm verheiratet. Vielleicht werde ich eines Tages wieder verheiratet sein mit ihm. Man kann einen Haufen Fehler machen in bloß einem einzigen Leben.» Die Hand auf ihrem Knie öffnete sich langsam, bis die Finger so weit zurückgestreckt waren, wie es gehen wollte. Dann schlossen sie sich rasch und fest, und sogar im trüben Licht hier schimmerten die Knöchel, als wären sie aus poliertem Elfenbein. «Ich habe ihm einmal ziemlich übel mitgespielt. Ich hab ihn in eine schlimme Patsche gebracht – ohne es zu wollen. Aber das kann Ihnen ebenfalls egal sein. Es ist nur einfach so, dass ich ihm verpflichtet bin.»

Er beugte sich sanft hinüber und drehte am Radioknopf. Ein Walzer nahm Gestalt an in den Klängen. Ein kitschiger Walzer, aber ein Walzer. Er drehte die Lautstärke weiter auf. Die Musik brach aus dem Apparat hervor, ein Strudel aus schattenhafter Melodik. Seit Wien gestorben ist, sind alle Walzer Schatten.

Das Mädchen legte den Kopf auf die Seite, summte drei oder vier Takte mit und brach dann jäh ab, mit verzogenem Mund.

«Eve Cressy», sagte sie. «Der Name ist schon mal in Leuchtbuchstaben erschienen. An einem billigen Nachtclub. Einer richtigen Kaschemme. Es gab eine Razzia, und die Lichter gingen aus.»

Er lächelte sie fast spöttisch an. «Es war keine Kaschemme, als Sie dort waren, Miss Cressy ... Das ist der Walzer, den das Orchester immer spielte, wenn der alte Portier vor dem Hoteleingang auf und ab ging, seine sämtlichen Orden an der geschwellten Brust. *Der letzte Mann.* Emil Jannings. Sie werden sich kaum daran erinnern, Miss Cressy.»

«Frühling, herrlicher Lenz», sagte sie. «Nein, hab ich nie gesehen.»

Er trat drei Schritte von ihr fort und wandte sich um. «Ich muss nach oben und Türklinken abgrabbeln. Hoffentlich bin ich Ihnen nicht lästig gefallen. Sie sollten jetzt schlafen gehen. Es ist ziemlich spät.»

Der Kitschwalzer brach ab, und eine Stimme begann zu sprechen. Das Mädchen antwortete durch die Stimme hindurch. «Haben Sie wirklich an so was gedacht – wie mit dem Balkon?»

Er nickte. «Das kann schon sein», sagte er sanft. «Aber jetzt nicht mehr.»

«Wäre auch aussichtslos, Tony.» Ihr Lächeln war wie ein blasses, verlorenes Blatt. «Kommen Sie doch wieder vorbei und reden Sie ein bisschen mit mir. Rotschöpfe springen nicht, Tony. Sie halten durch – und welken.»

Er sah sie einen Moment lang ernst an und entfernte sich

dann über den Teppich. Der Portier stand im Bogengang, der zur Haupthalle führte. Tony hatte nicht hinübergesehen, aber er wusste, dass jemand da war. Er wusste immer, wenn jemand in seiner Nähe war. Er konnte das Gras wachsen hören, wie der Esel im *Blauen Vogel.*

Der Portier gab ihm einen dringlichen Wink mit dem Kinn. Sein breites Gesicht über dem Uniformkragen sah verschwitzt aus und erregt. Tony trat zu ihm, und sie gingen zusammen durch den Bogen und in die Mitte der trüb erhellten Halle hinaus.

«Ärger?», fragte Tony müde.

«Da draußen ist ein Bursche, der dich sprechen will, Tony. Wollte nicht reinkommen. Ich war bloß mal kurz vor der Tür, wollte mit dem Lappen über die Glasscheibe fahren, und da stand er auf einmal neben mir, ein ziemlicher Brocken von einem Kerl. ‹Holen Sie Tony›, sagte er, bloß so aus dem Mundwinkel.»

Tony sagte: «Hm, soso», und sah dem Portier in die blassblauen Augen. «Und wie hieß er?»

«Al, sagte er, soll ich sagen.»

Tonys Gesicht wurde so ausdruckslos wie Teig. «Ah ja.» Er wollte gehen.

Der Portier ergriff ihn am Ärmel. «Hör mal, Tony. Du hast doch keine Feinde?»

Tony lachte höflich, das Gesicht immer noch wie Teig.

«Hör zu, Tony.» Der Portier ließ seinen Ärmel nicht los. «An der Ecke vorn hält ein großer schwarzer Wagen, du weißt schon, nach der andern Seite vom Taxistand. Daneben steht ein Kerl, den einen Fuß auf dem Trittbrett. Dieser Bursche, der mich da angequatscht hat, er trägt einen dunklen, eng zugeknöpften Mantel mit Kragen, den er sich um die Ohren hochgeschlagen hat. Der Hut sitzt ihm ziemlich tief in der Stirn. Man kann sein Gesicht kaum erkennen. ‹Holen Sie Tony›, hat er bloß gesagt, so aus dem Mundwinkel. Hast du auch bestimmt keine Feinde, Tony?»

«Nur bei der Kreditbank», sagte Tony. «Hau ab.»

Er ging langsam und ein bisschen steif über den blauen Teppich, die drei flachen Stufen hinauf in die Rezeption mit den drei Fahrstühlen auf der einen Seite und dem Empfangsbereich auf der anderen. Nur ein Fahrstuhl war noch in Betrieb. Neben der offenen Tür stand, schweigend und mit verschränkten Armen, der Liftboy, in hübscher blauer Uniform mit silbernen Aufschlägen. Ein schlanker, dunkler Mexikaner namens Gomez. Der Junge war neu, arbeitete sich bei der Nachtschicht ein.

Auf der anderen Seite der Empfangstisch, rosa Marmor, mit dem vornehm-lässig daraufgelehnten Nachtportier. Ein kleiner adretter Mann mit einem buschigen rötlichen Schnurrbart und Wangen, so rosig, als hätte er sie geschminkt. Er starrte Tony an und prokelte mit einem Fingernagel in seinem Schnurrbart.

Tony hob einen steifen Zeigefinger gegen ihn, legte die anderen drei Finger fest an die Handfläche und schlug mit dem Daumen an dem steifen Finger auf und nieder. Der Portier berührte die andere Seite seines Schnurrbarts und machte ein gelangweiltes Gesicht.

Tony ging weiter, vorbei an dem geschlossenen und verdunkelten Zeitungsstand und dem Seiteneingang zum Drugstore, hinaus zu den messinggerahmten Glastüren des Eingangs. Kurz vor ihnen blieb er noch mal stehen und holte tief und hart Luft. Dann straffte er die Schultern, stieß die Türen auf und trat in die kalte, feuchte Nachtluft hinaus.

Die Straße lag dunkel, still. Das Getöse des Verkehrs am Wilshire, zwei Straßen weiter, war gestaltlos und ohne Bedeutung. Zur Linken standen zwei Taxis. Die Fahrer lehnten an einem der Kotflügel, Seite an Seite, rauchend. Tony ging in die entgegengesetzte Richtung. Der große dunkle Wagen stand einen Drittelblock vom Hoteleingang entfernt. Die Scheinwerfer waren abgeschaltet, und erst als er ihn fast erreicht hatte, hörte er das sanfte Geräusch des laufenden Motors.

Eine hoch gewachsene Gestalt löste sich von der schattenhaften Masse des Wagens und kam auf ihn zugeschlendert, beide

Hände in den Taschen des dunklen Mantels mit dem hochgeschlagenen Kragen. Im Mund des Mannes glomm schwach ein Zigarettenende, eine rostrote Perle.

Zwei Schritt voneinander blieben sie stehen.

Der hoch gewachsene Mann sagte: «Hallo, Tony. Lange nicht gesehn.»

«Hallo, Al. Wie geht's denn?»

«Kann nicht klagen.» Der hoch gewachsene Mann wollte die rechte Hand aus der Manteltasche ziehen, hielt dann aber inne und lachte lautlos. «Ah, hätt ich fast vergessen. Dir dürfte wohl kaum was dran liegen, mir die Hand zu schütteln.»

«Das bedeutet gar nichts», sagte Tony. «Sich die Hand zu schütteln. Auch Affen können das. Was hast du auf dem Herzen, Al?»

«Immer noch der alte kleine, dicke Komiker, was, Tony?»

«Kann schon sein.» Tonys Augen verengten sich. Etwas schnürte ihm die Kehle zu.

«Gefällt dir der Job in dem Laden da?»

«Ist ein Job.»

Al lachte erneut, sein lautloses Lachen. «Du schiebst deine Kugel langsam, Tony. Ich mach's mit Tempo. Soso, ein Job ist das also, und du willst ihn behalten. Okay. In euerm stillen Hotel hockt da ein Mädchen rum, heißt Eve Cressy. Schaff sie raus. Schnell und auf der Stelle.»

«Was stimmt denn nicht mit ihr?»

Der hoch gewachsene Mann sah die Straße hinauf und hinunter. Ein Mann im Wagen hinter ihm hustete leicht. «Sie hat auf die falsche Karte gesetzt. Nichts gegen sie persönlich, aber sie wird dir Ärger bringen. Schaff sie raus, Tony. Du hast noch etwa eine Stunde.»

«Sicher», sagte Tony, ziellos, ohne Bedeutung.

Al zog die Hand aus der Tasche und streckte sie gegen Tonys Brust. Er gab ihm einen leichten, beiläufigen Stoß. «Ich hab dir das nicht gesagt, bloß um mal wieder einen Witz zu machen, dickes Brüderchen. Schaff sie aus der Quere.»

«Okay», sagte Tony, ohne jeden Ton in der Stimme.

Der hoch gewachsene Mann zog die Hand zurück und griff nach der Wagentür. Er öffnete sie und wollte hineinschlüpfen, ein hagerer schwarzer Schatten.

Dann hielt er inne, sagte etwas zu den Männern in dem Wagen und stieg wieder aus. Er kam zu der Stelle zurück, an der Tony schweigend stand, einen Widerschein des trüben Lichts der Straße in den blassen Augen.

«Hör zu, Tony. Du hast deine Nase immer aus allem rausgehalten. Du bist ein guter Bruder, Tony.»

Tony antwortete nicht.

Al beugte sich zu ihm vor, ein langer, dringlicher Schatten; der Mantelkragen reichte ihm fast an die Ohren. «Eine brenzlige Sache, Tony. Es wird den Jungens zwar nicht schmecken, aber ich erzähl es dir trotzdem. Diese Cressy war mit einem Kerl namens Johnny Ralls verheiratet. Ralls ist vor zwei, drei Tagen, oder einer Woche, aus Quentin raus. Hat da drei Jährchen runtergerissen, wegen fahrlässiger Tötung. Das Mädchen hat ihn reingeritten. Er hat eines Nachts einen alten Mann umgefahren, wie er besoffen war, und sie war mit dabei. Er wollte nicht anhalten. Da hat sie zu ihm gesagt, entweder geht er hin und stellt sich, oder. Er hat sich aber nicht gestellt. Da sind die Polypen dann zu ihm gekommen.»

Tony sagte: «So ein Pech.»

«Die Sache ist koscher, Kleiner. Ich muss es schließlich wissen. Dieser Ralls hat werweißwie die Klappe aufgerissen, von wegen wie das Mädchen auf ihn warten würde, wenn er rauskäme, und alles sollte vergeben und vergessen sein, und er würde gleich direkt zu ihr hin.»

Tony fragte: «Und was hast du mit ihm zu schaffen?» In seiner Stimme war ein trockenes, steifes Knistern, wie von dickem Papier.

Al lachte. «Die Jungs wolln ein Hühnchen mit ihm rupfen. Er hat einen Tisch laufen gehabt, in einem Kasino am Strip, und sich was einfallen lassen. Fünfzig Riesen sind dem Haus flöten gegangen, durch ihn und noch einen andern Burschen. Der andere hat schon ausgespuckt, aber jetzt brauchen wir immer noch die fünfundzwanzig von Johnny. Die Jungs werden nicht dafür bezahlt, dass sie ein schlechtes Gedächtnis haben.»

Tony sah die dunkle Straße hinauf und hinunter. Einer der Taxifahrer schnippte einen Zigarettenstummel in hohem Bogen über das Verdeck eines der Wagen. Tony sah ihn auf dem Pflaster auftreffen und Funken sprühen. Er lauschte dem stillen Motorgeräusch des großen Wagens.

«Ich will nichts damit zu tun haben», sagte er. «Ich werde sie rausschaffen.»

Al trat von ihm zurück und nickte. «Kluges Jungchen. Wie geht's Mama denn so?»

«Ganz gut», sagte Tony.

«Erzähl ihr mal, dass ich nach ihr gefragt habe.»

«Nach ihr zu fragen, bedeutet gar nichts», sagte Tony.

Al wandte sich rasch um und stieg in den Wagen. Der Wagen kurvte lässig auf der Mitte des Blocks und glitt zurück auf die Ecke zu. Die Scheinwerfer gingen an und grellten Licht auf eine Wand. Der Wagen bog um die Ecke und verschwand. Die Schwaden der Abgase, die noch in der Luft hingen, trieben langsam an Tonys Nase vorüber. Er wandte sich um und ging zum Hotel zurück, ging wieder hinein. Er begab sich zum Radiozimmer hinüber.

Das Radio murmelte immer noch vor sich hin, aber das Mädchen war vom Sofa davor verschwunden. Die zusammengedrückten Kissen zeigten noch die Hohlform ihrer Gestalt. Tony griff nieder und berührte sie. Es kam ihm vor, als wären sie noch warm. Er stellte das Radio ab und stand da und drehte langsam einen Daumen vor seinem Körper, die Hand flach auf den Magen gelegt. Dann ging er wieder durch die Halle zu den Fahrstühlen hinüber und blieb neben einem Majolikatopf voll weißem Sand stehen. Der Portier machte sich hinter einer Trennwand aus geriffeltem Glas am einen Ende des Tisches an irgendwas zu schaffen. Die Luft war tot.

Die Fahrstuhltüren waren dunkel. Tony warf einen Blick auf den Anzeiger des mittleren Fahrstuhls und sah, dass er im 14. Stock hielt.

«Zu Bett gegangen», sagte er halblaut vor sich hin.

Die Tür zum Portiersraum neben den Fahrstühlen öffnete sich, und der mexikanische Liftboy trat heraus, in Straßenkleidung. Er streifte Tony mit einem stillen Seitenblick, aus Augen, die die Farbe vertrockneter Kastanien hatten.

«Gute Nacht, Chef.»

«Äh – ja», sagte Tony abwesend.

Er zog eine dünne, gesprenkelte Zigarre aus der Westentasche und roch daran. Er untersuchte sie langsam, drehte sie in seinen gepflegten Fingern. Sie hatte an der Seite einen feinen Riss. Er runzelte die Stirn darüber und steckte die Zigarre wieder weg.

Fern entstand ein Geräusch und der Zeiger über der Lifttür begann seine Kreisbahn auf dem bronzenen Zifferblatt. Licht dämmerte auf im Schacht, und die Gerade des Fahrstuhlbodens drückte die Dunkelheit nach unten. Der Fahrstuhl hielt, die Türen gingen auf, und Carl trat heraus.

Sein Blick begegnete dem Tonys, und er zuckte ein wenig zusammen; dann kam er zu ihm herüber, den Kopf leicht zur Seite geneigt, einen dünnen Glanz auf der rosa Oberlippe.

«Hör zu, Tony.»

Tony packte mit hartem, raschem Griff seinen Arm und drehte ihn um. Er schob ihn zügig, doch irgendwie auch ganz zwanglos die Stufen hinunter in die Haupthalle und lenkte ihn dort in eine Ecke. Dann ließ er den Arm los. Seine Kehle verengte sich wieder, ohne dass ihm ein Grund dafür bewusst war.

«Also», sagte er finster. «Was soll ich hören?»

Der Portier langte in die Tasche und zog einen Dollarschein hervor. «Hat er mir gegeben», sagte er zusammenhanglos. Seine glitzernden Augen blickten an Tonys Schulter vorbei ins Leere. Sie zwinkerten fahrig. «Eis und Ginger Ale.»

«Mach's nicht so spannend», grollte Tony.

«Der Bursche in 14 B», sagte der Portier.

«Lass mal deinen Atem riechen.»

Der Portier beugte sich folgsam zu ihm vor.

«Schnaps», sagte Tony rau.

«Er hat mir einen Schluck spendiert.»

Tony sah auf den Dollarschein nieder. «In 14 B ist doch überhaupt keiner. Jedenfalls nach meiner Liste nicht», sagte er.

«Doch. Ist.» Der Portier leckte sich die Lippen, und seine Augen öffneten und schlossen sich mehrmals. «Großer dunkler Bursche.»

«Also gut», sagte Tony ärgerlich. «Also gut. In 14 B ist ein großer dunkler Bursche, und der hat dir einen Dollar und einen Schluck spendiert. Und was weiter?»

«Knarre unterm Arm», sagte Carl und blinzelte.

Tony lächelte, aber seine Augen hatten das leblose Glitzern dicken Eises angenommen. «Du hast Miss Cressy auf ihr Zimmer gebracht?»

Carl schüttelte den Kopf. «Gomez. Ich hab nur gesehen, wie sie rauf ist.»

«Verdünnisier dich», sagte Tony zwischen den Zähnen. «Und lass dir gefälligst von den Gästen keinen Schnaps mehr eintrichtern.»

Er blieb reglos stehen, bis Carl in sein Stübchen neben den Fahrstühlen gegangen war und die Tür geschlossen hatte. Dann stieg er lautlos die drei Stufen hinauf, trat vor den Empfangstisch und sah auf den geäderten rosa Marmor nieder, auf die Schreibgarnitur aus Onyx, auf die frische Meldekarte in ihrem Lederrahmen. Er hob eine Hand und ließ sie hart auf den Marmor klatschen. Der Portier kam hinter der gläsernen Trennwand hervorgeschossen wie ein Backenhörnchen aus seinem Bau.

Tony zog einen dünnen Durchschlag aus der Brusttasche und breitete ihn auf den Tisch. «Keine Meldung hier für 14 B», sagte er mit bitterer Stimme.

Der Portier strich sich höflich den Schnurrbart. «Tut mir Leid. Du musst grad beim Abendessen gewesen sein, wie er sich eingetragen hat.»

«Wer?»

«Laut Eintrag James Watterson, San Diego.» Der Portier gähnte.

«Nach irgendwem gefragt?»

Der Portier hielt mitten im Gähnen inne und betrachtete Tonys Kopfdach. «Tja, in der Tat. Nach einer Swing-Band. Wir sollten sie ihm aufs Zimmer schicken. Wieso?»

«Schlagfertig und witzig», sagte Tony. «Wenn man was übrig hat für die Tour.» Er machte sich eine Notiz auf dem Durchschlag und stopfte ihn in die Tasche zurück. «Ich gehe nach oben, Klinken grabbeln. Es sind noch vier Turmzimmer da, die du noch nicht vermietet hast. Leg dich ein bisschen mehr ins Zeug, mein Sohn. Du wirst nachlässig.»

«Man tut, was man kann», sagte der Portier gedehnt und brachte sein Gähnen zu Ende. «Und du beeil dich, dass du wieder runterkommst, mein Alter. Ich weiß gar nicht, wie ich die Zeit rumbringen soll bis dahin.»

«Du könntest dir den rosa Borstenknubbel von der Lippe kratzen», sagte Tony und ging zu den Fahrstühlen hinüber.

Er öffnete den einen, schaltete das Kuppellicht ein und schoss in den vierzehnten Stock hinauf. Er verdunkelte ihn wieder, trat heraus und schloss die Türen. Der Flur war hier kleiner als alle anderen, den einen unmittelbar darunter ausgenommen. Jede der drei Wände außer der Fahrstuhlwand hatte nur eine einzige, blau verkleidete Tür. Auf jeder Tür stand, in Gold, eine Zahl und ein Buchstabe, von einem goldenen Kranz umgeben. Tony ging zur 14 A hinüber und legte sein Ohr an die Verkleidung.

Er hörte nichts. Eve Cressy konnte schon im Bett sein und schlafen, sie konnte aber auch im Bad sein oder draußen auf dem Balkon. Vielleicht saß sie auch noch im Zimmer, nur ein paar Schritte von der Tür, und starrte die Wand an. Nun, es stand nicht zu erwarten, dass sich hören ließ, wie sie dasaß und die Wand anstarrte. Er ging zur 14 B hinüber und legte an die Türverkleidung dort sein Ohr. Diesmal war es anders. Drinnen erklang Geräusch. Ein Mann hustete. Irgendwie hustete er wie einer, der allein ist. Stimmen sonst gab es keine. Tony drückte auf den kleinen Perlmuttknopf neben der Tür.

Schritte kamen, ohne Eile. Eine gedämpfte Stimme sprach durch die Tür. Tony ließ keine Antwort hören, keinen Laut. Die gedämpfte Stimme wiederholte ihre Frage. Leicht, boshaft drückte Tony noch einmal auf den Knopf.

Mr James Watterson aus San Diego hätte jetzt die Tür öffnen und sich irgendwie bemerkbar machen müssen. Er tat es nicht. Eine Stille entstand jenseits der Tür, die wie die Stille eines Gletschers war. Noch einmal legte Tony sein Ohr an das Holz. Nichts als Stille.

Er zog an einer Kette einen Hauptschlüssel hervor und schob ihn behutsam in das Schloss der Tür. Er drehte ihn um, drückte die Tür drei Zoll weit nach innen und zog den Schlüssel wieder heraus. Dann wartete er.

«Also gut», sagte die Stimme barsch. «Kommen Sie rein und sperrn Sie die Augen auf.»

Tony stieß die Tür weit auf und stand da, umrahmt vom Licht des Flurs. Der Mann war hoch gewachsen, schwarzhaarig, knochig und hatte ein weißes Gesicht. Er hielt eine Pistole in der Hand. Er hielt sie, als wüsste er damit umzugehen.

«Nur immer herein», sagte er gedehnt.

Tony trat durch die Tür und schob sie mit der Schulter hinter sich zu. Er hielt die Hände ein wenig von den Körperseiten ab, die flinken Finger schlaff angekrümmt. Er lächelte sein stilles kleines Lächeln.

«Mr Watterson?»

«Nur immer zu.»

«Ich bin hier der Hausdetektiv.»

«Haut mich um.»

Der hoch gewachsene Mann mit dem weißen Gesicht, der irgendwie angenehm wirkte und irgendwie auch wieder gar nicht angenehm, wich langsam ins Zimmer zurück. Es war ein großes Zimmer mit einem niedrigen Eckbalkon um zwei Seiten. Glastüren führten auf den kleinen privaten, unüberdachten Balkon hinaus, den jedes der Turmzimmer hatte. Vor einem bequemen, freundlichen Sofa befand sich hinter einem paneelierten Schirm die Vorrichtung für ein offenes Kaminfeuer. Ein großes beschlagenes Glas stand auf einem Hoteltablett neben einem tiefen, kuschligen Sessel. Der Mann wich bis zu diesem Sessel zurück und blieb dann davor stehen. Die große, schimmernde Waffe in seiner Hand senkte sich und zeigte zu Boden.

«Haut mich um», sagte er. «Ich bin grad eine Stunde in dem Laden und schon kommt der Hausschnüffler mich ausquetschen. Okay, Verehrtester, dann stecken Sie Ihre Nase mal in den Wandschrank und ins Bad. Bloß, leider ist die Süße vorm Moment schon weg.»

«Sie haben sie noch überhaupt nicht gesehen», sagte Tony.

Das gebleichte Gesicht des Mannes füllte sich mit Falten der Überraschung. Seine gedämpfte Stimme bekam etwas Knurrendes. «Ach wirklich? Und wen hab ich noch überhaupt nicht gesehen?»

«Ein Mädchen namens Eve Cressy.»

Der Mann schluckte. Er legte seine Pistole neben das Tablett auf den Tisch. Er ließ sich nach hinten in den Sessel sinken, steif wie ein Mann, der mit Ischias zu tun hat. Dann beugte er sich vor, legte die Hände auf die Kniescheiben und lächelte strahlend zwischen den Zähnen. «Dann ist sie also hier, wie? Ich hatte noch nicht nach ihr gefragt. Ich bin ein vorsichtiger Mensch. Ich habe noch nicht gefragt.»

«Sie ist seit fünf Tagen hier», sagte Tony. «Wartet auf Sie. Sie hat das Hotel nicht eine Minute verlassen.»

Der Mund des Mannes arbeitete, ein bisschen. Sein Lächeln hatte einen unsicher wissenden Zug. «Ich bin im Norden oben etwas aufgehalten worden», sagte er beiläufig. «Sie kennen das ja. Wenn man alte Freunde besucht. Sie scheinen sich ja ganz schön in meinen Angelegenheiten umgetan zu haben, Schnüffler.»

«Stimmt, Mr Ralls.»

Mit einem Satz war der Mann auf den Füßen, und seine Hand

schnappte nach der Pistole. Er stand vorgebeugt da, die Hand auf dem Tisch an der Waffe, mit starrem Blick. «Weiber quatschen zu viel», sagte er, und seine Stimme klang dumpf gedämpft, als hätte er einen Lappen zwischen den Zähnen und spräche durch ihn hindurch.

«Weiber diesmal nicht, Mr Ralls.»

«Äh?» Die Pistole schlitterte auf dem harten Holz des Tisches. «Rücken Sie schon raus mit der Sprache, Schnüffler. Mein Gedankenleser hat gestern gekündigt.»

«Keine Weiber. Männer. Kerle mit Kanonen.»

Wieder entstand die Stelle des Gletschers zwischen ihnen. Langsam straffte sich der Körper des Mannes. Aus seinem Gesicht war aller Ausdruck wie weggewischt, aber seine Augen hatten etwas Gehetztes. Tony lehnte vor ihm, ein kleiner, gedrungener Mann mit einem stillen, blassen, freundlichen Gesicht und Augen, so schlicht wie ein Waldwasser.

«Denen geht doch nie der Sprit aus – diesen Jungens», sagte Johnny Ralls und leckte sich die Lippe. «Ob früh, ob spät, sie sind immer auf den Beinen. Der alte Laden läuft immer noch wie geschmiert.»

«Sie wissen, um wen es sich handelt?», fragte Tony leise.

«Ich könnte neunmal raten. Und hätte zwölf Richtige dabei.»

«Die Jungs eben», sagte Tony und zeigte ein sprödes Lächeln.

«Wo ist sie?», fragte Johnny Ralls heiser.

«Gleich rechts von Ihnen, Tür an Tür.»

Der Mann ging auf den Balkon hinaus und ließ seine Pistole auf dem Tisch liegen. Er stand vor der Trennwand und musterte sie. Er griff in die Höhe und packte die Stäbe der Vergitterung. Als er die Hände wieder sinken ließ und zurückkam, hatte sein Gesicht etwas von seiner Faltigkeit verloren. Seine Augen zeigten einen ruhigeren Schimmer. Er kehrte zu Tony zurück und blieb vor ihm stehen, über ihm.

«Ich hab einen kleinen Spargroschen», sagte er. «Eve hatte mir ein paar Moneten geschickte, und damit hab ich einen kleinen Coup gestartet, oben im Norden, und sie ein bisschen vermehrt. Aber nicht viel, bloß ein Notpfennig. Die Jungs reden von fünfundzwanzig Riesen.» Er lächelte gewunden, unehrlich. «Fünf Hunderter könnte ich hinblättern. Würde mir riesig Spaß machen, dem Kerl beizubringen, dass es sich damit hat, basta.»

«Was war mit dem Rest?», fragte Tony indifferent.

«Hab ich nie gehabt, Schnüffler. Lassen wir das mal. Ich bin sowieso der Einzige auf der Welt, der's glaubt. Es war bloß ein kleiner Coup, und man hat mich aufs Kreuz gelegt dabei.»

«Ich will's glauben», sagte Tony.

«Umlegen tun sie selten einen. Aber sie können ziemlich hässlich werden.»

«Banditen», sagte Tony in plötzlich bitterer Verachtung. «Kerle mit Kanonen. Nichts als Banditen.»

Johnny Ralls griff nach seinem Glas und leerte es in sich hinein. Die Eiswürfel klimperten leise, als er es absetzte. Er griff nach seiner Pistole, ließ sie auf der flachen Hand tanzen und steckte sie dann mit der Mündung nach unten in seine innere Brusttasche. Er starrte auf den Teppich.

«Wieso erzählten Sie mir das eigentlich alles, Schnüffler?»

«Ich hab mir gedacht, Sie geben ihr vielleicht eine Chance.»

«Und wenn ich das nicht tue?»

«Ich glaub schon, dass Sie's tun werden», sagte Tony.

Johnny Ralls nickte ruhig. «Kann ich hier irgendwie rauskommen?»

«Sie könnten den Lastenaufzug nehmen, runter zur Garage. Sie könnten sich einen Wagen mieten. Ich gebe Ihnen eine Karte für den Wächter.»

«Sie sind ein komischer kleiner Bursche», sagte Johnny Ralls.

Tony zog eine abgegriffene straußenlederne Brieftasche heraus und kritzelte etwas auf eine gedruckte Karte. Johnny Ralls las sie durch und stand dann da und klopfte sich damit gegen den Daumennagel.

«Ich könnte sie mitnehmen», sagte er, die Augen verengt.

«Sie können sich auch in einer langen Kiste abtransportieren lassen», sagte Tony. «Wie ich Ihnen bereits sagte, ist sie schon fünf Tage hier. Die Kerls haben Wind davon gekriegt. Ein Bursche, den ich kenne, rief mich an und sagte, ich soll sie hier rausschaffen. Erzählte mir auch, worum es ging. Darum schaffe ich statt dessen Sie hier raus.»

«Das wird den Jungs sehr gefallen», sagte Johnny Ralls. «Sie werden Ihnen einen Strauß Veilchen schicken.»

«Wenn ich meinen freien Tag habe, werd ich mal ein paar Tränen deswegen vergießen.»

Johnny Ralls drehte seine Hand und starrte auf die Fläche. «Immerhin, sehen könnte ich sie ja noch. Bevor ich mich dünn mache. Die nächste Tür rechts, haben Sie gesagt?»

Tony wandte sich auf dem Absatz um und ging zur Tür. Er sagte über die Schulter zurück: «Vertrödeln Sie nicht zu viel Zeit, Hübscher. Ich könnte es mir anders überlegen.»

Der Mann sagte, fast sanft: «Soweit ich sehe, könnten Sie mich auch direkt hier hochgehen lassen.»

Tony wandte nicht den Kopf. «Das Risiko müssen Sie eingehen.»

Er hatte die Tür erreicht und ging aus dem Zimmer. Er schloss sie sorgfältig hinter sich, ganz still, sah einmal kurz nach der Tür von 14 A hinüber und trat in seinen dunklen Fahrstuhl. Er fuhr hinunter in den Stock, wo die Wäschekammer lag, und stieg aus, um den Korb wegzurücken, der in diesem Stock die Tür des Lastenaufzugs offen hielt. Die Tür glitt ruhig zu. Er fing sie auf, sodass sie keinerlei Geräusch machte. Am Ende des Flurs drang Licht aus der offenen Tür des Wirtschaftsbüros. Tony trat in seinen Fahrstuhl zurück und fuhr weiter nach unten in die Halle.

Der kleine Portier saß nicht sichtbar hinter seiner Trennwand aus gerieffeltem Glas und prüfte Rechnungen. Tony ging durch die Haupthalle und hinüber ins Radiozimmer. Das Radio lief wieder, leise. Sie war da, saß wieder mit angezogenen Beinen auf dem Sofa. Der Lautsprecher gab ein Murmeln von sich, ein vages Geräusch, so leise, dass das Gesprochene so wortlos war wie das Murmeln von Bäumen. Sie wandte langsam den Kopf und lächelte ihn an.

«Na, fertig mit den Türklinken? Ich hab kein Auge zutun können. Deshalb bin ich noch wieder heruntergekommen. Okay?»

Er lächelte und nickte. Er setzte sich in einen grünen Sessel und tätschelte die prallen Brokatlehnen. «Aber gewiss, Miss Cressy.»

«Warten ist die schwerste Arbeit, die es gibt, nicht? Könnten Sie nicht mal ein Wörtchen mit dem Radio reden? Es klingt, wie wenn jemand auf einer verrosteten Gießkanne Trompete spielen wollte.»

Tony fingerte daran herum, fand nichts, was ihm gefallen hätte, und drehte wieder auf den alten Sender zurück.

«Um diese Zeit besteht die ganze Kundschaft aus Besoffenen, die in der Kneipe hängen geblieben sind.»

Sie lächelte ihn wieder an.

«Es stört Sie doch nicht, wenn ich hier bin, Miss Cressy?»

«Ich hab's gern. Sie sind ein lieber Kerl, Tony.»

Er blickte steif zu Boden, und ein winziger Schauer lief ihm über das Rückgrat. Er wartete, dass er wieder verschwand. Es ging nur langsam. Dann setzte er sich zurück, entspannt, und seine gepflegten Finger schlossen sich über seinem Elchzahn. Er lauschte. Nicht den Radioklängen – nein, weit entfernten, ungewissen Dingen, bedrohlichen Dingen. Und vielleicht auch nur dem sicheren Surren von Rädern, die dahinrollten in eine fremde Nacht.

«Niemand ist ganz schlecht», sagte er laut.

Das Mädchen sah ihn träge an. «Dann habe ich immerhin zwei oder drei kennen gelernt, denen ich da Unrecht getan habe.»

Er nickte. «Tja», räumte er verständnisvoll ein. «So ein paar mag es doch wohl geben.»

Das Mädchen gähnte, und ihre tiefvioletten Augen schlossen sich halb. Sie nistete sich in die Kissen zurück. «Bleiben Sie ein

Weilchen da sitzen, Tony. Vielleicht kann ich ein kleines Nickerchen machen.»

«Gewiss, gern. Zu tun gibt's sowieso nichts für mich. Ich weiß gar nicht, wieso die mich hier überhaupt bezahlen.»

Sie schlief rasch und vollkommen still, wie ein Kind. Zehn Minuten lang atmete Tony kaum. Er saß nur da und beobachtete sie, den Mund ein wenig offen. Es lag eine ruhige Faszination in seinen klaren, durchsichtigen Augen, ganz als blicke er auf einen Altar.

Dann stand er mit unendlicher Behutsamkeit auf und tappte mit gedämpften Schritten durch den Bogengang zur Eingangshalle und zum Empfangstisch. Er blieb vor dem Tisch stehen und horchte ein Weilchen hinüber. Er hörte eine Feder über Papier kratzen, ihm nicht sichtbar. Er ging um die Ecke zur Reihe der Haustelefone in den kleinen gläsernen Kabinen. Er hob einen Hörer ab und bat die Nachtvermittlung, ihn mit der Garage zu verbinden.

Es läutete drei- oder viermal, dann kam eine jungenhafte Stimme als Antwort: «Windermere Hotel. Garage.»

«Hier ist Tony Reseck. Dieser Watterson, dem ich die Karte mitgegeben habe. Ist er weg?»

«Klar, Tony. Schon fast eine halbe Stunde. Läuft das auf Ihre Rechnung?»

«Ja-ah», sagte Tony. «Privatangelegenheit. Danke. Ich meld mich wieder.»

Er legte auf und kratzte sich den Nacken. Er ging zum Empfangstisch zurück und klatschte mit der Hand darauf. Der Portier kam mit wohlaufgesetztem Grüßerlächeln hinter der Trennwand hervorgeschwebt. Er ließ es sogleich fallen, als er Tony sah.

«Kann einer denn nie in Ruhe seiner Arbeit nachgehen?», grollte er.

«Wie hoch ist der Kollegensatz für 14 B?»

Der Portier machte ein mürrisches Gesicht. «Es gibt keinen Kollegensatz für die Turmzimmer.»

«Dann mach mir einen. Der Bursche ist schon weg. War bloß eine Stunde drin.»

«Aha, soso», sagte der Portier affektiert. «Ein nicht ganz in unsern Rahmen passender Charakter. Ist gleich wieder zum Ausgang gebeten worden.»

«Bist du mit fünf Eiern zufrieden?»

«Freund von dir?»

«Nein. Bloß so ein Saukopf mit zu viel Größenwahn und zu wenig Kleingeld.»

«Na, dann werden wir's wohl dabei belassen müssen, Tony. Wie ist er rausgekommen?»

«Ich habe ihn mit dem Lastenaufzug runtergeschafft. Du warst grad am Pennen. Bist du mit fünf Eiern zufrieden?»

«Wieso?»

Die abgegriffene straußenlederne Brieftasche kam heraus, und ein lappiger Fünfer glitt über den Marmor. «Das war alles, was ich aus ihm herausschütteln konnte», sagte Tony leichthin.

Der Portier nahm den Fünfer und machte ein ratloses Gesicht. «Wenn du unbedingt drauf bestehst», sagte er und zuckte die Achseln. Das Telefon schrillte auf dem Empfangstisch, und er griff nach dem Hörer. Er lauschte und schob ihn dann Tony hinüber. «Für dich.»

Tony nahm den Hörer. Die Stimme war ihm fremd. Sie hatte einen metallischen Klang. Ihre Silben wahrten eine übertriebene Anonymität.

«Tony? Tony Reseck?»

«Am Apparat.»

«Eine Nachricht von Al. Ist die Luft rein?»

Tony sah den Portier an. «Sei so gut», sagte er über die Sprechmuschel hinweg. Der Portier blinzelte ihn mit einem beschränkten Lächeln an und ging beiseite. «Schießen Sie los», sagte Tony in das Telefon.

«Wir hatten da eine kleine Sache abzumachen, mit einem Burschen aus Ihrem Laden. Haben ihn gestellt, wie er grad abhauen wollte. Al hatte so das Gefühl, Sie würden ihn raussetzen. Sind hinter ihm her und haben ihn an den Bordstein gedrängt. Aber nicht besonders gut. Ging in' Eimer.»

Tony hielt den Hörer sehr fest, und seine Schläfen fröstelten unter verdunstender Feuchtigkeit. «Weiter», sagte er. «Es kommt doch noch mehr.»

«Ein bisschen. Der Kerl hat den Langen erwischt. Mausetot. Al – Al sagte noch, wir sollen Sie grüßen.»

Tony lehnte sich hart gegen den Tisch. Sein Mund gab ein Geräusch von sich, das kein Sprechen war.

«Mitgekriegt?» Die metallische Stimme klang ungeduldig, ein wenig gelangweilt. «Der Kerl hatte einen Ballermann. Und konnte umgehen damit. Al kann keinen mehr anrufen.»

Tony taumelte gegen das Telefon, und der Apparat erklirrte auf dem rosa Marmor. Sein Mund war ein harter, trockener Knoten.

Die Stimme sagte: «Tja, das wär's dann, Kollege. G' Nacht.» Im Hörer klickte es trocken, wie wenn ein Kind gegen eine Mauer schlägt.

Tony legte sehr sorgsam, um kein Geräusch zu machen, den Hörer auf die Gabel zurück. Er sah auf die verkrampfte Fläche seiner linken Hand nieder. Er zog ein Taschentuch heraus, rieb sanft damit über die Handfläche und streckte mit der anderen Hand die Finger. Dann wischte er sich die Stirn. Der Portier kam wieder hinter seiner Trennwand hervor und bedachte ihn mit einem glitzernden Blick.

«Ich hab Freitag frei. Wie wär's, wenn du mir mal leihweise die Telefonnummer überließest?»

Tony nickte dem Portier zu und zeigte ein winziges, schwaches Lächeln. Er steckte das Taschentuch weg und klopfte die Tasche flach, in die er es gesteckt hatte. Er drehte sich um und ging vom Empfangstisch fort, durch die Eingangshalle, die drei flachen Stufen hinunter, durch die Weite der Haupthalle und den Bogengang hinüber ins Radiozimmer. Er ging leise, wie man sich in einem Zimmer bewegt, in dem jemand sehr krank ist. Er erreichte den Sessel, in dem er zuvor gesessen hatte, und ließ sich Zoll um Zoll hineinsinken. Das Mädchen schlief weiter, reglos, locker in sich zusammengerollt, wie es manche Frauen fertig bringen und alle Katzen. Ihr Atem gab nicht den leisesten Laut von sich gegenüber dem vagen Murmeln des Radios. Tony Reseck lehnte sich im Sessel zurück, faltete die Hände über seinem Elchzahn und schloss still die Augen.

Das Fallen der Münze

Ruth Rendell

Die Hotelwirtin führte sie zwei Treppen hinauf zu ihrem Zimmer. Einen Lift gab es nicht. Es gab auch keine Zentralheizung, und es war – obzwar bereits April – sehr kalt.

«Bisschen klein, wie?», meinte Nina Armadale.

«Es ist aber ein Doppelzimmer. Tut mir Leid, etwas anderes haben wir nicht mehr.»

«Ich nehme an, ich muss dankbar sein, dass es nicht auch noch ein Doppelbett hat», sagte Nina.

Ihr Mann zuckte bei diesen Worten zusammen, das tat ihr richtig wohl. Sie trat ans Fenster und blickte in eine schmale Gasse hinunter, die von einer Backsteinmauer begrenzt war. Die Uhr der Kathedrale schlug fünf. Nina konnte sich vorstellen, wie diese Nacht werden würde, jede Stunde Glockenschläge, womöglich sogar jede Viertelstunde. Nur gut, dass sie ihre Schlaftabletten bei sich hatte.

Die Hotelwirtin versuchte immer noch, sich für den Mangel an Bequemlichkeit zu entschuldigen. «Sehen Sie, morgen findet in der Kathedrale eine große Hochzeit statt. Sir William Tarrants Tochter. Es kommen an die fünfhundert Gäste, und die meisten von ihnen übernachten hier in der Stadt.»

«Wir gehen auch hin», erklärte James Armadale. «Deshalb sind wir ja gekommen.»

«Dann werden Sie das Problem sicherlich verstehen. Also, das Badezimmer ist gleich da hinten im Flur, rechts herum und dann die dritte Tür links. Abendessen um halb acht und Frühstück zwischen acht und neun. Oh, und ich zeige Mrs Armadale wohl besser noch, wie man den Gasofen anstellt.»

«Ersparen Sie sich die Mühe», fauchte Nina, «ich weiß, wie man einen Gasofen anstellt.» Sie plagte sich gerade mit der Schranktür ab, die anfangs partout nicht aufgehen wollte und, als sie endlich offen war, sich nicht wieder schließen ließ.

Die Hotelière sah ihr schweigend zu und hielt es wohl für sinnlos, helfend einzugreifen. Sie wandte sich an James: «Ich meine auch, wie die Gasuhr hier zu bedienen ist. Es ist ein Münzapparat mit einem Einwurfschlitz, in den passen Fünf-Pence-Stücke. Wir finden, damit können unsere Gäste am einfachsten zurechtkommen.»

James hockte sich neben sie und nahm den grauen Metallkasten in Augenschein. Es war eine altmodische Gasuhr mit Messingverzierungen, wie er sie seit seiner Studentenzeit in einem möblierten Zimmer nicht mehr gesehen hatte. Eine Skala mit einem roten Zeiger gab die Gasmenge an, für die man bezahlt hatte. Im Augenblick stand der Zeiger auf null.

«Sie müssen den Hebel nach links drehen, dann stecken Sie die Münze in den Schlitz, und dann drehen Sie nach rechts...»

James bemerkte mit Erleichterung, dass Nina nicht mehr zuhörte. Wenn nämlich der unvermeidliche Streit losginge – und der *würde* ausbrechen, sobald die Frau gegangen wäre –, dann drehte er sich vielleicht mehr um die Lästigkeit, überhaupt an dieser Hochzeit teilzunehmen, für die er nun wirklich nichts konnte, als um die verspätete Hotelbuchung, für die er sehr wohl etwas konnte.

«... dann drehen Sie ihn nach rechts und warten, bis Sie die Münze fallen hören. Ist das klar?» James beteuerte, das sei völlig klar, vielen Dank auch – und kaum hatte die Wirtin das Zimmer verlassen, da legte Nina los:

«Kannst du mir vielleicht *einen* vernünftigen Grund nennen, weshalb wir nicht hätten morgen herkommen können?»

«Ich könnte dir sogar mehrere nennen», antwortete James ergeben, «aber der wichtigste ist, dass ich keine Lust hatte, hundertachtzig Kilometer in Gehrock und Zylinder mit dem Auto zu fahren.»

«Du meinst wohl, du hattest keine Lust, mit deinem üblichen Samstagmorgen-Sülzkopf zu fahren.»

«Lass uns keinen Streit anfangen, Nina. Lass uns wenigstens für diesen Abend ein bisschen Frieden halten. Sir William ist der Vorsitzende meiner Firma. Ich muss es mir also als Ehre anrechnen, dass wir zu dieser Hochzeit eingeladen worden sind, und wenn wir dafür einen ungemütlichen Abend und eine unbequeme Nacht in Kauf nehmen müssen, dann lässt sich das eben nicht ändern. Das gehört nun mal zum Geschäft.»

«Sag mal, großkotziger geht's wohl nicht, wie?», fragte sie auf eine Art, die man bei einer weniger attraktiven Frau giftig genannt hätte. «Ich möchte mal wissen, was dein dämlicher Sir William Tarrant sagen würde, wenn er seinen Verkaufsdirektor zu Gesicht kriegte, nachdem der eine Flasche Whisky intus hat.»

«Er sieht mich eben nicht», sagte James kühl und zündete sich eine Zigarette an. Und weil sein Kampfgeist noch nicht erlahmt war, fügte er hinzu: «Das ist *dein* Privileg.»

«Privileg!» Nina, die bisher wütend ihren Koffer ausgepackt und ihre Sachen wahllos auf eins der beiden Betten geworfen hatte, hörte jetzt abrupt damit auf, denn dabei vergeudete sie Teile der Energie, die sie zum Streiten brauchte. Sie setzte sich aufs Bett und zischte: «Gib mir 'ne Zigarette. Manieren hast du wohl gar keine, was? Weißt du eigentlich, wie ungebildet du bist? Diese Bude passt hier haargenau zu dir, das ist genau dein Milieu, mit Münzgasuhr und das Klo hundertfünfzig Meter weit entfernt. *Dir* macht das nichts aus, solange bloß eine Bar in Reichweite ist. Aber ich – ich habe dabei das Privileg, mein Schlafzimmer mit einem widerlichen Säufer zu teilen!» Sie holte tief Luft wie ein Schwimmer und tauchte erneut in ihr Element ein: «Ist dir klar, dass wir seit zwei Jahren nicht mehr in einem Zimmer geschlafen haben? Daran hast du wohl nicht gedacht, was, als du mit der Hotelreservierung bis zur letzten Minute gewartet hast! Oder vielleicht – ja, natürlich, o mein Gott! –, vielleicht *hast* du sogar daran gedacht. Oh, ich kenne dich so gut,

James Armadale! Du hast dir gedacht, hier so mit mir in einem Zimmer, und wenn wir uns dann gemeinsam ausziehen, das würde Wunder wirken, wie? Da würde ich weich werden. Da würde ich – wie nennt man das doch gleich – die ehelichen Beziehungen wieder aufnehmen. Du hast absichtlich dafür gesorgt, dass sie uns dieses – dieses Kabuff geben! Du Schwein hast es extra so eingefädelt!»

«Nein», sagte James. Er sagte es ruhig und kaum hörbar, denn der innere Abscheu, der ihn erfasst hatte, machte ihm das Sprechen fast unmöglich.

«Du verdammter Lügner! Glaubst du, ich hätte vergessen, was für einen Aufstand du gemacht hast, als ich dich in das Extraschlafzimmer ausquartiert habe? Und glaubst du, ich habe das mit dem Weibsbild vergessen, mit dieser Frances? Ich werde das niemals vergessen, und ich werde dir niemals verzeihen. Also glaube bloß nicht, ich würde Vergangenes vergangen sein lassen, wenn du versuchst, mich zu befummeln, nachdem die Bar heute Nacht schließt.»

«Das werde ich nicht tun», sagte James, und flüchtig dachte er daran, dass die Bar in einer Viertelstunde aufmachte. «Ich werde nie mehr versuchen, dich – wie du es so reizend nennst – zu befummeln.»

«Nein, weil du weißt, dass du damit bei mir nicht landen kannst. Du weißt, dass du dir damit eine Ohrfeige einhandeln würdest, die du nicht so bald vergisst.»

«Nina», sagte er, «lass uns mit dieser Unterhaltung aufhören. Das ist doch hypothetisch, es wird ja gar nichts passieren. Wenn wir auch weiterhin zusammenleben – und ich denke, das werden wir tun, obgleich Gott allein weiß, weshalb –, könnten wir dann nicht versuchen, in Frieden zu leben?»

Sie wurde rot und sagte: «Daran hättest du denken müssen, bevor du mich mit dieser Frau betrogen hast.»

«Das ist jetzt drei Jahre her», erwiderte er seufzend, «drei Jahre. Ich will dich nicht provozieren, und wir haben es ja auch schon sattsam besprochen, aber du weißt schließlich sehr gut, warum ich dich betrogen haben. Ich bin erst fünfunddreißig, ich bin noch ziemlich jung. Ich habe es nicht verkraftet, dass man mir ‹eheliche Beziehungen› wie ein Almosen gewährte oder, wenn du das lieber hörst, dass ich dich sechsmal im Jahr befummeln durfte. Müssen wir das denn noch erörtern?»

«Wenn es nach mir geht, nicht. In meinen Augen ist es völlig gleichgültig, welche Entschuldigungen du vorbringst.» Der Zigarettenqualm in dem winzigen Zimmer ließ sie husten. Sie öffnete das Fenster und sog die feuchtkalte Luft ein. «Du fragst mich», furhr sie fort und wandte sich zu ihm um, «weshalb wir auch weiterhin zusammenleben müssen. Ich werde dir sagen, warum. Weil du mich geheiratet hast. Ich habe ein Recht auf dich, und ich lasse mich niemals scheiden. Mich hast du sicher, bis dass der Tod uns scheidet. Bis zum Tode, James, klar?»

Er antwortete nicht. Ein eisiger Hauch war ins Zimmer gefahren, als sie das Fenster geöffnet hatte, und er griff in seine Tasche. «Wenn du bis zum Abendessen hier drinnen bleiben willst», meinte er, «dann machen wir wohl lieber den Gasofen an. Hast du vielleicht ein Fünf-Pence-Stück? Ich habe nämlich keines, ich muss erst wechseln.»

«Oh, du wirst es schon schaffen, das Wechseln. In der Bar nämlich. Nur zu deiner Information: Ich habe überhaupt kein Geld mitgenommen. Das ist *dein* Privileg.»

Als er sie allein gelassen hatte, saß sie minutenlang in dem kalten Zimmer und blickte reglos auf die Backsteinmauer der Kirche. Bis dass der Tod uns scheidet, hatte sie zu ihm gesagt. Und sie meinte es ernst damit. Sie würde ihn nie verlassen, und nie und nimmer würde sie zulassen, dass er sie verließ, aber sie hoffte, er würde sterben. Es war nicht ihre Schuld, dass sie frigide war. Sie hatte immer geglaubt, er fasste es auch so auf. Sie hatte geglaubt, ihre Schönheit, ihre Fähigkeiten als Hausfrau und Gastgeberin würden jenen gewissen Ekel, den sie nicht ändern konnte, kompensieren. Dieser Ekel richtete sich ja auch nicht gegen ihn persönlich, sondern gegen alle Männer. Er schien sich damit abgefunden zu haben und trotzdem mit ihr glücklich zu sein. Auf ihre geschlechtslose Weise hatte sie ihn ja auch geliebt. Und gerade als er ihr glücklicher und gelöster erschienen war als je zuvor während ihrer Ehe, als er endlich aufgehört hatte, jenes peinvolle Ansinnen an sie zu stellen und trotzdem so liebevoll zu ihr war, ja, sie mit Geschenken geradezu überschüttete, da hatte er es ihr plötzlich und ohne jede Scham gebeichtet. Es würde ihr nichts ausmachen, hatte er gesagt, das wisse er genau. Sie würde es ihm nicht verübeln, wenn er anderswo fände, was sie ihm offensichtlich so widerstrebend gäbe. Und da er für sie sorge und fast alle seine Freizeit mit ihr verbringe und sie als seine Frau respektiere, müsse sie doch – da sie Sex nun einmal verabscheute – erleichtert sein, dass er jemand anderen gefunden habe.

Er hatte behauptet, ihre durch die sexuelle Verdrängung aufgestauten Aggressionen seien schuld gewesen, dass sie wie eine Furie auf ihn losgefahren sei und mit den Fäusten auf ihn eingeschlagen habe, dass sie Worte geschrien habe, von denen er nicht mal geahnt hätte, dass sie sie kannte. Bis zu ihrem Todestag würde sie seine Entgeisterung nicht vergessen. Er hatte allen Ernstes gedacht, es würde ihr nichts ausmachen! Es hatte wochenlanger Sticheleien, Szenen und Drohungen bedurft, um ihn so weit zu bringen, Frances aufzugeben. Sie hatte ihn aus ihrem Schlafzimmer verbannt und sich in einen bitteren, erbarmungslosen Rachedurst eingesponnen, der anhalten würde, bis dass der Tod sie schied. Er hatte bis heute nicht begriffen, wie tödlich er sie verletzt hatte. Andere Frauen hatte es seither nicht mehr gegeben, aber er hatte zu trinken begonnen. Auch jetzt trank er natürlich, überlegte sie, und gegen neun würde er dann stockbetrunken auf dem Bett dort liegen, das nur knapp einen halben Meter von ihrem entfernt stand. Das Zimmer war zu kalt, um noch länger darin herumzusitzen. Sie versuchte, den Gasofen anzumachen, stellte den Schalter der Uhr auf EIN, aber nichts passierte, als sie ein Streichholz daranhielt. Also ging sie entschlossen nach unten in den Aufenthaltsraum, in dem ein Kaminfeuer brannte und wo die Leute vor dem Fernseher saßen.

Beim Dinner trafen sie wieder zusammen.

James Armadale hatte seinen ersten Viertelliter Whisky bereits intus, und jetzt bestellte er zu der braunen Windsorsuppe und dem aufgewärmten Lammbraten eine Flasche Burgunder.

«Eine Frage aus purer Neugier, James», meinte Nina ironisch, «warum trinkst du so viel?»

«Um meine Sorgen zu ersäufen», erwiderte James. «Der klassische Grund, und in meinem Fall stimmt er sogar. Willst du auch ein bisschen Wein?»

«Ja, ich trinke wohl besser ein Glas mit, was? Denn sonst trinkst du die ganze Flasche leer.»

Der Speisesaal war voll. Die meisten anderen Gäste waren mittleren Alters oder schon älter. Viele von ihnen waren wahrscheinlich Hochzeitsgäste, genau wie sie. Er hatte bemerkt, dass ihr Erscheinen einige Aufmerksamkeit erregt hatte und dass man an den Nachbartischen wohlwollende Kommentare über sie austauschte. Es bereitete ihm ein bitter-schales Vergnügen, dass man sie wahrscheinlich als ein gut aussehendes, wohl situiertes und glückliches Paar einschätzte.

«Nina», fing er an, «wir können so nicht weitermachen. Das ist nicht fair, gegenüber keinem von uns beiden. Wir machen nicht nur uns selbst kaputt, sondern den anderen auch. Wir müssen uns darüber unterhalten, was wir tun können.»

«Gut gewählt, der Zeitpunkt, was? Ich denke nicht daran, mich darüber in aller Öffentlichkeit zu unterhalten.»

Sie hatte mit leiser, verhaltener Stimme gesprochen, weit entfernt von dem aggressiven Tonfall vorhin im Schlafzimmer, und sie warf flinke, nervöse Blicke auf die Nachbartische ringsum.

«Eben weil dies sozusagen ein öffentlicher Platz ist, meine ich, haben wir bessere Chancen, vernünftig darüber zu reden. Wenn wir allein sind, wirst du sofort hysterisch, und dann kann keiner von uns ruhig und vernünftig bleiben. Wenn wir hier und jetzt darüber sprechen, dann glaube ich dich gut genug zu kennen, dass du mich nicht anschreien wirst.»

«Ich könnte aber einfach rausgehen, nicht wahr? Außerdem bist du betrunken.»

«Ich bin nicht betrunken. Offen gestanden werde ich's in einer Stunde wahrscheinlich sein – ein Grund mehr, weshalb wir uns hier und jetzt unterhalten sollten. Sieh mal, Nina, du liebst mich doch nicht, das hast du mir oft genug gesagt, und entgegen deiner verrückten Einbildung, ich hätte irgendwelche Absichten auf dich – ich liebe dich auch nicht. Die Gründe für alles das haben wir so oft erörtert, dass ich jetzt nicht noch einmal darauf zurückkommen muss, aber können wir denn nicht wirklich zu einer Art freundschaftlichem Arrangement kommen und uns trennen?»

«Damit du dann alle Weiber kriegen kannst, die du willst? Damit du dann diese Hure in mein Haus bringen kannst?»

«Nein», sagte er, «das Haus kannst du haben. Das Gericht würde dir wahrscheinlich ein Drittel meines Einkommens zugestehen, aber ich würde dir, wenn du willst, die Hälfte geben.» Fast hätte er hinzugesetzt: «Bloß, um dich loszuwerden», aber das verkniff er sich, es hätte provokativ gewirkt. Seine Sprache wurde bereits zählfüssig und undeutlich.

Obwohl er es beabsichtigt hatte, reizte es seinen Zorn, wie unter dem äußeren Zwang der Situation ihre Stimme sanft und ihr Gesicht kontrolliert blieb. Die Worte, die sie benutzte, waren allerdings die gleichen wie sonst. Er hatte sie schon tausendmal gehört. «Wenn du mich verlässt, dann folge ich dir. Ich gehe in die Firma und erzähle denen dort alles. Ich setze mich vor deine Tür. Ich will nicht allein gelassen werden. Lieber würde ich sterben. Ich will keine geschiedene Frau sein, bloß weil du mich satt hast.»

«Wenn du so weitermachst», sagte er mit dicker Zunge, «dann wirst du dich als Witwe wieder finden. Gefällt dir das besser?»

Wären sie allein gewesen, sie hätte ihm ihr Ja ins Gesicht gebrüllt. Aber sie waren nicht allein, also wandte sie ihm ihr dünnes, scharfes Lächeln zu, ein Lächeln, das ein unbeteiligter Beobachter als Amusement über ein internes, eheliches Späßchen werten konnte. «Ja», sagte sie, «ich möchte gern Witwe sein, *deine* Witwe. Trink dich nur zu Tode, warum auch nicht? Es ist das Einzige, was du tun kannst, wenn du mich loswerden willst.»

Die Kellnerin kam an ihren Tisch. James bestellte einen doppelten Cognac und «einen Kaffee für meine Frau». Er wusste, er würde sie nie loswerden. Er gehörte eben nicht zu den Männern, die einen öffentlichen Bankrott ihres Lebens verkraften. Szenen im Geschäft, Belästigungen, Einmischung von Freunden und Vorgesetzten. Er war sich darüber im Klaren – entweder eine gütliche Trennung oder gar keine. Und da sie sich nie dazu bereitfinden und ihn auch weder verstehen noch ihm verzeihen würde, musste er es eben weiterhin durchstehen. Mit dieser Hilfe, dachte er, als der Cognac eine nebelhafte Euphorie in seinem Gehirn auszubreiten begann. Er leerte sein Glas auf einen Zug, murmelte ihr wegen der Zuhörer ein «Entschuldige mich» zu und verließ den Speiseraum.

Nina verzog sich wieder in das Fernsehzimmer. Es lief ein Film über ein Ehezerwürfnis, das dem ihren nicht unähnlich war. Die alten Damen mit ihrem Strickzeug und die alten Herren mit ihrer Verdauungszigarre ließen es lustlos über sich ergehen. Sie beschloss, sich ins Auto zu setzen und irgendwohin zu fahren. Es war egal wohin, alles war ihr recht, wenn es nur weit genug entfernt war von diesem Hotel und James und der Kirchturmuhr, deren Schlagwerk die Stunden mit lang gezogenen metallischen Klängen in Viertelstundensegmente zerschnitt. Es musste doch irgendwo in der Stadt ein ruhiges Plätzchen geben, wo man eine Tasse Kaffee bekommen konnte, oder vielleicht ein Kino, in dem nicht gerade ein Film über Eheprobleme lief oder über das, dachte sie schaudernd, was die Leute sexuelle Beziehungen nannten. Sie ging nach oben, um sich die Wagenschlüssel und ein bisschen Geld zu holen.

James schlief fest. Er hatte die Krawatte abgenommen und die Schuhe ausgezogen, sonst war er völlig angezogen. Er lag auf dem Rücken und schnarchte. Dumm von ihm, nicht unter die Decke zu kriechen. Er würde frieren. Vielleicht starb er an Unterkühlung? Nun, sie würde ihn jedenfalls nicht zudecken. Lediglich das Fenster würde sie zumachen, damit es nicht zu eisig wäre, wenn sie heimkam. Die Autoschlüssel waren in seiner Jackentasche, vermischt mit einer Hand voll Kleingeld. Sie schüttelte sich, als sie die Wärme seines Körpers durch den Stoff fühlte. Sein Atem roch nach Alkohol, und er schwitzte trotz der Kälte. Unter dem Kleingeld waren zwei Fünf-Pence-Stücke. Eins davon würde sie aufheben, um es am Morgen in die Gasuhr zu werfen. Grässlicher Gedanke, sich für die Hochzeit anzuziehen bei einer Zimmertemperatur um den Nullpunkt! Eigentlich konnte sie die Münze auch gleich einwerfen, dann brauchte sie den Gasofen morgen früh nur noch anzustellen, oder auch, wenn sie gegen Mitternacht nach Hause kam, um sich etwas aufzuwärmen.

Das Zimmer war schwach erhellt vom gelblichen Licht der Straßenlaterne draußen in der Gasse. Sie kauerte sich vor den Gasofen und stellte fest, dass sie den Schalter nach ihrem vergeblichen Versuch, die Flammen zu entzünden, nicht wieder ausgeschaltet hatte. Es war nicht ratsam, die Münze einzuwerfen, während der Schalter auf EIN stand, und für fünf Pence Gas ins Zimmer strömen zu lassen, noch dazu bei fest verschlossenem Fenster und einer schweren, alten Tür, an deren Rändern es nicht die kleinste Ritze gab. Langsam streckte sie die Hand aus, um den Hebel auf AUS zu drehen.

Ihre Finger berührten ihn. Dann verharrte ihre Hand regungslos. Sie hörte in der Stille das heftiger werdende Pochen ihres Herzens, während die Idee mit ihrer ganzen brillanten Infamie von ihr Besitz ergriff. Nicht ratsam ...? War sie verrückt? Es wäre nicht ratsam, die Münze einzuwerfen, während die Düsen geöffnet waren? Was wäre denn wohl ratsamer, wirkungsvoller, endgültiger? Sie zog die Hand zurück und umschloss sie mit der anderen, weil sie zitterte. Sie richtete sich auf und betrachtete ihren schlafenden Mann. Schweißperlen standen ihm auf der blassen Stirn. Sein Schnarchen war genauso schwer und rhythmisch wie das Schlagen ihres Herzens. Witwe, dachte sie, allein und frei in einem Haus, das sie mit niemandem zu teilen brauchte. Nicht geschieden, verachtet, enteignet und verlacht von Richtern und Rechtsanwälten wegen des Makels ihrer Frigidität, nicht verspottet von dieser Frances und ihren Nachfolgerinnen, sondern eine Witwe, der alle Welt Mitleid und Respekt entgegenbringen würde. Und wohl situiert außerdem, vielleicht sogar reich mit den Einkünften aus James' Lebensversicherung und höchstwahrscheinlich einer Pension von Sir William Tarrant.

James würde nicht vor Mitternacht aufwachen. Nein, das war falsch – er *wäre* vor Mitternacht nicht aufgewacht. Was sie meinte war, er würde überhaupt nicht mehr aufwachen.

Die Düsen für die Gasflammen waren noch immer aufgedreht, voll aufgedreht. Sie nahm das Fünf-Pence-Stück und ging leise wieder zur Gasuhr. Es gab zwar nichts, das ihn jetzt aufwecken konnte, dennoch schlich sie auf Zehenspitzen. Das Fenster war fest geschlossen und dahinter nichts als die schmale Gasse, die schimmernde Laterne und die hohe Mauer der Kathedrale. Sie kniete sich hin und sah sich das Zählwerk genauer an. Es war das erste Mal in ihrem behüteten, verwöhnten Luxusleben, dass sie sich genötigt sah, eine Münzgasuhr mit einem Geldstück zu versehen. Aber wenn Dummköpfe wie Hotelangestellte und die Art von Gästen, die in solchen Absteigen zu wohnen pflegte, damit fertig wurden, dann konnte sie es wohl auch. Es war sicherlich kein Malheur, dass sie den Instruktionen der Inhaberin nicht aufmerksam zugehört hatte. Was hatte sie doch gesagt? Den Hebel nach links drehen, die Münze einstecken, nach rechts drehen. Nina zögerte einen Moment, gerade lange genug, um Erinnerungsfetzen an sich vorüberziehen zu lassen. James, als sie frisch verheiratet waren, James, geduldig, lieb und voller Selbstverleugnung während ihrer Flitterwochen, James, der versicherte, ihre Gefühlskälte sei nicht weiter schlimm, Zeit und Liebe würden schon . . . James' verschämt lächelndes Geständnis, bei dem er ihr Frances' Namen an den Kopf warf, James, der auf eine dreitägige Sauftour verschwand, weil sie nun einmal nicht vorgeben konnte, dass die Wunde, die er ihr verpasst hatte, nur ein oberflächlicher Kratzer gewesen wäre, und dann James, Abend für Abend für Abend betrunken ... Sie verlor keine Zeit. Sie nahm ihren Mantel, schob die Wagenschlüssel in ihre Handtasche, dann kniete sie sich nochmals hin, legte den Hebel nach links, schob das Fünf-Pence-Stück in den Schlitz, drehte den Hebel nach rechts, ging eilig, ohne sich noch einmal umzuschauen, aus dem Zimmer und schloss die Tür hinter sich.

Die Kirchturmuhr schlug Viertel vor neun.

Als die Bar um halb zwölf Uhr schloss, kam ein Schwarm von Gästen die Treppe herauf, und ihr lautstarkes Geschwätz hätte auch den gesündesten Schläfer aufgeweckt. Sie weckten auch James auf. Eine ganze Weile lag er mit offenen Augen und bewegte sich nicht, bis er die Kirchturmuhr Mitternacht schlagen hörte. Als der letzte Glockenton verhallt war, tastete er nach der Lampe und knipste sie an. Wie ein Messer fuhr ihm das grelle Licht in den Schädel, und er stöhnte. Aber so fühlte er sich ja fast immer gegen Mitternacht, kein Grund also, deswegen Aufhebens zu machen. Wen würde es auch kümmern, wer würde es auch nur hören, wenn er es täte? Nina war anscheinend noch immer unten im Aufenthaltsraum. Die Hoffnung, sie werde aus Angst, mit ihm allein zu sein, die ganze Nacht dort unten bleiben, war wohl zu hoch gespannt. Nein, wenn jetzt das Fernsehprogramm zu Ende war, dann würde sie heraufkommen und wieder loszetern wegen seiner Betrunkenheit, wegen seiner Untreue – nicht dass es nach Frances noch weitere gegeben hätte –, und sie würden hier liegen, miteinander keifen und sticheln, bis sich ein grauer Schimmer in das gelbe Laternenlicht mischen und die Kirchturmuhr ihnen verkünden würde, dass der Tag angebrochen wäre.

Und dabei war sie einmal so süß gewesen, so untröstlich und verzweifelt wegen ihres traurigen Versagens. Es wäre ihm nie eingefallen, ihr deswegen Vorwürfe zu machen, obwohl sein Körper litt. Und der Ausweg, den er dann fand und den er so treuherzig beichtete, hätte für sie alle drei eine Lösung sein können, wenn Nina vernünftig gewesen wäre. Und wohl zum tausendsten Mal fragte er sich, warum er so blöde gewesen war, es ihr zu beichten. Durch diesen kleinen Betrug hätte er jetzt glücklicher sein können als je zuvor während seiner Ehe. Aber er war nicht in der richtigen Verfassung zum Nachdenken. Was hatte die Frau gesagt, wo das Badezimmer sei? Rechts den Flur entlang und dann die dritte Tür links. Er blieb liegen, bis die Uhr Viertel nach zwölf schlug, dann sah er ein, dass er es nicht länger aushalten konnte und sich auf den Weg machen musste.

Die kalte Luft im Korridor – mein Gott, das war ja eher wie Januar als wie April! – brachte ihn ein wenig zu sich. Umso stärker spürte er den pochenden Kopfschmerz. Es war ein Wahnsinn, so weiterzumachen. Was, zum Teufel, tat er da eigentlich, wollte er partout mit fünfunddreißig Jahren zum Alkoholiker werden? Er brauchte sich gar nichts vorzumachen, er *war* bereits Alkoholiker, ein Säufer. Und wenn er mit Nina zusammenblieb, dann würde er mit vierzig ein totaler Alkoholiker sein. Aber wie sollte man eine Frau verlassen, die einen nicht loslassen wollte? Seinen Posten aufgeben, abhauen, bis ans Ende der Welt ... solche wilden Gedanken kamen ihm häufig um Mitternacht, aber wenn dann der Morgen kam, das wusste er, dann würde er doch wieder genauso weitermachen.

Etwa zehn Minuten lang blieb er im Badezimmer. Als er durch den Korridor zurückging, hörte er Schritte auf der Treppe, und weil er wusste, dass er grässlich aussah und ebenso grässlich nach Alkohol roch, verbarg er sich hinter der offenen Tür einer Besenkammer. Aber es war nur seine eigene Frau. Sie verlangsamte ihre Schritte, während sie auf ihr Zimmer zuging, als müsse sie sich wappnen für irgendetwas – für meinen Anblick wahrscheinlich, dachte er. Hatte sie wirklich so starke Aversionen gegen ihn, dass sie tief durchatmen und die Fäuste ballen musste, ehe sie ihm gegenübertreten konnte? Sie sah krank aus, völlig verstört, und als sie die Tür aufgemacht und eingetreten war, da schnappte sie hörbar nach Luft; fast war es ein erstickter Aufschrei.

Er trat hinter ihr ins Zimmer. Sie fuhr herum, erblickte ihn – und er glaubte, sie würde in Ohnmacht fallen. Schon vorher hatte sie blass ausgesehen, aber jetzt wurde sie weiß wie Papier. Früher, als er sie noch geliebt, als er noch gehofft hatte, er könnte sie lehren ihn zu lieben, wäre er zutiefst beunruhigt gewesen. Jetzt bekümmerte es ihn wenig, er fragte bloß: «Hast wohl was Schlimmes im Fernsehen gesehen?»

Sie antwortete ihm nicht, sondern setzte sich auf ihr Bett und vergrub den Kopf in den Händen. James zog sich aus und kroch ins Bett. Bald darauf stand auch Nina auf und begann, sich langsam und mechanisch auszukleiden. Wie immer, wenn er aus einem Alkoholexzess auftauchte, wurde sein Körper von einem Zucken befallen, und sein Kopf war hellwach. Er würde stundenlang nicht wieder einschlafen können. Neugierig und leidenschaftslos beobachtete er sie. Er hatte längst aufgehört, Vergnügen oder gar Erregung zu empfinden, wenn er ihr beim Ausziehen zusah. Es belustigte ihn höchstens, dass sie auch jetzt – obwohl sie sich anscheinend in einer Art Schock befand, denn ihre Hände zitterten – nicht auf ihre typischen, prüden Schutzmaßnahmen verzichtete, auf die Art, ihm den Rücken zuzukehren, wenn sie aus ihrem Kleid stieg oder sich das Nachthemd über den Kopf zu ziehen, bevor sie ihre Unterwäsche ablegte.

Sie zog ihren Morgenmantel an und ging ins Badezimmer. Als sie zurückkam, glänzte ihr Gesicht, das sie vom Make-up gereinigt hatte, fettig, und sie schlotterte am ganzen Körper.

«Nimm lieber 'ne Schlaftablette», meinte er.

«Ich hab schon im Badezimmer eine genommen. Ich wollte ein Bad nehmen, aber es gab kein warmes Wasser.» Und während sie ins Bett stieg, schimpfte sie in ihrer üblichen, schrillen Tonlage: «Nichts funktioniert in diesem verdammten Hotel. Nichts, aber auch gar nichts klappt!»

«Mach das Licht aus und schlaf. Man könnte ja denken, du müsstest den Rest deines Lebens hier verbringen und nicht bloß eine Nacht.»

Sie erwiderte nichts. Sie sagten einander nie gute Nacht. Als sie die Lampe gelöscht hatte, war es nicht sonderlich dunkel im Zimmer, denn die Laterne draußen auf der Gasse brannte noch. Selten hatte er Schlaflosigkeit als so quälend empfunden. Außerdem beschlich ihn jetzt ein Gefühl, auf das er nicht gefasst gewesen war. Er mochte nicht das Schlafzimmer mit ihr teilen.

Ihre kalte Sittsamkeit, die ihn früher so erregt hatte, stieß ihn jetzt ab. Er stützte sich auf einen Ellbogen und betrachtete sie verstohlen. In der defensiven Stellung einer Frau, die Gewalttätigkeit fürchtet, lag sie flach auf dem Bauch, die Arme unter dem Kopf gefaltet. Obwohl die Schlaftablette bereits ihre Wirkung getan hatte und sie fest schlief, wirkte ihr Körper steif und gespannt, als könne er durch die leiseste Berührung in wilde Gegenwehr versetzt werden. Sie roch kalt, ja, sie verströmte einen säuerlichen Salzgeruch, als hätte sie Seewasser in den Adern statt Blut. Er musste an Frauen mit richtigem, warmem Blut denken, an Frauen, die aus dem Schlaf erwachten, wenn sich das Gesicht ihres Mannes ihnen näherte, Frauen, die sich nicht abwehrend in sich zurückzogen, sondern lächelnd die Arme ausstreckten ... Für alle Zeit würde sie ihn von solchen Frauen fern halten – bis der Alkohol oder die Zeit ihn genauso erstarren ließ, wie sie es war.

Plötzlich war ihm klar, dass er in diesem Zimmer nicht bleiben konnte. Er war imstande, irgendetwas Entsetzliches zu tun, sie zusammenzuschlagen vielleicht, oder gar sie umzubringen. Aber so sehr er sich auch wünschte, sie los zu sein, weder Zeit noch Geld mehr an sie zu verschwenden, der Gedanke, sie umzubringen, war einfach undenkbar. Trotzdem, bleiben konnte er hier nicht.

Er stand auf und schlüpfte in seinen Morgenrock. Er würde in den Aufenthaltsraum hinuntergehen, wo sie ferngesehen hatte, würde sich eine Wolldecke nehmen und den Rest der Nacht dort verbringen. Sie würde vor neun Uhr sowieso nicht aufwachen, und um die Zeit wäre er dann zurück, um sich für diese leidige Hochzeit anzuziehen. Wirklich komisch, dass sie ausgerechnet zu einer Hochzeit gingen, dass sie Zeugen sein würden, wie ein anderer in dasselbe Boot stieg. Allerdings war es wohl nicht ganz dasselbe Boot, denn wenn man dem Firmenklatsch trauen durfte, hatte Sir Williams Tochter ihre warmen Arme schon vielen Männern geöffnet ...

Die Kirchturmuhr schlug eins. Bis neun würde das Zimmer eisig sein, und sie würden den Gasofen anmachen müssen. Eigentlich konnte er gleich ein Fünf-Pence-Stück in den Zähler einwerfen, dann wäre der Ofen gebrauchsfertig.

Die Vorderseite des Geräts lag im Schatten, aber die Zähluhr war deutlich zu sehen im Schimmer der Straßenlaterne. James kniete sich hin und dachte an die Anweisungen der Inhaberin. Besser, er probierte zunächst einmal so, bevor er sein Fünf-Pence-Stück – sein einziges – einwarf. Merkwürdig übrigens, er hätte schwören können, dass er zwei davon gehabt hatte, als er sich vorhin ins Bett gelegt hatte. Also – was hatte sie gesagt? Hebel nach links drehen, Münze einwerfen, Hebel nach rechts drehen, bis das Fallen der Münze zu hören ist. Er behielt also seine Münze in der Hand – schließlich wollte er sie nicht riskieren, falls es stimmte, was Nina behauptete, dass nämlich in diesem Hotel nichts funktionierte. Er drehte den Hebel nach links und dann nach rechts, so weit es ging.

Eine Münze fiel mit dumpfem, metallischem Klicken, und der rote Zeiger bewegte sich auf der Skala und zeigte die Einzahlung an. Gut. Er war froh, dass er sein Geld nicht vergeudet hatte. Ein Gast vor ihm musste die Münze eingeworfen und den Hebel nicht weit genug nach rechts gedreht haben.

James vergewisserte sich noch einmal, dass das Fenster geschlossen war, damit die Kälte nicht eindringen konnte, warf einen letzten Blick auf die schlafende Frau, dann verließ er das Zimmer und schloss die Tür hinter sich.

Eins von Tausend

Jack Ritchie

Der Besitzer des Lebensmittelladens und ich waren ganz allein im Geschäft. Ich kaufte zwei Packungen Zigaretten, riss eine an der Ecke auf und ließ mir Zeit mit dem Anzünden.

Er tippte den Betrag in die Kasse. «Fremd hier?»

«Nein, auf der Durchreise.»

Er grinste verhalten. «Wie wär's mit einem Spielchen?»

«Kommt drauf an was.»

Er griff unter den Ladentisch und förderte ein Glücksbrett zutage. «Ein Versuch zehn Cent.»

Es war eines von der Tausend-Löcher-Sorte und hatte ihn fünf Dollar gekostet. Rund vierzig der Löcher waren schon durchstoßen, was bedeutete, dass er sein Geld schon fast wieder heraus hatte. In einer durchsichtigen Plastiktüte baumelten seitlich zwei Taschenlampen, etliche blecherne Feuerzeuge und ein paar Taschenmesser.

Ich nahm ein paar Züge aus meiner Zigarette und musterte das Brett.

«Einer aus der Gegend hat eine Taschenlampe gewonnen», sagte er aufmunternd. «So 'ne hübsche grüne.»

Und hat dafür wahrscheinlich einen Dollar ausgegeben, dachte ich. Die Taschenlampen waren vielleicht neununddreißig Cent wert. «Ich bin bestens versehen. Ich habe ein Taschenmesser und auch ein Feuerzeug.»

Er beugte sich über den Tresen. «In einem der kleinen Löcher steckt ein Stück Papier mit der Zahl zwanzig. Wenn Sie das kriegen, zahle ich Ihnen zwanzig Dollar.»

Ich machte keinen überzeugten Eindruck. «Sind Sie sicher,

dass die noch niemand rausgeholt hat? Sie geben mir doch wohl kein ausgenommenes Brett?»

Er wirkte etwas gekränkt. «Nein, Mister. Der Hauptgewinn ist noch drin.»

Zehn Cent für eine Chance von 960:1. Ich legte ein Geldstück auf den Ladentisch, nahm den Stanzer und durchstieß ein Loch. Das fest zusammengerollte Papier strich ich glatt. Eine Niete.

Ich fischte nach mehr Kleingeld. «Ist wie mit Erdnüssen. Man probiert eine und kann nicht wieder aufhören.»

Ich verlor weitere dreißig Cent, und dann durchstieß ich das siebte Loch von links in der achten Reihe von oben auf dem Mittelfeld. Ich wickelte den Streifen auf und reichte ihn ihm.

Ihm fiel der Kiefer runter.

«Das erste Mal in meinem Leben, dass ich was gewinne», sagte ich.

Er brachte eine Weile mit traurigem Kopfschütteln zu, ehe er sich so weit erholt hatte, dass er Nullbon eintippen und mir zwei Zehndollarnoten überreichen konnte.

Das nächste Glücksbrett befand sich in Swedes Kneipe, einen Block weiter die Hauptstraße runter.

Dort kassierte ich weitere zwanzig.

Das war's in diesem Städtchen. Ich fuhr weiter nach Eaton City.

Angefangen hatte es gestern, als Irene Rogers in mein Büro kam und mir von ihren Sorgen erzählte.

«Wie lange ist Ihr Mann schon verschwunden?», fragte ich.

«Sam sollte mich Montag anrufen oder spätestens Dienstag. Aber er hat's nicht getan.»

Es war Donnerstagnachmittag. «Er ist noch nicht lange überfällig. Vielleicht macht er nur eine Sause?»

«Sam trinkt nicht. Außer ab und zu mal, wenn es sich nicht umgehen lässt, ein kleines Bier.»

«Nicht, dass ich ein Geschäft ausschlagen möchte, Mrs Rogers, aber warum gehen Sie nicht zur Polizei? Die sind doch viel besser besetzt als ich, außerdem haben sie eine nette, qualifizierte Vermisstenabteilung.»

Sie war Mitte zwanzig, und ihre grünen Augen schienen alles zu taxieren, was sie erblickten. «Falls es gar keinen Grund zur Sorge gibt, möchte ich Sam nicht in Schwierigkeiten bringen.»

«Wie das?»

Sie musterte mich nachdenklich. «Alles, was ich Ihnen erzähle, bleibt unter uns? Es wird nicht weitergegeben?»

«Ich behalte es für mich.»

Das nahm sie mir ab. «Sam und Pete – Pete Cable nämlich – haben zusammen ein kleines Geschäft aufgezogen. Pete ist unterwegs und verkauft überall, wo er sie loswird, Glücksbretter – in Kneipen, Lebensmittelläden, Tankstellen. Die Bretter kosten fünf Dollar pro Stück. Jedes hat die üblichen Preise – billige Kinkerlitzchen –, aber als Anreiz gibt es einen Geldpreis. Zwanzig Dollar. Jeder, der Pete das Brett abkauft, muss das Geld aus eigener Tasche bezahlen, wenn die Nummer getroffen wird, aber selbst dann sieht es für den Abnehmer immer noch nach einem guten Geschäft aus.»

Sie nahm eine Zigarette aus einem gewöhnlichen Blechetui und klopfte sie auf dem Deckel fest. «Jedes Brett hat tausend Löcher, jedes zu zehn Cent. Der Abnehmer hat eine reelle Chance, seinen Einsatz von fünf Dollar wiederzugewinnen und noch ungefähr fünfzig dazu herauszuholen, ehe jemand den Hauptgewinn hat. Wenn er die zwanzig Dollar ausbezahlt hat, bleibt ihm immer noch ein hübscher Gewinn. Der kann bis zu fünfzig Dollar gehen – je nach Glück.»

«Aber so läuft es nicht?»

«Nein. Es sind präparierte Bretter, und Pete weiß, in welchem Loch sich der Geldpreis befindet. Er macht eine Liste von allen Geschäften, in denen er das Brett verkauft hat, und die gibt er mir am Telefon durch. Drei, vier Tage später bereist mein Mann die gleiche Route, kauft ein paar Liter Benzin oder ein

Glas Bier und wird zu einem Spielchen mit dem Brett eingeladen. Er gewinnt dann die zwanzig Dollar.»

Ich fragte mich, ob das noch was mit Penny-Einsätzen zu tun hatte. «Wie viel Bretter bringt denn Pete auf seinen Reisen an den Mann?»

«Zehn bis fünfzehn pro Tag.»

Also im Durchschnitt zwölf. Das bedeutete, dass Sam Rogers in Petes Fußstapfen an die zweihundertundvierzig Dollar pro Tag kassierte, die sie vermutlich fifty-fifty teilten.

Irene Rogers fuhr fort: «Pete setzt seine Bretter immer nur in Kleinstädten ab. Wir waren der Meinung, dass man in Großstädten eher Schwierigkeiten bekommen könnte.»

«Sie haben gesagt, dass Ihr Mann Sie anrufen sollte. Reisen Sie denn nicht mit ihm?»

«Nein. Ich bleibe normalerweise die ein, zwei Monate, die wir in einem Gebiet sind, in einem Hotel. Augenblicklich habe ich ein Zimmer im Washington Hotel. Pete gibt seine Liste von Geschäften telefonisch an mich durch, und während Sam auf Tour ist, gebe ich die Adressen an ihn weiter. In der Regel ruft er mich jeden dritten oder vierten Tag an.»

«Wie lange betreiben Sie drei diese Sache schon?»

«Ungefähr drei Jahre.»

Dann belief sich Sams Anteil über den Daumen auf fünfunddreißig Riesen pro Jahr, und ich glaube nicht, dass er sich die Mühe machte, Uncle Sam daran teilhaben zu lassen. Und noch etwas anderes ging mir durch den Kopf. Fünfunddreißigtausend im Jahr und ein Zimmer im Washington Hotel, das passte einfach nicht zusammen. Die Zimmer kosteten von vier Dollar an aufwärts, aber nie mehr als sieben. «Weiß Pete, dass Ihr Mann verschwunden ist?»

Sie zögerte. «Nein.»

«Warum haben Sie's ihm nicht gesagt?»

«Ich glaube, er würde nicht wollen, dass ich zu jemandem wie Ihnen gehe.» Sie schnipste Asche in einen Aschenbecher. «Als Sam vergangenen Mittwoch anrief, gab ich ihm Petes neueste

Liste durch. Er sollte sie entweder Montag oder Dienstag abgehakt haben und dann wieder anrufen. Aber ich habe nichts von ihm gehört.»

«Vielleicht ist er noch nicht mit Kassieren durch.»

Sie schüttelte den Kopf. «Selbst in diesem Fall würde er mich angerufen haben. Mittlerweile jedenfalls.»

«Wo ist Pete Cable jetzt?»

«Ich weiß nicht. Aber wenn er in der Stadt ist, steigt er gewöhnlich im ‹Medford› ab.»

Und das sagte mir, dass es zumindest Pete Cable Spaß machte, auf die Pauke zu hauen.

Ihre Augen flackerten. «Es wäre mir lieber, wenn Sie ihn nicht jetzt schon aufsuchen würden. Jedenfalls nicht, ehe Sie selbst einen Versuch unternommen haben.»

«Haben Sie eine Kopie der Liste, die Sie Ihrem Mann bei seinem letzten Anruf durchgegeben haben?»

Sie öffnete ihre Tasche und reichte mir ein Blatt Papier. Ich las die ersten Zeilen:

Rockford – Jacks Werkstatt – L-18-2
  Vi & Dicks Kneipe – M-9-11
  Harolds Pinte – L-6-14
New Auburn – Red Star Supermarkt – R-12-16
  Bierstube zur Eiche – M-17-1

«Auf der Liste stehen siebenundvierzig Läden», erläuterte Irene. «Die Buchstaben L, M und R bedeuten linkes, mittleres und rechtes Feld. Die erste Zahl bedeutet nach unten gehen, die zweite nach rechts gehen.» Sie holte ein Foto ihres Mannes hervor.

Sam Rogers hatte ein kleines, verkniffenes Gesicht und sah aus, als ob er sich ständig über irgendetwas Sorgen machte.

«Was für einen Wagen fuhr er?»

«Einen Einundsechziger Sedan. Dunkelblau.» Sie gab mir die Autonummer.

Ich notierte sie. «Einen Einundsechziger Sedan?»

«Sam hielt es für geraten, nicht zu sehr aufzufallen. Manche

Leute auf dem Land misstrauen einem Fremden in einem neuen Auto.»

Etwas anderes fiel mir ein, obwohl es mir nicht allzu wahrscheinlich erschien. «Ist Ihnen jemals der Gedanke gekommen, dass er einfach davongelaufen sein könnte?»

Ihr Gesicht wurde ausdruckslos. «Wenn das so ist, dann will ich es wissen.»

Ich hätte oben auf Irenes Liste beginnen können, aber ich dachte mir, es wäre interessanter, sich von unten nach oben hochzuarbeiten. Außerdem habe ich nichts gegen Zwanzigdollarnoten.

Ich erreichte Eaton City am Freitag ein paar Minuten nach sieben und machte bei Harrisons Drugstore Halt. Ich kaufte noch zwei Packungen Zigaretten, und während ich mir eine anzündete, kam Harrison auch schon auf sein Glücksbrett zu sprechen.

Beim vierten Versuch überreichte ich ihm den Zettel und blickte überrascht. «Das erste Mal in meinem Leben, dass ich was gewinne.»

Er seufzte, als er mir den Zwanziger aushändigte, und sah hoch zur Uhr. «Ich hätte wie immer um sieben zumachen sollen.»

Es gab noch ein Geschäft in Eaton City, Turks Tankstelle und Werkstatt.

Mein Tank war voll, das Öl in Ordnung, und die Reifen hatten ausreichend Luft. Ich unterbrach die Leitung zur Hupe und fuhr die Hauptstraße entlang, bis ich die Tankstelle gefunden hatte.

Ein Junge von ungefähr neunzehn, zwanzig kam aus Turks kleinem Büro heraus.

«Irgendwas stimmt nicht mit meiner Hupe», sagte ich.

Er nickte und machte die Motorhaube auf.

Ich stieg aus und sah ihm zu. «Sind Sie Turk?»

Er grinste. «Nein. Turk ist drinnen.»

Ich warf einen Blick durch die offene Werkstatttür. Turk war der stämmige Mann unter einem Wagen auf der Hebebühne. Er sah aus, als ob es ihm egal wäre, womit er seinen Lebensunterhalt verdiente.

Der Junge hatte den Draht in ein paar Sekunden gefunden. «War nur unterbrochen, Mister. Muss rausgerutscht sein.»

Da die Haube einmal offen war, sah er auch noch nach dem Öl und dem Wasser, dann schloss er sie wieder. «Benzin?»

«Nein. Habe gerade vor ein paar Meilen getankt, ehe die Hupe Schwierigkeiten machte. Wie viel schulde ich Ihnen?»

Er zuckte die Schultern. «Nichts. Hat ja nur eine Minute gedauert.»

Er schickte sich an, nach drinnen zu gehen, ohne das Gespräch auf das Glücksbrett gebracht zu haben.

Ich legte die Hand auf den Türgriff meines Autos. «Habe gerade in einen Drugstore etwas weiter die Straße runter reingeschaut. Der Mann hatte ein Glücksbrett, und ich habe einen halben Dollar verloren.»

Der Junge wischte sich die Hände mit einem Lappen ab. «Turk hatte auch eins von den Dingern. Aber nur vier Tage, und schon kommt jemand vorbei und schlägt voll zu. Hat Turk zwanzig Dollar gekostet.»

Das konnte Sam Rogers gewesen sein – oder vielleicht hatte jemand anders die Glückszahl getroffen. Ich schnalzte mitfühlend mit der Zunge. «Wahrscheinlich so'n Typ im Cadillac. Manchen gibt's der Herr im Schlaf.»

Er schüttelte den Kopf. «Nein. Ein Einundsechziger Ford. So'n kleiner Mann. Verhärmt. Ich fand, er sah auch ein bisschen krank aus. Tauchte so gegen halb acht abends auf.»

Jetzt konnte ich mir schon eher einen Reim auf die Sache machen. Sam war hier vorbeigekommen und hatte den Zwanziger kassiert. Dann war er weiter zu Harrisons Drugstore gefahren. Aber Harrison machte um sieben oder kurz danach zu.

So war zu vermuten, dass Sam sich entschlossen hatte, die Nacht in der Stadt zu verbringen – es war spät genug, um Feierabend zu machen. Er konnte den Zwanziger bei Harrison am nächsten Morgen kassieren und weiterfahren. Aber so weit war er nie gekommen.

Ich reckte mich. «War ein langer Tag auf der Landstraße. Gibt es hier irgendwas in der Stadt, wo ich übernachten kann?»

«Wir haben nur das Liston-Haus. Es ist zwar klein, aber die Betten sollen bequem sein. Einfach die Hauptstraße runter einen Block weiter.»

Ich parkte mein Auto in einer Nebenstraße und ging mit meiner Reisetasche zum Liston-Haus.

Es war ein altmodisches dreistöckiges Gebäude, und die Eingangshalle war leer. Der Mann an der Rezeption legte seine Illustrierte beiseite und stand auf. Er war Mitte vierzig und trug eine randlose Brille. Er sah zu, wie ich mich eintrug. «Bleiben Sie länger?»

«Weiß noch nicht. Bin geschäftlich in der Stadt. Könnte ein paar Tage dauern.» Ich warf einen Blick auf die Namen über meinem auf der Liste und sah, dass ich mich heute als Einziger eingetragen hatte. «Flaues Geschäft, was?»

«So ist es.»

Ich blätterte eine Seite in dem Buch zurück.

Seine Stimme bekam etwas Scharfes. «Was machen Sie da?»

«Will nur mal nachsehen, ob Sam hier ist. Sam Rogers. Ein Freund von mir.» Ich stieß auf seinen Namen. Er hatte sich vor einer Woche eingetragen. Ich blickte auf. «Welches Zimmer hat er?»

Der Portier drehte das Buch wieder richtig herum. «Der ist nicht da. Er ist nach einer Nacht ausgezogen.»

Ich hob eine Augenbraue. «Das ist komisch. Mir hat er gesagt, dass er eine Woche oder länger bleiben wollte.»

«Ist er aber nicht. Er war am nächsten Morgen weg. Früh.»

Ich runzelte nachdenklich die Stirn. «Bekam er einen Anruf?»

«Nicht dass ich wüsste.»

«Oder ein Telegramm?»

«Auch kein Telegramm.» Er bewegte einen Kugelschreiber einige Male auf dem Eintragungsbuch hin und her. «Sie sagen, Sie sind ein Freund von ihm?»

«Wir sind wie Brüder. Er erzählt mir alles.»

Er nahm einen Schlüssel vom Brett. «Sie haben Zimmer 204. Soll ich's Ihnen zeigen?»

«Geht schon.» Ich griff nach meiner Tasche. «Sie sind also auch der Hotelpage?»

«Ich bin Mädchen für alles», sagte er grämlich. «Page, Telefonfräulein, alles. Von sieben Uhr abends bis sieben Uhr morgens.»

Doch ich hatte den Eindruck, dass er sich damit nicht allzu schwer tat. Hinter der Rezeption stand eine abgenutzte Couch, und wahrscheinlich schlief er den größten Teil der Nacht.

Ich ließ meine Tasche auf dem Zimmer und ging raus, um etwas zu essen.

Sam Rogers hatte die Nacht im Liston-Haus verbracht – oder hatte sich zumindest eingetragen. Vielleicht war ihm plötzlich die Idee gekommen, sich aus dem Staub zu machen und unterzutauchen. Ich würde bis morgen warten müssen, ehe ich die erforderlichen Nachforschungen anstellen konnte, und dann, so dachte ich, würde ich sicherlich mehr wissen.

Nach dem Essen ging ich in eine Bar, eigentlich nur, um die Zeit totzuschlagen. An einem Freitagabend in einer Kleinstadt kann man ja sonst nicht viel unternehmen.

Ungefähr um halb elf kam ich zurück ins Liston-Haus.

Ein paar Minuten später klopfte es an meine Tür.

Der Mann hatte eine frische Gesichtsfarbe und in der Hand eine 45er. Er schob mich ins Zimmer zurück und schloss die Tür hinter sich. «Du hast also ein bisschen Kleingeld kassiert, was, mein Junge? Hier mal zwanzig, da mal zwanzig, was?»

Ich sagte nichts.

Sein Lächeln reichte nicht bis zu den Augen. «Wo ist Sam? Oder sollte ich lieber fragen, was du mit ihm gemacht hast?»

«Sie haben den Falschen erwischt. Ich kenne niemanden, der Sam heißt.»

Er schüttelte bedauernd den Kopf. «Nicht auf die Tour. Wir beide wissen, über wen und was ich rede.»

Ich zuckte die Achseln. «Na schön. Ich kenne jemand, der Sam heißt. Und dem soll ich also was angetan haben?»

«Ist nur eine Vermutung. Wie sonst könntest du an die Liste gekommen sein? Und erzähl mir nicht, du hättest bei den Glücksbrettern einfach Glück gehabt. Wer zum Teufel bist zu überhaupt?»

Die 45er in seiner Hand sagte mir, dass es Zeit war, das Versteckspiel aufzugeben. «Mike Regan.»

«Das ist nichts als ein Name. Wirf deine Brieftasche rüber.»

Er klappt sie auf und besah sich meine Ausweispapiere. Dann blickte er auf.

«Mrs Rogers hat mich beauftragt, ihren Mann ausfindig zu machen», sagte ich. «Er ist verschwunden.»

Er ließ sich das ein paar Sekunden durch den Kopf gehen, dann warf er mir die Brieftasche wieder zu. «Warum hat sie mir nichts davon gesagt?»

«Warum sollte Sie das interessieren?»

«Ich heiße Pete Cable. Ich tippe, dass Irene Ihnen von mir erzählt hat.»

Ich nickte. «Wenn Sie nicht gewusst haben, dass Sam verschwunden ist, was führt Sie dann hierher?»

Er blickte auf die Automatik in seiner Hand und ließ sie dann in seine Tasche zurückgleiten. «Die letzten Wochen hat Sam immer behauptet, die Geschäfte liefen schlecht. Wenn er kassiert, dann stehen die Chancen eins zu zwanzig, dass jemand zufällig vor ihm das große Los aus dem Glücksbrett holt. Ich bin ein umgänglicher Mensch und hätte auch noch eins zu zehn geschluckt. Aber seit fast einem Monat berichtet Sam, dass drei-, viermal von zehn das Loch schon durchstoßen war, als er kam. Das hab ich ihm nicht mehr abgenommen und bin ihm nach. Da musste ich dann feststellen, dass er mich anlog.»

«Warum haben Sie es ihm nicht auf den Kopf zugesagt?»

«Wenn er mit der Liste durch wäre, die Sie jetzt bearbeitet

haben, wollte ich mir diesen Spaß machen. Ich hab mir ein Zimmer in Sioux Falls genommen – dem letzten Ort auf der Liste – und gewartet, dass Sam auftaucht. Was er nicht tat. Ich wurde schon ganz zappelig, aber ich blieb und behielt das letzte Brett im Auge. Und heute Morgen stelle ich fest, dass der Hauptgewinn gezogen ist. Aber nicht von Sam. Von Ihnen. Ich kriegte Ihre Beschreibung. Ich dachte, ein Fremder kann ja mal Glück gehabt haben, ging aber trotzdem der Sache nach. Die nächste Nummer war auch ausgeräumt. Wieder von Ihnen. Ich fragte mich, was zum Teufel hier vor sich ging. Also blieb ich Ihnen auf der Spur. Als ich hier ankam, hatte Harrisons Drugstore schon dicht, aber ich fuhr weiter zu Turks Tankstelle und erfuhr, dass Sie heute hier übernachten.»

Ich fand eine Zigarette. «Sam hat sich hier vor einer Woche eingetragen und ist dann verschwunden. An dem Punkt bin ich jetzt. Haben Sie irgendeine Vorstellung, was passiert sein könnte?»

Cable zuckte die Schultern. «Keine Ahnung. Sieht mir ganz danach aus, als ob er einfach getürmt wäre. Vielleicht ahnte er, dass ich drauf und dran war, ihm den Hahn abzudrehen. Wahrscheinlich zieht er in eine weit entfernte Gegend, wo er sich einen neuen Partner sucht, mit dem er die Sache noch mal aufziehen kann.»

«Warum hat er seine Frau nicht mitgenommen?»

Cable gluckste. «Sie kennen Sam nicht so gut wie ich. Dem würde es überhaupt nichts ausmachen, sie sitzen zu lassen. Das Einzige, was er wirklich liebt, ist Geld, und damit war er ganz schön knauserig.» Er zog eine Zigarre heraus und wickelte sie aus. «Was wollen Sie jetzt unternehmen, Regan?»

«Das, wofür ich bezahlt werde. Ihn suchen.»

«Amerika ist groß. Da kann man lange suchen. Aber Ihnen macht's wohl nichts, zu reisen, solange Sie dafür bezahlt werden?»

«Ich habe nichts dagegen.»

Er ging zur Tür. «Ich schlafe eine Nacht hier, dann geht's zurück in die große Stadt. Medford Hotel. Rufen Sie mich an, wenn Sie Sam finden. Könnte mir schon ein paar Hunderter wert sein, wenn ich ihn in die Finger kriegte.»

Als er gegangen war, schloss ich die Tür ab.

Vielleicht war Sam wirklich getürmt. Oder vielleicht hatte er es nur vorgehabt. Wenn er aber jeden Pfennig umdrehte, dann würde er nicht abspringen, bevor er mit dem Einsammeln fertig war – zumindest in dieser Stadt.

Etwas anderes galt es noch zu bedenken. Wenn man vorhat, sich aus dem Staub zu machen – ohne seinen Partner und seine Frau –, dann tut man zumindest eins. Man nimmt sein Geld mit.

Man lässt es nicht in einer Bank oder auf einem Scheckkonto. Die lassen sich nämlich sperren, wenn man nicht auftaucht, wo und wann man erwartet wird.

Am nächsten Morgen besah ich mir den Scheck über den Vorschuss, den Irene Rogers mir gegeben hatte. Der Aufdruck besagte, dass er auf die Whitfield Savings Bank in St. Louis ausgestellt war.

Nach einem späten Frühstück machte ich einen Spaziergang durch die Stadt und stellte fest, dass es in Eaton City eine Zweigstelle gab. Eine kleine nur – eine von der Sorte, die vier Stunden am Tag geöffnet ist und auch dann nicht viel Geschäftsverkehr hat. Das Gebäude war klein und einstöckig, und, so weit ich erkennen konnte, waren eine Sekretärin/Kassiererin und ein Mann, vermutlich ihr Chef, die einzigen Angestellten.

Ich ging in das Café auf der anderen Straßenseite, bestellte einen Kaffee und überlegte, wie ich an die gewünschten Informationen kommen könnte. Die Bank behielt ich im Auge, und um halb elf sah ich den Chef zu seinem Hut greifen. Er kam in Begleitung eines Mannes im Overall aus der Bank und stieg in einen Kleinlastwagen. Wahrscheinlich ein Farmer, der ein Darlehen aushandelt, dachte ich, und der Zweigstellenleiter will sich mit eigenen Augen von dessen Aktiva überzeugen. Ich nahm an, dass sie für meine Zwecke wohl lange genug fortbleiben würden.

Ich ging in die Telefonzelle, suchte mir die Nummer der Eaton-City-Zweigstelle heraus und notierte sie. Dann ließ ich mir ein Ferngespräch mit der Bank in St. Louis geben.

Als ich sie am Apparat hatte und bis zu einem höheren Angestellten durchgedrungen war, sagte ich: «Hier sprich James Rhiordan, Eaton City.»

«Ja?»

«Ich habe hier einen ziemlich hohen Scheck, der mir gerade von einem Mr Sam Rogers vorgelegt wurde. Um genau zu sein, es handelt sich um zwanzigtausend Dollar. Mr Rogers behauptet ... *sagt*, dass er bei Ihrer Bank ein Scheckkonto hat.»

Er begriff. «Ihre Position bei der Eaton City Bank, Mr Rhiordan?»

«Vizepräsident.»

«Und Ihre Telefonnummer?»

Ich gab ihm die Nummer der Eaton City Bank.

«Wir rufen zurück, sowie wir die Information haben.»

Die Whitfield Bank würde nur fünf Minuten, vielleicht auch weniger benötigen, um festzustellen, wie viel Sam Rogers auf seinem Konto hatte, aber der Grund für den Rückruf war der, dass man sichergehen wollte, dass meine Neugier legal war – dass es eine Eaton City Bank mit einem Vizepräsidenten Rhiordan gab. Ein normaler Bürger kann nicht einfach eine Bank anrufen und erwarten, dass man ihm Auskunft darüber gibt, wie viel jemand anders auf seinem Bankkonto hat.

Ich überquerte die Straße zur Eaton City Bank und wandte mich an die Sekretärin. «Mein Name ist Rhiordan. Haben Sie einen Anruf für mich bekommen? Vielleicht eine Nachricht?»

Sie hob eine Augenbraue.

Ich lächelte. «Ich weiß, es ist eine Zumutung, aber ich bin viel auf Reisen, und es ist schwierig für meine Bank, mit mir in Kontakt zu bleiben, falls irgendetwas Wichtiges anfällt. Ich könnte natürlich auch jeden Tag von mir aus anrufen, aber dabei sammle ich manchmal wochenlang ganz sinnlos Rechnungen für teure Ferngespräche. So haben wir beschlossen, dass meine

Bank Nachrichten für mich in den Banken der Städte hinterlässt, die auf meiner Hauptreiseroute liegen.» Ich blickte auf meine Uhr. Es war Viertel nach zehn. «Wir haben verabredet, dass meine Bank versucht, mich zwischen zehn Uhr und halb elf anzurufen, falls ich zufällig am Ort sein sollte.» Wieder lächelte ich. «Natürlich muss nicht unbedingt ein Anruf kommen – in der Regel kommt auch keiner –, aber macht es Ihnen etwas aus, wenn ich warte?»

Sie ließ sich die Sache kurz durch den Kopf gehen und kam dann zu dem Schluss, dass es ihr nichts ausmachte.

Vier Minuten später klingelte ihr Telefon, und sie hob den Hörer ab. Ihre Augen weiteten sich etwas, als sie in meine Richtung blickte. «*Vizepräsident* Rhiordan?»

Ich grinste. «Ja. In St. Louis. Aber Henry ist ziemlich pedantisch. Er nennt immer meinen Titel. Sogar am Telefon.» Ich wollte schon nach dem Hörer greifen, zögerte dann aber. «Macht es Ihnen etwas aus, wenn ich den Anruf da drin annehme?» Ich deutete auf das verglaste Büro hinter ihr.

Sie hatte leichte Bedenken, aber entweder veranlasste sie mein Lächeln – und das hatte ich voll aufgedreht – oder die Tatsache, dass ich *Vizepräsident* war, zustimmend zu nicken.

Ich ging in das Büro und nahm den Hörer ab. Als ich sah, dass sie ihren auflegte, sagte ich: «Rhiordan am Apparat.»

Es war dieselbe Stimme, die ich vorhin gehört hatte. «Zu diesem Scheckkonto. Es läuft auf die Namen Sam und Irene Rogers. Nach unseren Unterlagen befinden sich zur Zeit nur fünfhundertsechsunddreißig Dollar und siebenundzwanzig Cent auf dem Konto.»

«Aha.» Es gab noch eine andere Möglichkeit. Wenn jemand bei einer Bank ein Scheckkonto hat, dann spricht einiges dafür, dass er sein Sparkonto ebenfalls dort hat. «Bitte bleiben Sie einen Augenblick am Apparat», sagte ich.

Ich wartete ungefähr vierzig Sekunden, dann sagte ich: «Mr Rogers ist hier und sagt, da müsse ein Irrtum vorliegen. Er sagt, dass er das Geld auf seinem *Sparkonto* hatte, Ihnen aber eine

Vollmacht geschickt hat, zwanzigtausend auf sein Scheckkonto zu transferieren.»

«Einen Augenblick, bitte», sagte die Stimme.

Drei Minuten verstrichen, dann war die Stimme wieder da. «Mr Rogers *hatte* ein Sparkonto hier – jedoch nur auf *seinen* Namen. Fünfunddreißigtausendachthundertzwölf Dollar und neununddreißig Cent. Aber das hat er brieflich gekündigt, und wir haben ihm über den Betrag vor zehn Tagen einen Wechsel zugehen lassen. Danach hat uns eine Bank aus Milwaukee angerufen, und wir haben den Wechsel bestätigt. Unseren Informationen nach hat er den Wechsel dort auch eingelöst.»

«Vielen Dank für Ihre Mühe», sagte ich. «Ich werde mir Mr Rogers mal vorknöpfen müssen.»

«Das würde ich an Ihrer Stelle auch tun», pflichtete mir die Stimme trocken bei.

Wenn ein Mann mit fünfunddreißigtausend Dollar in bar verschwindet, dann tut er das, weil er es will – oder weil jemand anders es so will.

Ich bedankte mich bei dem Mädchen hinter dem Schalter und spazierte zum Liston-Haus zurück.

Der Tagesportier, ein vergnügt wirkender Mann um die fünfzig, erhob sich.

«Ich habe mich schon eingetragen», sagte ich. Ich fand, es könne nichts schaden, ihn ein bisschen über Rogers auszuquetschen. «Ob Sie mir vielleicht helfen könnten? Ich suche einen Sam Rogers. Er hat sich hier vor einer Woche eingetragen, und dann scheint er einfach verschwunden zu sein. Vielleicht hat er Ihnen gesagt, wo er hinwollte?»

Der Portier blätterte das Buch durch, bis er Rogers' Namen gefunden hatte, und fing an nachzudenken. Schließlich schüttelte er den Kopf. «Leider kann ich Ihnen nicht helfen. Soweit ich mich erinnern kann, ist er mir überhaupt nicht zu Gesicht gekommen.»

Dann fiel ihm plötzlich etwas ein. «Auf dem Eintragungsbuch lag eine Notiz, dass er um halb sieben geweckt werden wollte. Als ich um sieben kam, sah ich, dass der Zettel nicht abgehakt war. Ich fragte Bert deswegen – vielleicht hatte er ja vergessen, den Mann zu wecken –, aber Bert sagte, ich könnte es vergessen. Rogers wäre schon weg. Bert ist der Nachtportier hier. Bert Dryer.»

«Ich würde mich gern mal mit Bert unterhalten. Wo kann ich ihn finden?»

«Er hat ein Häuschen draußen vor der Stadt. Ziemlich runtergekommen, er lebt da ganz allein.»

Ich ließ mir den Weg genauer beschreiben, dann fuhr ich zu Berts Haus. Es war ein baufälliges Anwesen mit zwei Zweihundert-Liter-Öltanks auf einem Gestell neben dem Küchenfenster. Eine halb verfallene Scheune und ein paar kleine Schuppen standen auch noch auf dem Grundstück. Auf dem Kiesweg vorm Haus stand ein zerbeulter alter Sedan.

Ich parkte dahinter und ging zur Hintertür. Auf mein Klopfen erfolgte keine Antwort. Das Auto in der Einfahrt sagte mir, dass er wahrscheinlich zu Hause war, doch wenn, dann stellte er sich aus irgendeinem Grund tot.

Ich ging rüber zur Scheune und öffnete eine der großen Doppeltüren.

Überall lagen Autoteile verstreut, und irgendjemand hatte ganz offensichtlich einen Schweißbrenner benutzt, um die Karosserie in Stück zu zerlegen. Mir schien, es hätte ein dunkelblauer Einundsechziger Sedan gewesen sein können.

Ich suchte nach den Nummernschildern, fand aber keine. Doch der Motor war noch vorhanden, und ich notierte mir die Getriebenummer.

Ich ging zum Haus zurück und klopfte noch einmal. Dann probierte ich die Tür.

Bert Dryer war da, doch er hatte einen guten Grund gehabt, nicht an die Tür zu kommen. Er lag mit dem Rücken auf dem abfallübersäten Küchenboden. Seine weit geöffneten Augen waren auf nichts in dieser Welt gerichtet. Es war ein schneller Tod gewesen; eine Kugel in die Brust, und die Sache war erledigt.

Ich ging durch das kleine Wohnzimmer und warf einen Blick in das Schlafzimmer. Das Haus war nicht allzu ordentlich, doch war es, soweit ich feststellen konne, nicht durchsucht worden.

Ich wischte meine Fingerabdrücke vom Griff der Hintertür und ging zu meinem Wagen. Wieder in Eaton City, ging ich in die Telefonzelle eines Drugstores.

Ich ließ mich mit der Verkehrspolizei von Missouri verbinden.

«Sheriff Rhiordan, Eaton City», sagte ich. «Ich habe hier einen verlassenen Wagen mit einem Nummernschild aus Ihrem Staat.»

Es war zu merken, dass er zum Bleistift griff. «Wie ist die Nummer?»

Ich gab ihm Sam Rogers' Autonummer. «Und prüfen Sie bitte auch die Motornummer. Die Nummernschilder könnten nicht zu dem Wagen gehören.» Und ich gab ihm die Motornummer, die ich in Bert Dryers Scheune notiert hatte.

«Das wird zehn, fünfzehn Minuten dauern», sagte er. «Soll ich zurückrufen?»

«Nein. Ich bin nicht im Büro. Wahrscheinlich noch für eine ganze Weile nicht. Ich rufe Sie zurück, okay?»

Ihm war es recht. Einen Wagen zu identifizieren war nichts so Vertrauliches wie eine Auskunft über den Kontostand von jemand anderem, darum brauchte er auch keine Nachforschungen über mich anzustellen.

Ich hielt mich zwanzig Minuten an einem Schokoladenshake fest, dann rief ich ihn wieder an.

«Die Autonummer wurde an einen Sam Rogers in St. Louis ausgegeben.» Er gab mir die Adresse eines Hotels in dieser Stadt.

«Was ist mit der Motornummer? Von seinem Wagen?»

«Ja. Stimmt überein.»

Ich bedankte mich und legte auf.

Wer ein Auto loswerden will, der hat so seine Probleme. Stößt er es über eine Klippe oder schiebt er es ins Wasser, wird es in neun von zehn Fällen irgendwann von irgendjemand gefunden, und dann geht es los mit der Fragerei.

Nimmt man aber das Auto auseinander, zerlegt es in seine Einzelteile und deponiert hier mal einen Kotflügel und dort eine Tür – auf einer Müllkippe, im Wald, in einem See –, dann wird niemand allzu neugierig werden, was dieses Stück dort zu suchen hat. Und es sah so aus, als hätte Bert Dryer eben das mit Sam Rogers' Auto gemacht.

Aber warum?

Es bedurfte keiner allzu großen Fantasie, um eine logische Möglichkeit zu finden. Angenommen, Bert hatte Sam Rogers umgebracht. Aber warum sollte er Sam umbringen? Soweit mir bekannt war, waren Bert und Sam sich nie begegnet, bis Sam sich im Liston-Haus eintrug; damit entfielen alle persönlichen Gründe. Und folglich blieb nur ein starkes Motiv: Geld.

Sam hatte vorgehabt, seine Frau und seinen Partner im Stich zu lassen. Er hatte sein Sparkonto in St. Louis aufgelöst und sich den Wechsel in Milwaukee auszahlen lassen. Das Geld hatte er bei sich gehabt, und irgendwie war ihm Bert auf die Schliche gekommen.

Aber jetzt war Bert tot. Meiner Ansicht nach zeigte das, dass er Hilfe gehabt hatte, als er Rogers beseitigte – jemanden, der befürchten musste, dass Bert schlappmachen könnte – oder jemanden, der das Geld nicht mit ihm teilen wollte.

Ich rief Irene Rogers an.

«Ich habe leider schlechte Nachrichten für Sie», sagte ich. «Es sieht mir ganz so aus, als ob Ihr Mann tot ist. Ich vermute, dass man ihn umgebracht hat.»

Schweigen, dann eine gelassene Stimme: «Sagen Sie's mir.»

Ich erzählte ihr, was ich wusste und was ich vermutete. «War Ihnen bekannt, dass er die fünfunddreißigtausend Dollar bei sich hatte?»

Sie zögerte, dann entschloss sie sich zur Wahrheit. «Nun kann ich es Ihnen ja sagen. Sam und ich wollten mit Pete Schluss machen, wenn Sam diese letzte Liste abkassiert hatte. Sam ließ sich sein Geld von der Bank auszahlen und trug es bei sich. So ist er nun mal. Er wollte es nicht aus der Hand geben. Wir hatten vor, an die Ostküste zu gehen. Haben Sie die Polizei informiert?»

«Noch nicht. Sollte ich?»

Ihre Stimme klang bestimmt. «Nein.»

«Sie werden schon noch dahinter kommen. Wenn Sams Leiche gefunden wird, dann erfährt die Polizei auch, dass ich mich nach seiner Adresse erkundigt habe. Man wird mich vernehmen, und ich muss zu meiner eigenen Sicherheit alles sagen, was ich weiß.»

«Wenn der Polizei die fünfunddreißigtausend in die Hände fallen, werde ich sehr viel Mühe haben, meine Ansprüche darauf geltend zu machen. Schließlich ist Sam nicht gerade auf saubere und legale Weise zu dem Geld gekommen. Wenn Sie das Geld vor der Polizei finden – und den Mund halten –, gehören fünftausend davon Ihnen. Beeindruckt Sie das?

«Ich bin beeindruckt. Ich werde mein Möglichstes tun.»

Als ich aus dem Drugstore kam, stand Pete Cable wartend auf dem Bürgersteig.

Er lächelte. «Tätig gewesen?»

«Ich dachte, Sie wollen in die große Stadt zurück?»

«Ich habe mir das alles noch mal überlegt und kam zu dem Schluss, dass an dieser Sache vielleicht mehr dran ist, als man mit bloßem Auge erkennen kann.» Er wickelte das Zellophan von einer Zigarre. «Da fand ich, es sei besser, in der Gegend zu bleiben und zu sehen, wie Sie vorgehen. Heute Morgen bin ich Ihnen zu der Hütte draußen vor der Stadt gefolgt und habe aufgepasst. Als Sie weggefahren waren, habe ich selbst einen Blick in die Scheune geworfen und Autoteile gesehen. Und da dachte ich so bei mir, die Farbe kenn ich doch. Darauf begab ich mich zum Haus und öffnete die Tür, genau wie Sie. Der Mann war mausetot.»

«Das geht nicht auf mein Konto.»

Er nickte zustimmend. «Hab ich ja auch nicht behauptet.

Nicht mal dran gedacht. Außerdem habe ich keinen Schuss gehört. Aber das gab mir noch mehr zu denken. Warum sollte jemand Sams Auto in Stücke zerlegen? Und warum sollte jemand diesen armen alten Mann umbringen wollen? Nachtportier im Liston-Haus, ja? Darum kam ich hierher zurück und fuhr die Hauptstraße ab, bis ich Ihr Auto entdeckte.»

«Hat Ihr ganzes Nachdenken irgendwelche Antworten gebracht?»

«Das nicht gerade. Aber ich meine immer, wenn's Ärger gibt, dann steckt Geld dahinter, oder?»

«Schönes Wetter heute, nicht wahr?»

Er rauchte seine Zigarre an und warf das Streichholz weg. «Als ich dort herumstöberte, ist mir aufgefallen, dass gar keine Bullen auftauchten. Sie haben wohl vergessen, sie anzurufen?»

«Aber dafür dürften Sie an meiner Stelle Sorge getragen haben, oder?»

«Muss mir auch entfallen sein.» Sein Lächeln verschwand jetzt. «Mal ehrlich, worum geht's hier? Ich komme früher oder später doch drauf. Was soll also die Ziererei?»

«Ich ziere mich doch gar nicht. Ich weiß auch nicht mehr als Sie.»

Er funkelte mich böse an. «In dem Haus liegt 'ne Leiche rum und in der Scheune ein zerlegter Wagen. Die Polizei fragt sich sicherlich, warum sich der Nachtportier so viel Mühe gemacht hat, und sie wird das Auto identifizieren. Damit kommt Sam ins Bild. Die Polizei wird nicht lockerlassen, und das heißt, dass Irene, Sie und ich mit in die Sache reingezogen werden. Wie sauber Ihre Weste ist, Regan, weiß ich nicht, aber ich möchte nicht, dass zu viele Leute zu viel über mich erfahren. Eigentlich würde ich lieber verduften, aber mein Verstand sagt mir, dass ich besser bleibe, wenn ich keinen Ärger kriegen will. Was zum Teufel ist Sam zugestoßen? Ist er bloß getürmt, oder gibt es noch was, das ich wissen sollte?»

«Ich habe nichts für Sie, Cable. Ich tappe ja selbst im Dunkeln.» Ich stieg in meinen Wagen und fuhr los.

Und nun ging mir Pete Cable nicht aus dem Kopf. War er in dieser Sache wirklich so unschuldig, wie er sagte? Oder war es möglich, dass er Rogers tatsächlich eingeholt hatte und handgreiflicher geworden war als geplant? Aber wie passte dann Bert Dryer ins Bild? Ich konnte mir nicht denken, dass Cable auf einen Fremden zugehen und sagen würde: «Hören Sie, ich muss da eine Leiche und ein Auto loswerden. Wie wäre es, wenn Sie ein bisschen zupacken würden? Ich habe fünfunddreißigtausend Dollar gefunden, die können wir für Ihre Mühe teilen.» Und doch steckte Bert Dryer bis zum toten Hals in der Geschichte.

Ich warf einen Blick in den Rückspiegel. Ein zweifarbiger Buick folgte mir, ganz wie erwartet.

Ich hielt vor einem kleinen Kaufhaus und ging hinein. Der Buick parkte zwanzig Meter hinter mir. Jetzt konnte Cable raten, ob ich vorn oder hinten wieder rauskommen würde. Er konnte nicht an beiden Seiten gleichzeitig sein. Wahrscheinlich fluchte er, entschied sich aber dann, bei meinem Wagen zu bleiben. Wenn ich ihn abschüttelte, dann machte er mich zumindest zum Fußgänger.

Ich benutzte den Hinterausgang und lief die kleine Gasse zurück zum Liston-Haus.

Irene Rogers ging mir nicht aus dem Kopf. Drei Jahre lang war sie mit Rogers zusammen gewesen, und man hatte nicht den Eindruck, dass Sam viel Geld für sie hatte springen lassen. Und er schien auch nicht der Typ zu sein, der sich je dazu durchringen würde. War sie der Meinung gewesen, dass dies der beste Zeitpunkt war, die fünfunddreißigtausend in die Finger zu kriegen – wenn Sam sie bei sich und nicht auf einem Privatkonto hatte?

Hatte sie Berts Hilfe gebraucht, um Leiche und Auto loszuwerden? Oder hatte er sie erpresst, sodass sie beschlossen hatte, ihn nun auch loszuwerden?

Wenn sie aber das Geld hatte, warum hatte sie mich dann in das Ganze hineingezogen? Sie brauchte mich dann gar nicht, und an meiner Schnüffelei konnte ihr nicht gelegen sein. Sie hätte das Geld einfach verstecken und der Polizei Meldung machen können, dass ihr Mann verschwunden sei – wenn sie sich dieser Mühe überhaupt unterziehen wollte.

Wer also war Bert Dryers Partner? Wenn nicht Cable oder Irene, wer blieb noch übrig? Jeder kam dafür in Frage, aber ich meinte, noch eine gute Karte in der Tasche zu haben.

Der Tagesportier im Liston-Haus blickte auf, als ich eintrat. «Bert angetroffen?»

«Ich hab geklopft, aber er war wohl nicht zu Hause.»

Der Tagesportier war ein kleiner Mann. Genau wie Bert. Waren zwei Männer dieser Größe nötig, um eine Leiche wegzuschaffen?

In der Eingangshalle hatte man einen Kartentisch aufgestellt, und ein Binokelspiel war in vollem Gange. Die Spieler schienen alle weit in den Sechzigern oder Siebzigern zu sein. Ich zündete mir eine Zigarette an und wandte mich wieder an den Tagesportier. «Sie arbeiten hier den ganzen Tag, jeden Tag?»

Er lächelte dünn. «Ich muss wohl. Der Laden gehört mir. Ich heiße Frank Liston.» Er sah den Kartenspielern einen Augenblick zu. «Die Stunden werden einem lang, aber allzu schlimm ist's nicht. Man sitzt meist und wartet, dass etwas passiert, und in den letzten Jahren war das nicht eben viel. Sonntag ist mein einziger freier Tag. Hab einen Studenten angestellt, der mich vertritt. Erst einundzwanzig, aber zuverlässig.»

Der Student interessierte mich nicht. Ich glaubte nicht, dass Bert ihn um Hilfe bitten würde, einen Mord zu vertuschen.

«Schlafen Sie hier?», fragte ich.

«Nein. Meine Frau und ich haben ein Häuschen in der Kastanienallee.»

«Ist Bert Dryer schon lange bei Ihnen?»

«Zwölf Jahre.» Seine Augen gingen an mir vorbei zur Eingangstür, und ich drehte mich um. Ein stämmiger, grauhaariger Polizist drehte den altmodischen Messingknauf.

«Das ist Sergeant Stark», sagte Liston. «Sieht aus, als ob es was Ernstes wäre.»

Stark kam zum Empfangspult. «Frank, ich hab eine schlimme Nachricht. Bert Dryer ist tot.»

Listons Kiefer klappte nach unten. «Tot? Hatte er einen Unfall?»

Stark schüttelte den Kopf. «Es war kein Unfall, Frank. Er wurde erschossen. Jim Hagen hat ihm vorhin Öl geliefert, und als er dabei war, die Tanks aufzufüllen, schaute er zufällig durchs Küchenfenster. Und da sah er Bert tot auf dem Boden liegen.»

Frank Liston warf mir einen Blick zu, und es schien mir ratsam, etwas über mich zu erzählen, bevor er es tat. «Ich war gerade vor einer Stunde dort draußen, Sergeant. Ich habe angeklopft, aber niemand hat geantwortet, und da bin ich wieder zurück.»

Ich zeigte ihm meine Ausweispapiere. «Eine Mrs Rogers hat mich beauftragt, ihren Mann ausfindig zu machen. Er ist vor ungefähr einer Woche verschwunden. Ich habe ihn bis zu diesem Hotel verfolgt. Er trug sich ein, ging auf sein Zimmer, und laut Bert Dryer ist er früh am nächsten Morgen aufgebrochen. Ich habe versucht, die Spur von hier aus weiterzuverfolgen, aber ich lief in eine Sackgasse. Also dachte ich, ich sollte Bert noch mal aufsuchen, konnte ja sein, dass ihm noch was eingefallen wäre, was mir weiterhelfen würde.»

«Wie sieht dieser Rogers aus?»

Ich gab ihm das Foto.

Er betrachtete es. «Den hab ich in der Gegend noch nie gesehen.» Er gab mir den Schnappschuss zurück. «Ein Vermisster und Mord? Ist das Zufall, oder gibt es da Zusammenhänge?»

«Keine Ahnung, Sergeant.»

«Sie behaupten also, Sie wären Rogers bis zu diesem Hotel gefolgt? Wie denn?»

Ich erzählte ihm von der Nummer mit dem Glücksbrett, die Rogers und Cable ausgeheckt hatten. Das würde er später sowieso herausfinden, daher machte es einen viel besseren Eindruck, wenn ich es ihm selbst erzählte. «Cable ist augenblicklich in der Stadt. Wenn Sie mit ihm sprechen wollen, bevor er fährt, dann schauen Sie mal die Hauptstraße runter. Ich habe ihn dort vor nicht allzu langer Zeit parken sehen.» Ich beschrieb Cable und seinen Wagen.

Der Sergeant wirkte unschlüssig. Ihm schien klar zu sein, dass das Verschwinden von Rogers und die Glücksbrett-Geschichte Sachen waren, um die er sich kümmern musste, aber hatten sie tatsächlich irgendwas mit dem Mord zu tun, den er gerade bearbeitete? Man merkte ihm an, wie er zu dem Schluss kam, dass er es sich nicht leisten konnte, das Gespräch mit Cable sausen zu lassen. Er bewegte sich in Richtung Tür. «Bleiben Sie eine Weile in der Stadt, Regan. Kann sein, dass wir noch mehr zu bereden haben.»

Als er gegangen war, schlüpfte ich in die Telefonzelle und rief Irene Rogers an. «Man hat die Leiche des Nachtportiers gefunden. Die Polizei hat mich befragt.»

«Und was haben Sie denen bisher erzählt?»

«Nur dass ich auf der Suche nach Ihrem Mann bin. Von den Glücksbrettern war auch die Rede, aber ich habe nicht erwähnt, dass Ihr Mann fünfunddreißigtausend Dollar bei sich hatte.»

«Die werden schon noch draufkommen.»

«Kann sein. Aber wenn ich den Mund halte und Sie auch, wie sollten sie? Der Mann, der Bert Dryer umgebracht hat? Ich glaube, wir haben immer noch Aussichten, das Geld vor der Polizei zu kriegen. Sie werden sich auch mit Ihnen unterhalten wollen, wenn sie auf die Verbindung zwischen Ihrem Mann und Dryer stoßen. Machen Sie sich darauf gefasst, dass sie von sich hören lassen.»

«Geht in Ordnung. Von dem Geld sage ich nichts.»

Ich sah Stark nicht vor fünf Uhr nachmittags wieder.

Er machte es sich auf einem der Stühle in der Eingangshalle bequem. «Wir haben Ihren Mann, Sam Rogers, gefunden.»

Ich blickte erfreut drein. «Wo hat er sich versteckt?»

«Unter der Erde.» Stark fand eine Zigarette und zündete sie an. «Wir haben mit ein paar Männern Bert Dryers Grundstück abgesucht. Zuerst fanden sie ein kleines, an die dreißig Zentimeter tiefes Loch hinter einem der Schuppen. Dem Abdruck auf dem Boden nach sah es so aus, als ob jemand eine Geldkassette ausgebuddelt hätte. So'n kleines Ding aus Metall, in dem viele Leute zu Hause ihre Privatpapiere aufbewahren.»

«Hat jemand Bert wegen seines Geldes ermordet?»

«Daran dachten wir auch, obwohl Bert nie viel verdient hat und auch nicht als sparsam galt. Aber dann fanden wir eine Stelle in dem Wäldchen hinter Berts Haus, wo die Erde aufgewühlt war. Wir gruben ungefähr einen Meter tief und fanden Sam Rogers' Leiche.»

«Woran ist er gestorben?»

«Heute Nachmittag ist eine Autopsie durchgeführt worden. Er starb an einem Herzanfall.» Stark zog an seiner Zigarette. «Und in der Scheune fanden wir Teile eines Wagens. Wir stellten den Besitzer anhand der Motornummer fest. Er gehörte Rogers. Übrigens sagte mir der Sergeant der Verkehrspolizei von Missouri, dass heute Morgen schon jemand wegen dieses Autos angerufen hätte. Ein Sheriff Rhiordan aus Eaton City.»

«Haben Sie mit ihm gesprochen?»

«Es gibt gar keinen Sheriff Rhiordan.» Stark beobachtete mich. «Sie wissen nicht zufällig etwas über diesen Anruf, wie, Regan?»

Ich rückte meinen Heiligenschein zurecht. «Leider nein, Sergeant.»

Stark starrte einige Augenblicke aus dem Fenster. «Die Teile des Puzzles liegen weit verstreut, und viele Stückchen fehlen, aber ich versuche mal, eine Geschichte zusammenzukriegen. Es ist die einzige, die mir im Moment einfällt. Rogers trug sich im Hotel ein. Irgendwann in der Nacht hatte er einen tödlichen Herzanfall. Vielleicht hat er es noch geschafft, Bert zu Hilfe zu rufen, ehe er starb. Oder vielleicht hat Bert ihn auch nur gefunden.»

«Das erklärt noch nicht, warum Bert ihn begraben hat.»

«Ich denke mir, der Grund war Geld. Rogers hatte genug dabei, um Bert zu dem zu veranlassen, was er dann tat. Er fand das Geld und beschloss, es sollte ihm gehören.»

«Warum hat er's dann nicht einfach eingesteckt? Warum sich die Mühe machen, Rogers zu vergraben?»

«Weil ziemlich viel dafür stand, dass jemand darüber Bescheid wusste, dass Rogers viel Geld bei sich hatte. Seine Frau. Vielleicht ein Verwandter. Fand man Rogers' Leiche ohne das Geld, hätte es eine Untersuchung gegeben, und Bert hätte in der Patsche gesessen. Das Geld und Rogers mussten verschwinden – das ergab sich ganz logisch. Passiert jeden Tag.»

«Aber dann hat jemand Bert umgebracht. Warum?»

«Wegen des Geldes. Entweder hat jemand herausgefunden, dass er es hatte, oder Bert hatte Hilfe bei der Sache, und sein Partner kam zu dem Schluss, dass ihm die ganze Summe lieber wäre als zu teilen.»

«Wann wurde Bert erschossen?»

«Der Untersuchungsrichter meint, heute Morgen ungefähr um zehn.»

«Haben Sie irgendeine Vorstellung, wer es getan haben könnte?»

«Ich hatte eine gute. Ich dachte an Frank Liston. Wenn Bert sich an jemanden wenden wollte, dann war er die nächstliegende Person. Viele Freunde hatte Bert nicht, und Liston war sicher in Versuchung zu führen. Sein Geschäft geht nicht allzu gut. Wenn aber Liston Berts Partner war, kann er Bert nicht umgebracht haben. Er hat den ganzen Morgen das Hotel nicht verlassen, von neun Uhr bis ich dort eintraf. In der Eingangshalle wurde Binokel gespielt – ab und zu treffen sich da ein paar Pensionäre zum Spielen –, und jeder der Spieler schwört, dass Liston die Rezeption den ganzen Morgen nicht verlassen hat.»

Stark erhob sich. «Ich muss Sie bitten, noch etwas länger in der Stadt zu bleiben. Außerdem hätte ich gern die Adresse von Mrs Rogers. Ich muss ihr vom Tod ihres Mannes berichten, und ich möchte ihr gern ein paar Fragen stellen.»

Ich gab ihm die Adresse, und nachdem ich seinen Streifenwagen hatte abfahren sehen, holte ich mein Auto.

Als ich in Turks Tankstelle einbog, kam der Junge aus dem Büro.

Dieses Mal zeigte ich ihm meinen Ausweis. «Gestern Abend habe ich Sie nach einem Mann gefragt, der auf Ihrem Glücksbrett den Gewinn geholt hat.» Ich zeigte ihm Rogers' Foto. «Ist er das?»

Der Junge nickte. «Ja, das ist der Mann.»

«Er heißt Sam Rogers. Bitte erzählen Sie mir alles, was sich abspielte, als er hier war. Alles. Was er tat, was er sagte.»

Der Junge dachte nach. «Tja, er kam hier um etwa acht Uhr abends angefahren. Ich musste seinen Ölstand prüfen, aber am Stab sah man, dass er keins brauchte. Dann ließ er die Bemerkung fallen, dass er sich in River Falls am Glücksbrett versucht, aber Pech gehabt hätte. Also sagte ich ihm wir hätten auch eins, und vielleicht hätte er hier mehr Glück. Wir gingen ins Büro, und Turk holte das Brett heraus. Nach zwei, drei Versuchen hatte Rogers die Glückszahl.»

«Dann ging er?»

«Nein. Er fragte, wo Harrisons Drugstore sei. Ich sagte es ihm, aber ich sagte auch, dass Harrison um sieben zumacht, außer samstagabends. Dann fragte Rogers, ob man hier irgendwo übernachten könne. Ich sagte ihm, im Liston-Haus, nur eben die Straße runter.»

«Und das war alles?»

«Nein. Er sagte, er hätte einen Platten. Den Ersatzreifen im Kofferraum. Sei ihm unterwegs passiert, und er hätte ihn selbst wechseln müssen. Turk sagte, wir hätten momentan viel zu tun, und es würde ein Weilchen dauern, bis er sich daranmachen könne. Wir hatten gar nicht zu viel zu tun, aber Turk kochte immer noch, weil Rogers die Glückszahl getroffen hatte, und ich schätze, er wollte es ihm irgendwie heimzahlen. Also sagte Rogers, er würde uns den Reifen dalassen und wann wir morgens aufmachten, dass er ihn abholen könne. Turk sagte neun

Uhr. Rogers ließ sich das durch den Kopf gehen, dann meinte er, dass er gern eher gefahren wäre. Also sagte Turk, er würde ihm den Reifen ins Hotel bringen, wenn er geflickt wäre. Rogers sollte sein Auto auf dem Parkplatz hinter dem Hotel abstellen. Rogers bezahlte ihn im Voraus für die Reparatur und fuhr weg.»

Ich warf einen Blick ins Büro. Turk war am Schreibtisch mit dem Ausfüllen von etwas beschäftigt, das wie Auftragsformulare aussah. «Turk hat den Reifen geflickt und ihn dann zum Hotel rübergebracht?»

Der Junge nickte. «Ungefähr eine Stunde später hatte er Zeit dafür. Er nahm den Lieferwagen und fuhr rüber.»

«Ließ Rogers den Schlüssel zu seinem Kofferraum hier?»

Der Junge kratzte sich am Kopf. «Wenn ich es recht bedenke, nein.»

«Wann kam Turk zurück?»

«Gar nicht. Rief mich 'ne halbe Stunde später an und sagte, es ginge ihm nicht so gut. Sagte, ich solle dann Feierabend machen. Das war Viertel vor zehn.»

Ich sah mein Auto an. «Die Reifen sehen mir ein bisschen weich aus. Wie wär's mit etwas Luft?»

Während sich der Junge an die Arbeit machte, ging ich ins Büro. Turk blickte kurz auf, dann widmete er sich wieder seinen Zahlen.

Ich steckte fünf Cent in den Cashew-Apparat und drehte den Griff. «Nette Stadt», sagte ich. «Aber wie ich höre, gibt's hier auch Ärger.»

Er sah auf. «Was für Ärger?»

«Hörte so was von Mord. Jemand namens Bert Dryer.»

Er wandte sich wieder seinem Papierkram zu. «Jaja, hab ich auch gehört.»

Ich kaute eine Weile vor mich hin, dann sagte ich: «Mich geht's ja nichts an. Gehört nicht zu meinem Fall.»

Seine Augen kamen hoch.

«Die Kripo hat mich auf die Suche nach einem Sam Rogers

geschickt», sagte ich. «Wir haben die Spur bis in diese Stadt verfolgt, aber hier ist er verschwunden.»

Er biss sich an zwei Worten fest. «Die Kripo?»

Ich nickte und holte das Foto heraus. «Sie haben ihn nicht zufällig hier gesehen?»

Sein Gesicht wurde ausdruckslos. «Ich kann mir Gesichter nicht gut merken.»

Ich seufzte. «Bin schon eine Weile hinter ihm her. Nach unseren letzten Informationen hat er fünfunddreißigtausend an Kohle dabei.»

Er schien leicht zu transpirieren. «Kohle?»

Ich kaute die Cashewkerne zu Ende und stäubte mir das Salz von den Fingern. «Fünfunddreißigtausend. Und alles Falschgeld.»

Ich ging raus zu meinem Wagen, gab dem Jungen ein Trinkgeld für das Prüfen des Reifendrucks und fuhr ab. Drei Blocks weiter die Hauptstraße hoch parkte ich den Wagen auf dem Hügel. Ich drehte mich in meinem Sitz um und beobachtete Turks Tankstelle.

Mir war, als könnte ich jetzt eine Geschichte zusammenkriegen, die passte. Turk hatte den Reifen geflickt und ihn zum Parkplatz des Liston-Hotels gebracht. Er brauchte den Schlüssel, um den Kofferraum von Rogers' Auto zu öffnen. Er war zu Rogers' Zimmer hochgegangen und hatte angeklopft. Niemand antwortete, und Turk hatte den Türknauf ausprobiert. Und hatte Rogers tot vorgefunden.

Was hatte Turk dann gemacht? Seine erste Reaktion mochte gewesen sein, zur Rezeption zu laufen und Bert Dryer zu informieren. Gemeinsam waren sie dann in das Zimmer zurückgekehrt. Nach dem ersten Schreck hatten sie vielleicht ein bisschen herumgeschnüffelt und dabei das Geld gefunden.

Es war mehr, als sie je im Leben gesehen hatten, und sie hatten es nicht über sich gebracht, es liegen zu lassen. Sie beschlossen, dass Rogers mit allem, was ihm gehörte, verschwinden musste.

Aber dann war ich in Eaton City aufgetaucht und hatte Fragen nach Sam Rogers' Verbleib gestellt. Bert hatte Turk angerufen und ihm von mir erzählt. Hatte Turk geglaubt, er sei sicherer, wenn Bert aus dem Weg wäre? Oder einfach reicher? Hatte er Bert gezwungen, zu sagen, wo er seinen Anteil versteckt hatte, und ihn anschließend umgebracht?

So mochte es sich abgespielt haben.

Jetzt besaß Turk fünfunddreißigtausend Dollar und hatte einen Mord begangen, um dranzukommen. Er würde so schnell nicht aufgeben.

Wohl aber, wenn er das Geld für Falschgeld halten musste. Dann war es weiter nichts als Papier, jedoch Papier, das ihn auf den elektrischen Stuhl bringen konnte. Er würde es loswerden müssen, je eher, desto besser.

Wo hatte Turk die fünfunddreißigtausend versteckt? In seiner Tankstelle? Das glaubte ich nicht. Abgesehen von dem Jungen, der dort arbeitete, gingen Kunden aus und ein. Das Risiko, dass jemand zufällig darüber stolperte, war zu groß.

Bei sich zu Hause? Das hatte was für sich. Sicher wollte er das Geld in seiner Nähe haben.

Weiter unten kam der Lieferwagen aus der Tankstelleneinfahrt; am Steuer konnte ich Turk ausmachen. Ich fuhr eine U-Schleife und fuhr hinterher, hielt mich aber zwei Blocks hinter ihm und passte auf, dass immer mindestens zwei Autos zwischen uns waren.

Nach einer dreiviertel Meile bog er von der Hauptstraße ab. Es war eine Wohngegend, und ich ließ mich noch weiter zurückfallen. Die Häuser wurden immer spärlicher, bis wir schließlich fast auf dem Land waren.

Er bog in die Einfahrt zu einem bescheidenen Haus ein, das zurückgesetzt auf gut zwei Morgen Land stand. Als ich vorbeifuhr, hatte er geparkt und strebte einer Garage zu.

Ich fuhr weiter, bis ich parken und gleichzeitig das Haus im Auge behalten konnte.

Ich war sicher, dass er das Geld holte – oder das, was er nun für wertlose Papierfetzen hielt.

Ob er es verbrennen würde? Die Gefahr bestand, doch mir war aufgefallen, dass die meisten Leute in der Gegend Ölheizungen hatten, und in denen kann man nur selten auch Abfälle verbrennen. Sollte er von der Garage ins Haus gehen, hieß es rasch handeln.

Als er aus der Garage kam, trug er ein Päckchen von der Größe eines Schuhkartons. Er stieg wieder in den Lieferwagen und fuhr auf die Straße, diesmal in meine Richtung.

Als er vorbei war, ließ ich den Wagen an. Ich hielt mich eine halbe Meile hinter ihm, bummelte auf offener Landstraße hinter anderen Autos her, behielt ihn aber stets im Auge.

Schließlich hielt er auf einer Brücke über einem kleinen Fluss.

Als ich an ihm vorbeifuhr, verdeckte ich mit einer Hand mein Gesicht, während ich mir eine Zigarette anzündete. Aber er achtete nicht auf den Verkehr. Er hatte die Motorhaube des Lieferwagens geöffnet und beäugte den Motor.

Ich fuhr über den nächsten Hügel und parkte auf dem Seitenstreifen. Dann lief ich bis zu einer Stelle zurück, von wo ich gerade die Brücke und Turks Lieferwagen sehen konnte.

Die Motorhaube stand immer noch offen, und Turk schien darunter an etwas zu arbeiten. Aber immer wieder unterbrach er sich und blickte auf.

Ich wusste, worauf er wartete. Auf eine leere Straße. Und das ergab sich sieben oder acht Minuten später.

Er griff rasch ins Führerhäuschen, holte das Päckchen heraus und warf es in hohem Bogen in den Fluss. Dann sprang er in den Wagen und fuhr zurück nach Eaton City.

Ich rannte zu meinem Wagen und fuhr zur Brücke. Der Fluss war nur etwa zwanzig Meter breit und floss träge dahin. Wenn das Päckchen nicht untergegangen war, konnte es nicht weit abgetrieben sein, aber ich hielt es für wahrscheinlicher, dass Turk es beschwert hatte.

Unter der Brücke zog ich mich bis auf die Unterhose aus. Der Fluss war seicht – nirgendwo ging das Wasser mir höher als bis zur Brust. Ich watete ein halbes Dutzend Mal von einem Ufer zum anderen, bis ich schließlich auf das Päckchen trat.

Ich trocknete mich mit ein paar Taschentüchern ab und, wieder im Auto, öffnete ich die Schachtel. Da waren die fünfunddreißigtausend Dollar, ganz trocken und in zwei Kassetten. Eine davon – da war ich mir sicher – hatte mal Bert Dryer gehört.

Ich fuhr in Richtung Norden durch ein paar kleine Orte, bis ich eine Bushaltestelle mit Schließfächern gefunden hatte. Ich mietete eins, verstaute das Geld darin und fuhr dann zurück nach Eaton City.

Ob die Polizei letztendlich doch noch auf Turk kommen würde? Vermutlich ja. Sie ist ziemlich tüchtig.

Und er würde ihnen erzählen, warum er Bert umgebracht und wo er das Geld weggeworfen hatte. Dann würden sie den Fluss abfischen und es irgendwann aufgeben müssen in der Annahme, dass die Strömung doch stark genug war, um die Schachtel irgendwohin außer Reichweite zu treiben.

Fünfunddreißigtausend Dollar. Fünf für mich und dreißig für Irene?

Ich lächelte.

Ich würde Irene erzählen, dass ich nie auch nur in die Nähe des Geldes gekommen sei.

Es würde traurig für sie sein, aber ich hatte das Gefühl, dass wir sowieso wieder zusammenkommen würden, Irene und ich, und vielleicht auch Pete Cable.

Der Trick mit dem Glücksbrett sah mir doch recht viel versprechend aus.

Urlaub auf Rhodos

Agatha Christie

Hercule Poirot saß im weißen Sand und sah auf das glitzernde blaue Meer hinaus. Er wirkte sehr gepflegt in seinem dandyhaften Anzug aus weißem Flanell und mit dem breiten Panamahut. Er gehörte zu jener altmodischen Generation, die glaubte, sich sorgfältig vor der Sonne schützen zu müssen. Miss Pamela Lyall, die neben ihm saß und ununterbrochen redete, verkörperte den modernen Typ, denn sie trug nur ein äußerstes Minimum an Kleidung auf ihrer sonnengebräunten Haut.

Ab und zu versiegte ihr Redestrom, wenn sie sich mit dem öligen Inhalt einer Flasche eincremte, die neben ihr stand.

Auf der anderen Seite von Miss Pamela Lyall lag mit dem Gesicht nach unten ihre Busenfreundin Miss Sarah Blake, auf einem kühn gestreiften Tuch. Miss Blakes Bräune war absolut perfekt und ihre Freundin warf ihr mehr als einmal einen neidischen Blick zu.

«Ich bin immer noch so fleckig», murmelte sie bedauernd. «Monsieur Poirot – wenn es Ihnen nichts ausmacht? Nur unter dem rechten Schulterblatt – ich kann mich dort nicht richtig einreiben.»

Monsieur Poirot kam der Bitte nach und wischte sich anschließend die ölige Hand sorgfältig am Taschentuch ab. Miss Lyall, deren Hauptinteresse im Leben der Beobachtung ihrer Mitmenschen und dem Klang der eigenen Stimme galt, fuhr zu reden fort.

«Ich hatte Recht mit der Frau – der in dem Chanel-Kostüm. Es ist tatsächlich Valentine Dacres – vielmehr Chantry. Sie ist wirklich wunderschön, nicht wahr? Ich kann verstehen, dass die Männer verrückt nach ihr sind. Sie erwartet das einfach und hat damit schon die halbe Schlacht gewonnen. Die anderen Leute, die gestern ankamen, heißen Gold. Er sieht schrecklich gut aus.»

«Auf Hochzeitsreise?», murmelte Sarah dumpf.

Miss Lyall schüttelte wissend den Kopf.

«O nein – ihre Kleider sind dafür nicht neu genug. Daran kann man eine Braut sofort erkennen! Finden Sie nicht auch, Monsieur Poirot, dass es das Faszinierendste von der Welt ist, Menschen zu beobachten und etwas über sie in Erfahrung zu bringen?»

«Du beobachtest sie nicht nur, Liebste», sagte Sarah süß. «Du fragst sie auch ganz schön aus.»

«Ich habe mit den Golds noch gar nicht gesprochen», sagte Miss Lyall indigniert. «Auf jeden Fall sehe ich nicht ein, warum man an seinen Mitmenschen nicht interessiert sein soll. Der menschliche Charakter ist so faszinierend. Finden Sie nicht auch, Monsieur Poirot?»

Diesmal schwieg sie so lange, dass ihr Nachbar antworten konnte.

Ohne seinen Blick vom blauen Wasser zu wenden, antwortete Monsieur Poirot:

«*Ça dépend.*»

Pamela war entsetzt.

«O Monsieur Poirot! Ich finde, nichts ist interessanter – und so unberechenbar wie der Mensch!»

«Unberechenbar? Nein.»

«Ich finde doch. Gerade dann, wenn man meint, man kennt ihn, tut er etwas völlig Unerwartetes.»

Hercule Poirot schüttelte den Kopf.

«Nein, nein, das ist nicht wahr. Es ist sehr selten, dass jemand etwas tut, das nicht *dans son caractère* liegt. Mit der Zeit ist es langweilig.»

«Ich bin da gar nicht mit Ihnen einverstanden!», erklärte Miss Pamela Lyall.

Sie schwieg beinahe anderthalb Minuten lang, bevor sie zur nächsten Attacke ansetzte.

«Sobald ich Menschen sehe, frage ich mich, wie sie wohl sind – in welcher Beziehung sie zueinander stehen, was sie denken und fühlen. Oh, es ist so aufregend.»

«Selten», entgegnete Hercule Poirot. «Der Mensch wiederholt sich öfter, als man glaubt. Das Meer hat unendlich viel mehr Variationen», fügte er nachdenklich hinzu.

«Glauben Sie, dass die Menschen dazu neigen, gewisse Verhaltensmuster zu wiederholen? Immer wieder die gleichen?»

«*Précisément*», sagte Poirot und zeichnete mit dem Finger eine Figur in den Sand.

«Was zeichnen Sie da?», fragte Pamela neugierig.

«Ein Dreieck.»

Aber Pamelas Interesse war schon wieder erloschen.

«Da sind die Chantrys.»

Eine Frau kam zum Strand herunter – groß und sehr selbstbewusst. Sie nickte kurz, wobei sie lächelte, und setzte sich etwas abseits. Das rot-goldene Seidentuch glitt ihr von den Schultern. Sie trug einen weißen Badeanzug.

Pamela seufzte.

«Hat sie nicht eine schöne Figur?»

Aber Poirot betrachtete ihr Gesicht – das Gesicht einer Frau von neununddreißig, die sich seit ihrem sechzehnten Lebensjahr ihrer Schönheit bewusst war.

Wie alle Welt wusste auch er über Valentine Chantry Bescheid. Sie war für vieles berühmt – für ihre Launen, ihren Reichtum, ihre riesigen saphirblauen Augen, ihre Abenteuer. Sie hatte eine Menge Ehemänner und zahllose Liebhaber gehabt. Sie war mit einem italienischen Grafen, einem amerikanischen Stahlmagnaten, einem Tennislehrer und einem Rennfahrer verheiratet gewesen. Von diesen vieren war der Amerikaner gestorben, die anderen hatte sie irgendwann beim Scheidungsrichter abgelegt. Vor sechs Monaten hatte sie zum fünften Mal geheiratet, einen Marinekapitän.

Er kam hinter ihr zum Strand herunter. Schweigend, düster – mit sehr energischem Kinn und mürrischem Gesicht. Er hatte etwas von einem Urweltaffen an sich.

Sie sagte:

«Tony, Liebster – mein Zigarettenetui . . .»

Er hielt es ihr hin – gab ihr Feuer –, half ihr, die Träger ihres weißen Badeanzugs von den Schultern zu streifen. Mit ausgebreiteten Armen lag sie in der Sonne. Er saß neben ihr wie ein wildes Tier, das seine Beute bewacht.

Pamela sagte etwas leiser:

«Wissen Sie, die beiden interessieren mich schrecklich . . . Er ist so ein Primitiver! So schweigsam und – irgendwie lauernd. Wahrscheinlich hat eine Frau wie sie das gern. Es muss wie Tigerbändigen sein. Ich frage mich, wie lange das hält. Sie hat sie immer bald satt, vor allem neuerdings. Wenn sie versucht, ihn loszuwerden, könnte er gefährlich werden.»

Ein weiteres Paar kam zum Strand herunter – ziemlich schüchtern. Es waren die Neuankömmlinge vom Vorabend, Mr Douglas Gold und seine Frau, wie Miss Lyall bei ihrer Inspektion des Hotelregisters herausgefunden hatte. Sie wusste auch – weil die italienischen Gesetze das verlangten – Vornamen und Alter, wie man sie vom Pass ins Register eingetragen hatte. Mr Douglas Cameron Gold war einunddreißig, Mrs Marjorie Emma Gold fünfunddreißig.

Miss Lyalls Hobby war, wie gesagt, das Studium der Menschen. Im Gegensatz zu den meisten Engländern war sie fähig, Fremde sofort anzusprechen, und wartete nicht vier Tage bis eine Woche, um den ersten zaghaften Vorstoß zu wagen, wie es in England üblich ist. Als sie daher das leichte Zögern und Mrs Golds Schüchternheit bemerkte, rief sie:

«Guten Morgen. Ein herrlicher Tag, nicht wahr?»

Mrs Gold war eine kleine Frau – unscheinbar wie eine Maus. Sie sah nicht schlecht aus, ihre Züge waren regelmäßig und ihre Gesichtsfarbe rosig. Aber sie hatte etwas Misstrauisches und Unauffälliges, sodass man sie leicht übersah. Ihr Mann dagegen sah auffallend gut aus, auf fast theatralische Art; sehr blond, mit dichtem Lockenhaar, blaue Augen, breite Schultern, schmale Hüften. Er wirkte eher wie ein jugendlicher Liebhaber auf der Bühne als wie einer im wirklichen Leben, aber sobald er den Mund aufmachte, verschwand dieser Eindruck. Er war ganz natürlich und nicht eingebildet, ja, vielleicht sogar ein wenig dumm.

Mrs Gold sah Pamela dankbar an und setzte sich neben sie. «Sie sind schön braun! Ich fühle mich dagegen ganz minderwertig!»

«Man muss sich schrecklich viel Mühe geben, um gleichmäßig braun zu werden», seufzte Miss Lyall.

Sie schwieg ein Weilchen und fuhr dann fort:

«Sie sind erst angekommen, nicht wahr?»

«Ja, gestern Abend. Wir kamen mit dem Dampfer aus Italien.»

«Waren Sie früher schon mal auf Rhodos?»

«Nein. Es is hübsch hier, nicht?»

«Schade, dass es so weit weg ist», bemerkte ihr Mann.

«Ja, wenn es doch näher bei England wäre –»

«Wie schrecklich», bemerkte Sarah dumpf von ihrer Decke her. «Dann lägen die Leute Mensch an Mensch, so eng wie die Fische in der Dose.»

«Das stimmt natürlich», gab Douglas Gold zu. «Wie unangenehm, dass der Kurs der Lira im Augenblick so hoch ist.»

«Es macht viel aus, nicht wahr?»

Die Unterhaltung folgte genau dem konventionellen Muster. Man hätte sie wirklich nicht als brillant bezeichnen können. Etwas entfernt von ihnen setzte Valentine Chantry sich auf. Mit der einen Hand hielt sie den Badeanzug über der Brust zusammen. Sie gähnte, ein breites und doch zartes, katzenhaftes Gähnen, und dann sah sie gleichgültig den Strand entlang. Ihre Augen glitten über Marjorie Gold hinweg – und blieben nachdenklich an Douglas Golds blondem Lockenkopf hängen. Sie bewegte geschmeidig die Schultern und sagte, etwas lauter als nötig:

«Tony, Liebster, ist sie nicht herrlich – die Sonne! Ich bin früher sicher einmal eine Sonnenanbeterin gewesen, glaubst du nicht auch?»

Ihr Mann brummte eine Antwort, die die anderen nicht verstehen konnten. Valentine Chantry fuhr mit ihrer hohen, schleppenden Stimme fort:

«Bitte, zieh doch das Handtuch gerade, ja, Liebster?»

Sie gab sich unendlich viel Mühe, ihren schönen Körper wieder in die richtige Lage zu bringen. Douglas Gold sah jetzt zu ihr hin. Sein Blick war höchst interessiert.

«Was für eine schöne Frau!», zwitscherte Mrs Gold heiter, zu Miss Lyall gewandt.

Pamela war ebenso froh, Informationen weitergeben zu können wie zu erhalten, und antwortete daher, ziemlich leise:

«Das ist Valentine Chantry, Sie wissen schon, die ehemalige Dacres. Sie ist wirklich wunderschön. Er ist ganz verrückt nach ihr – lässt sie keinen Moment aus den Augen.»

Mrs Gold sah wieder den Strand entlang. «Das Meer ist herrlich, so blau!», sagte sie. «Ich glaube, wir sollten jetzt hineingehen, meinst du nicht auch, Douglas?»

Er sah immer noch zu Valentine Chantry hinüber und brauchte eine Weile für seine Antwort.

«Hineingehen? Ja, schon, gleich», erwiderte er dann ziemlich geistesabwesend.

Marjorie Gold stand auf und lief zum Wasser.

Valentine Chantry drehte sich ein wenig zur Seite und sah Douglas Gold an. Ihr roter Mund verzog sich zu einem kleinen Lächeln.

Douglas Golds Nacken lief etwas rot an.

«Tony, Lieber», sagte Valentine, «macht es dir etwas aus? Ich hätte gern den kleinen Topf Gesichtscreme, er steht auf meinem Frisiertisch. Ich wollte ihn mitnehmen. Bitte, hol ihn doch – sei ein Engel!»

Der Kapitän erhob sich gehorsam und stapfte zum Hotel.

Marjorie Gold tauchte ins Wasser und rief: «Es ist wunderbar, Douglas. So warm! Komm doch!»

«Gehen Sie nicht rein?», fragte Pamela Lyall.

«Ich heize mich lieber erst noch etwas auf», antwortete Mr Gold vage.

Valentine bewegte sich. Sie hob den Kopf, als wolle sie ihrem Mann etwas nachrufen, doch er verschwand gerade hinter der Mauer des Hotelgartens.

«Am liebsten gehe ich zum Schluss ins Wasser», erklärte Gold.

Mrs Chantry setzte sich wieder auf und ergriff eine Flasche Sonnenöl. Sie hatte etwas Mühe mit dem Öffnen – der Deckel schien sich all ihren Anstrengungen zu widersetzen. «Mein Gott, ich krieg's nicht auf!», sagte sie laut. Dann sah sie zu der Gruppe hinüber. «Könnte vielleicht . . .»

Galant wie immer erhob sich Poirot, doch Douglas Gold hatte den Vorteil auf seiner Seite, jünger und beweglicher zu sein. Im Handumdrehen war er bei ihr.

«Darf ich Ihnen helfen?»

«O danke . . .» Wieder dieses süße, träge Schleppen der Stimme. «Sie sind wirklich sehr freundlich! Ich bin so ungeschickt in solchen Dingen. Ich schraube sie immer verkehrt zu. Oh, Sie haben es geschafft? Vielen Dank . . .»

Hercule Poirot lächelte in sich hinein.

Er stand auf und wanderte in der entgegengesetzten Richtung am Meer entlang. Er ging nicht weit und sehr gemächlich. Als er umdrehte, kam Mrs Gold aus dem Wasser und gesellte sich zu ihm. Sie war geschwommen. Ihr Gesicht, eingerahmt von einer besonders unvorteilhaften Badekappe, strahlte.

«Ich liebe das Meer!», rief sie atemlos. «Es ist so warm und schön hier!»

Sie war eine begeisterte Schwimmerin, wie Poirot feststellte. «Douglas und ich sind völlig verrückt aufs Schwimmen. Er kann stundenlang im Wasser bleiben.»

Während ihrer letzten Worte glitt Poirots Blick über ihre Schulter hinweg zu jenem Punkt am Strand, wo der begeisterte Schwimmer, Mr Douglas Gold, saß und sich mit Valentine unterhielt.

«Ich verstehe gar nicht, warum er nicht mitgekommen ist . . .», sagte seine Frau. In ihrer Stimme klang eine Art kindliches Staunen mit.

Poirots Augen ruhten nachdenklich auf Valentine Chantry. Ihm fiel ein, dass schon andere Frauen die gleiche Bemerkung gemacht hatten.

Er hörte, wie Mrs Gold neben ihm scharf den Atem einzog. «Sie gilt ja wohl als sehr attraktiv», sagte sie kühl. «Aber Douglas macht sich nichts aus diesem Typ Frau.»

Poirot antwortete nicht.

Mrs Gold stürzte sich wieder ins Wasser und schwamm in langen, ruhigen Zügen vom Strand weg. Man konnte sehen, dass sie das Wasser liebte.

Poirot kehrte zu der Gruppe im Sand zurück.

Sie hatte sich jetzt vergrößert durch das Erscheinen von General Barnes, einem Veteranen, der gern mit jungen Menschen zusammen war. Er saß zwischen Pamela und Sarah. Mit sichtlichem Vergnügen waren Pamela und er damit beschäftigt, sich Skandalgeschichten zu erzählen und sie in allen Einzelheiten auszuschmücken.

Kapitän Chantry war zurückgekehrt und saß wieder neben seiner Frau. Auf ihrer anderen Seite saß Gold.

Valentine saß sehr gerade zwischen den beiden Männern und redete. Sie sprach schnell und lebhaft und wandte sich mit ihrer süßen Stimme bald an den einen, bald an an den anderen. Sie war gerade beim Ende einer Geschichte.

«. . . und was, glaubt ihr, sagte der verrückte Mann? ‹Es war vielleicht nur eine Minute, aber ich würde mich überall an Sie erinnern, Madam!› Nicht wahr, Tony, es stimmt doch? Ich fand ihn süß! Ich finde, die Welt ist so freundlich . . . ich meine, alle Leute sind immer schrecklich nett zu mir, ich weiß nicht, warum . . . sie sind einfach so. Aber, wie ich zu Tony sagte – erinnerst du dich, Liebster? ‹Tony, wenn du nur ein winziges bisschen eifersüchtig sein könntest, dann auf diesen Träger.› Denn er war wirklich reizend!»

Es entstand eine Pause.

«Unter den Trägern gibt es gute Typen», sagte Douglas Gold dann.

«Ja. Er gab sich solche Mühe, wirklich, enorm viel Mühe . . . und es schien ihm diekt Spaß zu machen, mir zu helfen . . .»

«Das ist nichts Ungewöhnliches», meinte Gold. «Jeder würde Ihnen helfen, da bin ich sicher.»

«Wie nett von Ihnen, das zu sagen!», rief sie erfreut. «Tony, hast du das gehört?»

Kapitän Chantry brummte nur etwas Unverständliches.

Seine Frau seufzte.

«Tony macht mir nie Komplimente . . . nicht wahr, mein Schäfchen?»

Ihre weiße Hand mit den langen roten Nägeln fuhr ihm durch das dunkle Haar.

Chantry warf ihr plötzlich einen Seitenblick zu. Sie murmelte: «Ich weiß wirklich nicht, wie er es mit mir aushält. Er ist einfach schrecklich klug . . . hat so viel Verstand! Und ich rede immer nur Unsinn, aber es scheint ihm nichts auszumachen. Niemand nimmt mir übel, was ich tue oder sage . . . alle Leute verwöhnen mich. Manchmal denke ich, so was bekommt mir nicht.»

Kapitän Chantry sagte über den Kopf seiner Frau hinweg zu Gold: «Ist das dort draußen im Meer nicht Ihre Frau?»

«Ja. Es wird wohl Zeit, dass ich mich um sie kümmere.»

«Aber es ist so hübsch hier in der Sonne», sagte Valentine leise. «Sie brauchen noch nicht ins Wasser zu gehen, Tony, Liebling, ich glaube nicht, dass ich heute schon bade – nicht am ersten Tag. Ich könnte mich erkälten oder so. Aber warum gehst du nicht hinein, Liebling? Mr – Mr Gold wird hier bleiben und mir Gesellschaft leisten, nicht wahr, Mr Gold?»

«Nein, danke!», antwortete Chanrty etwas wütend. «Noch nicht. Ihre Frau scheint Ihnen zu winken, Gold.»

«Wie gut Ihre Frau schwimmen kann», sagte Valentine. «Sicher gehört sie zu diesen schrecklich tüchtigen Wesen, die immer alles können. Sie schüchtern mich so ein, weil ich spüre, dass sie mich verachten. Ich bin so schrecklich ungeschickt in allem – eine absolute Null, nicht wahr, Tony?»

Wieder brummte der Kapitän nur etwas Unverständliches.

«Du bist zu liebenswürdig, um es zuzugeben», fuhr seine Frau zärtlich fort. «Männer sind so wunderbar loyal – das mag ich an ihnen. Ich finde wirklich, dass Männer viel loyaler sind als Frauen, sie sagen nie hässliche Sachen. Frauen sind so kleinlich!»

Sarah Blake rollte sich zur Seite und zischte Poirot zwischen den Zähnen zu:

«Anscheinend ist es ein Zeichen von Kleinlichkeit, sich vorzustellen, dass die liebe Mrs Chantry nicht in jeder Hinsicht absolut vollkommen ist! Was für ein Dummkopf diese Frau ist! Ich glaube, Valentine Chantry ist die dümmste Frau, die mir je begegnet ist. Sie kann nur immer sagen ‹Tony, Liebling› und die Augen rollen. Die hat nur Watte im Kopf.»

Poirot hob seine ausdrucksvollen Augen. *«Un peu sévère!»*

«Ja, ja. Legen Sie es nur als Neid aus, wenn Sie wollen. Natürlich macht sie es sehr geschickt. Aber kann sie *keinen* Mann in Ruhe lassen? Ihr eigener sieht aus wie ein Gewitter.»

«Mrs Gold schwimmt gut», sagte Poirot, aufs Meer hinausblickend.

«Ja, sie ist nicht wie er, die es lästig finden, nass zu werden. Ich frage mich, ob Mrs Chantry je ins Wasser geht, solange wir hier sind.»

«Sicherlich nicht», bemerkte General Barnes rau. «Sie wird es nicht riskieren, dass sich ihr Make-up verwischt. Aber sie ist trotzdem eine sehr schöne Frau, wenn auch nicht mehr ganz neu.»

«Sie sieht zu Ihnen her, General», sagte Sarah schelmisch. «Und was das Make-up betrifft, da täuschen Sie sich.»

«Mrs Gold kommt heraus», verkündete Pamela.

«Fuchs, du hast die Gans gestohlen, gib sie wieder her –», summte Sarah.

Mrs Gold kam direkt den Strand herauf. Sie hatte eine hübsche Figur, aber ihre glatte, wasserdichte Badekappe sah wirklich nur praktisch und unvorteilhaft aus.

«Warum kommst du nicht, Douglas?», fragte sie ungeduldig. «Das Meer ist herrlich und warm.»

«Sicher.»

Douglas Gold erhob sich hastig. Er hielt einen Augenblick inne, und Valentine Chantry sah mit einem süßen Lächeln zu ihm auf.

«*Au revoir*», sagte sie.

Gold und seine Frau gingen ins Wasser.

Sobald sie außer Hörweite waren, bemerkte Pamela kritisch: «Ich glaube nicht, dass das klug war. Einer Frau den Ehemann wegzunehmen ist immer schlechte Politik. Es wirkt so besitzergreifend. Und Ehemänner hassen das.»

«Sie scheinen ja von Ehemännern viel zu verstehen, Miss Pamela», sagte General Barnes.

«Von denen anderer Leute – nicht von meinem eigenen!»

«Aha! Das ist ein Unterschied.»

«Allerdings, General.»

«Nun», bemerkte Sarah, «ich würde schon mal auf keinen Fall so eine Badekappe tragen ...»

«Die ist doch sehr vernünftig», sagte der General. «Scheint überhaupt eine nette, vernünftige kleine Frau zu sein.»

«Das ist sie bestimmt, General», antwortete Sarah. «Aber Sie wissen, dass selbst die Vernunft einer vernünftigen Frau ihre Grenzen hat. Ich habe das Gefühl, sie wird nicht so vernünftig sein, wenn es sich um Valentine Chantry handelt.»

Sie wandte den Kopf und fügte leise hinzu:

«Seht ihn euch an! Ist der wütend! Er macht den Eindruck, als hätte er ein gefährliches Temperament ...»

Kapitän Chantry sah tatsächlich grollend hinter dem Ehepaar her, auf eine höchst unangenehme Weise.

Pamela sah zu Poirot auf. «Nun? Welchen Vers machen Sie sich drauf?»

Hercule Poirot antwortete nicht, sondern zeichnete nur eine Figur in den Sand. Wieder als Dreieck.

«Das ewige Dreieck!», sagte Pamela nachdenklich. «Vielleicht haben Sie Recht. Falls es stimmt, werden die nächsten Wochen ganz schön aufregend sein.»

Hercule Poirot war von Rhodos enttäuscht. Er war zum Urlaubmachen hergekommen und um sich zu erholen. Vor allem vom Verbrechen. Im späten Oktober, hatte man ihm versichert, sei Rhodos fast menschenleer, ein friedliches, abgeschiedenes Fleckchen Erde.

Das stimmte eigentlich auch. Die Chantrys, die Golds, Pamela und Sarah, der General, er selbst und zwei italienische Ehepaare waren die einzigen Gäste. Aber innerhalb dieses kleinen Kreises glaubte sein kluger Verstand bereits die ersten Schatten zu sehen, die ein unvermeidliches Drama vorauswarf.

«Ich denke nur noch an Verbrechen», schimpfte er sich aus. «Ich habe eine schlechte Verdauung und bilde mir schon die seltsamsten Dinge ein.»

Trotzdem – er machte sich Sorgen.

Eines Morgens kam er auf die Terrasse herunter und stieß dort auf Mrs Gold, die stickte. Während er auf sie zuschritt, glaubte er ein Batisttaschentuch aufblitzen zu sehen, das Mrs Gold hastig wegsteckte.

Mrs Golds Augen waren trocken, glänzten aber verdächtig. Ihr Benehmen kam ihm etwas zu fröhlich vor. Die Heiterkeit wirkte eine Spur übertrieben.

«Guten Morgen, Monsieur Poirot!», rief sie so gezwungen munter, dass ihm Zweifel kamen.

Er merkte, dass sie keineswegs so erfreut über sein Erscheinen war, wie sie tat. Schließlich kannte sie ihn nicht besonders gut. Und obwohl Hercule Poirot ein eingebildeter kleiner Mann war, wenn es um seinen Beruf ging, so war er sehr bescheiden, was die Einschätzung seiner privaten Vorzüge anbetraf.

«Guten Morgen, Madame», antwortete er. «Wieder ein herrlicher Tag.»

«Ja, wie schön. Aber Douglas und ich haben mit dem Wetter immer Glück.»

«Ach, tatsächlich?»

«Ja. Wir haben überhaupt viel Glück. Wissen Sie, Monsieur Poirot, wenn man so viel Sorgen und Unglück sieht, so viele Ehepaare, die sich scheiden lassen und so, nun, dann ist man dankbar, dass man selbst so glücklich ist.»

«Was für eine Freude, das zu hören, Madame.»

«Ja, Douglas und ich sind so schrecklich glücklich zusammen. Wir sind jetzt seit fünf Jahren verheiratet, wissen Sie, und das ist heute eine lange Zeit ...»

«Zweifellos kann das manchmal eine Ewigkeit sein, Madame», erwiderte Poirot trocken.

«Doch eigentlich glaube ich, dass wir heute glücklicher sind als am Anfang unserer Ehe. Wir passen so gut zusammen, in jeder Beziehung.»

«Das ist natürlich die Hauptsache.»

«Darum tun mir die Leute Leid, die nicht glücklich sind.»

«Sie meinen ...»

«Ich spreche ganz allgemein, Monsieur Poirot.»

Mrs Gold nahm einen Strang Seide, hielt ihn ans Licht, nickte und sagte: «Zum Beispiel Mrs Chantry ...»

«Ja?»

«Ich glaube, sie ist keine nette Frau.»

«Nun, vielleicht nicht.»

«Eigentlich bin ich mir sogar sehr sicher. Aber auf gewisse Weise kann sie einem Leid tun. Trotz ihres Geldes, ihres guten Aussehens und so weiter ...» Mrs Golds Finger zitterten so, dass sie nicht einfädeln konnte, «... gehört sie nicht zu den Frauen, bei denen die Männer auf die Dauer bleiben. Sie ist der Typ, den Männer schnell satt bekommen. Glauben Sie nicht auch?»

«Mich persönlich würde ihre Unterhaltung über kurz oder lang ermüden», erwiderte Poirot vorsichtig.

«Ja, eben das meine ich! Natürlich hat sie so etwas Gewisses...» Mrs Gold zögerte, sie fuhr mit der Nadel unsicher durch die Luft. Auch ein nicht so genauer Beobachter wie Hercule Poirot hätte jetzt ihren Kummer bemerken müssen.

«Männer sind solche Kinder!», rief sie übergangslos. «Sie glauben immer *alles*...»

Sie beugte sich über ihre Arbeit. Ein kleiner Zipfel des Batisttaschentuchs blitzte dabei wieder auf.

Es war wohl besser, das Thema zu wechseln, überlegte Poirot. Deshalb fragte er:

«Schwimmen Sie heute Vormittag nicht? Und Ihr Mann, ist er unten am Strand?»

Mrs Gold sah auf, blinzelte, nahm sich zusammen und sagte in beinahe trotzig heiterem Ton:

«Nein, heute Morgen nicht. Wir wollten die alte Stadtmauer besichtigen gehen. Aber irgendwie scheinen wir uns verpasst zu haben. Sie sind weg ohne mich.»

Das «Sie» war bedeutsam, doch ehe Poirot antworten konnte, kam General Barnes vom Strand herauf und ließ sich in einen Sessel fallen.

«Guten Morgen, Mrs Gold. Guten Morgen, Poirot. Sie sind desertiert, Sie beide. Es fehlen eine Menge – Sie beide und Ihr Mann, Mrs Gold – und Mrs Chantry.»

«Und Kapitän Chantry?», fragte Poirot harmlos.

«Nein, nein, der ist unten am Strand. Miss Pamela hat ihn mit Beschlag belegt.» Der General kicherte. «Sie findet, dass er etwas schwierig ist. Einer von den starken, schweigsamen Typen, von denen man immer in Romanen liest.»

«Er macht mir Angst, dieser Mann», sagte Marjorie Gold und erschauerte leicht. «Er – er sieht manchmal so düster aus. Als – als ob er zu allem fähig wäre.»

«Nur Verdauungsbeschwerden, nehme ich an», meinte der General munter. «Die sind häufig die Ursache für romantische melancholische Anfälle oder Wutausbrüche.»

Marjorie Gold lächelte ein höfliches kleines Lächeln.

«Und wo ist Ihr lieber Mann?», fragte der General.

Sie antwortete, ohne zu zögern – mit natürlicher, fröhlicher Stimme.

«Douglas? Ach, er ist mit Mrs Chantry in die Stadt gegangen. Ich glaube, sie wollten die alte Stadtmauer besichtigen.»

«Ha, ja, sehr interessant. Die Zeit der edlen Ritter und so weiter. Sie hätten mitgehen sollen, meine kleine Dame.»

«Ich fürchte, ich war etwas zu spät dran.»

Plötzlich stand Mrs Gold mit einer gemurmelten Entschuldigung auf und lief ins Hotel.

General Barnes sah ihr mit besorgtem Gesicht nach und schüttelte leicht den Kopf.

«So eine nette kleine Frau. Zehnmal mehr wert als die bemalten Puppen. Doch wir wollen keine Namen nennen. Ha! Ihr Mann ist ein Dummkopf! Er weiß gar nicht, wie gut er es hat.» Er schüttelte wieder den Kopf. Dann stand er auf und verschwand im Innern des Hauses.

Sarah Blake, die vom Strand heraufkam, hatte die letzten Worte des Generals gehört. Während sie dem Rücken des abmarschierenden alten Kriegers eine Grimasse schnitt, ließ sie sich in einen Sessel fallen.

«Nette kleine Frau ... nette kleine Frau!», rief sie. «Die Männer mögen unscheinbare Frauen – aber wenn es um die Hauptsache geht, gewinnen immer die aufgedonnerten Puppen, ohne auch nur einen Finger zu rühren. Traurig, aber wahr!»

«Mademoiselle», sagte Poirot. Seine Stimme klang brüsk. «So was schätze ich nicht.»

«Nein? Ich auch nicht. Ach, seien wir ehrlich, wahrscheinlich gefällt mir so was doch. Man hat auch eine schlechte Seite, die sich freut, wenn Freunde Unfälle oder Pech haben oder ihnen was Unangenehmes zustößt.»

«Wo steckt denn Kapitän Chantry?», fragte Poirot.

«Am Strand, wo ihn Pamela auseinander nimmt. Und es genießt, falls Sie es wissen wollen. Seine Laune wird dadurch nicht besser. Er sah wieder aus wie ein Gewitter. Da gibt's noch Krach, das können Sie mir glauben.»

«Etwas verstehe ich einfach nicht...», brummte Poirot.

«Zu verstehen ist es ganz leicht», sagte Sarah. «Aber was passiert – das ist die Frage.»

Poirot schüttelte den Kopf.

«Wie Sie sagen, Mademoiselle, es ist die Zukunft, die mich beunruhigt.»

«Das haben Sie hübsch gesagt», meine Sarah und ging hinein.

In der Tür stieß sie mit Gold zusammen. Der junge Mann sah sehr zufrieden mit sich aus, wirkte aber gleichzeitig leicht schuldbewusst.

«Hallo, Monsieur Poirot», sagte er und fügte selbstsicher hinzu: «Ich habe Mrs Chantry die Mauern aus der Ritterzeit gezeigt. Marjorie hatte keine Lust, mitzukommen.»

Poirots Brauen hoben sich etwas, aber selbst wenn er gewollt hätte, wäre ihm keine Zeit für eine Antwort geblieben. Valentine Chantry fegte auf die Terrasse und rief mit ihrer hellen Stimme:

«Douglas, einen Pink Gin! Wirklich, ich brauche dringend einen Pink Gin!»

Douglas Gold verschwand, um den Cocktail zu bestellen. Valentine sank neben Poirot in einen Sessel. An diesem Vormittag wirkte sie besonders strahlend.

Als sie sah, dass ihr Mann und Pamela vom Strand heraufkamen, winkte sie ihnen zu und rief:

«Bist du schön geschwommen, Tony, Liebster? Ist der Morgen nicht herrlich?»

Kapitän Chantry antwortete nicht. Er eilte die Stufen hinauf, ging schweigend, ohne sie eines Blickes zu würdigen, vorbei und verschwand in der Bar. Seine Hände waren geballt, was seine leichte Ähnlichkeit mit einem Gorilla noch verstärkte. Valentine Chantrys vollkommener, doch etwas dümmlich wirkender Mund klappte auf. «Oh!», sagte sie ziemlich geistlos.

Pamela Lyalls Gesicht verriet, dass sie die Situation sehr genoss. Sie verstellte sich, so gut ihr das bei ihrer Einfallslosigkeit möglich war, setzte sich zu Valentine Chantry und fragte:

«Haben Sie einen schönen Vormittag verbracht?»

Während Valentine antwortete: «Einfach herrlich. Wir...», stand Poirot auf und schlenderte seinerseits langsam auf die Bar zu. Der junge Gold stand mit gerötetem Gesicht an der Theke und wartete auf seinen Pink Gin. Er wirkte beunruhigt und wütend.

«Der Mann ist ein Rohling!», sagte er zu Poirot und wies mit dem Kopf in die Richtung, in der Kaptiän Chantry gerade verschwand.

«Möglich», sagte Poirot. «Ja, das ist gut möglich. Aber die Frauen, *les femmes*, ihnen gefallen die Rohlinge, denken Sie immer daran.»

«Es würde mich nicht wundern, wenn er sie misshandelte», brummte Gold.

«Vielleicht gefällt ihr das auch.»

Gold starrte ihn verblüfft an, nahm das Glas mit dem Pink Gin und ging hinaus.

Hercule Poirot schob sich auf einen Barhocker und bestellte einen *sirop de cassis*. Während er ihn mit begeisterten Seufzern schlürfte, kam Chantry herein und trank rasch hintereinander mehrere Pink Gin.

Plötzlich rief er wütend, mehr ins Leere als an Hercule Poirots Adresse:

«Wenn Valentine glaubt, sie kann mich loswerden wie die vielen anderen Idioten, dann täuscht sie sich. Sie gehört mir, und ich werde sie behalten. Ein anderer bekommt sie nicht – nur über meine Leiche.»

Er warf ein paar Geldstücke auf die Theke, machte auf dem Absatz kehrt und lief hinaus.

Drei Tage später fuhr Hercule Poirot auf den Berg des Propheten. Es war eine kühle, angenehme Fahrt durch goldgrüne Fichten, höher und immer höher hinauf, weit über das kleinliche

Gewimmel der Menschen hinaus. Der Wagen hielt vor dem Restaurant. Poirot stieg aus und wanderte durch den Wald. Schließlich erreichte er eine Stelle, die tatsächlich der höchste Punkt der Erde zu sein schien. Tief unter ihm schimmerte das Meer in gleißendem Blau.

Hier hatte er endlich Ruhe – fern von allen Sorgen, hoch über der Welt. Er faltete seinen Mantel ordentlich zusammen, legte ihn auf einen Baumstumpf und setzte sich.

«Zweifellos weiß *le bon Dieu*, was er tut. Aber es ist komisch, dass er es sich gestattet hat, gewisse menschliche Wesen zu erschaffen. *Eh bien,* hier bin ich wenigstens für eine Weile weg von allen quälenden Fragen.» So oder ähnlich überlegte er.

Plötzlich fuhr er herum. Eine kleine Frau in braunem Mantel und Rock kam auf ihn zugelaufen. Es war Marjorie Gold, und diesmal verstellte sie sich nicht mehr. Ihr Gesicht war nass von Tränen.

Für Poirot gab es kein Entkommen. Schon stand sie vor ihm. «Sie müssen mir helfen, Monsieur Poirot! Mir ist so elend zumute, und ich weiß nicht, was ich tun soll. Ach, was mache ich nur? Was mache ich nur?»

Sie sah ihn mit gequältem Gesicht an und klammerte sich an seinen Ärmel. Dann, als sie seine abweisende Miene sah, wich sie betroffen ein wenig zurück.

«Was – was haben Sie?», stammelte sie.

«Wollen Sie meinen Rat, Madame? Fragen Sie mich um Rat?»

«Ja . . . ja . . .»

«*Eh bien* – ich gebe Ihnen einen.» Seine Stimme war schneidend. «Verlassen Sie die Insel – *ehe es zu spät ist.*»

«Wie bitte?» Sie starrte ihn verblüfft an.

«Sie haben es gehört. Verlassen Sie die Insel.»

«Die Insel verlassen?», echote sie.

«Genau das sagte ich.»

«Aber warum – warum?»

«Das ist mein Rat – *wenn Ihnen Ihr Leben lieb ist.*»

Sie seufzte. «Was meinen Sie damit?», rief sie. «Sie jagen mir Angst ein – ja, Sie machen mir Angst.»

«Genau das ist meine Absicht.»

Sie sank zu Boden und vergrub das Gesicht in den Händen. «Aber das ist unmöglich! Er kommt nicht mit! Douglas würde nicht mitkommen. Sie würde es nicht zulassen. Sie hat zu viel Macht über ihn – über seinen Körper und seine Seele. Er duldet nicht, dass man etwas gegen sie sagt. Er glaubt ihr jedes Wort – alles! Dass ihr Mann sie schlecht behandelt ... dass er sie nicht versteht, dass sie wehrlos ist ... dass kein Mensch sie versteht. Er denkt schon gar nicht mehr an mich ... ich zähle nicht ... ich existiere für ihn nicht mehr. Ich soll ihm seine Freiheit wiedergeben, mich scheiden lassen. Er bildet sich ein, dass sie sich scheiden lässt und ihn dann heiratet. Aber ich glaube ... Chantry wird sie nie hergeben. Er ist nicht der Typ. Gestern Abend zeigte sie Douglas die Druckstellen auf ihrem Arm ... angeblich hat ihr Mann es getan. Douglas war außer sich. Er ist so ritterlich ... ach, ich habe solche Angst! Was soll bloß werden? Sagen Sie mir, was ich tun soll!»

Hercule Poirot stand da und blickte über das Wasser bis zu der blauen Linie der Hügel des asiatischen Festlands.

«Noch einmal: Verlassen Sie die Insel, *ehe es zu spät ist*.»

«Ich kann nicht – ich kann nicht ... nur wegen Douglas ...»

Poirot seufzte und zuckte mit den Schultern.

«Das Dreieck wird immer deutlicher», sagte Pamela Lyall nicht ohne eine gewisse Befriedigung. Sie und Hercule Poirot saßen am Strand. «Gestern Abend, als die drei zusammen waren, belauerten sich die Männer ständig. Chantry hatte zu viel getrunken. Er hat Gold richtig beleidigt. Gold benahm sich sehr ordentlich und verlor nicht die Beherrschung. Diese Valentine genoss die Situation, klar. Schnurrte wie eine menschenfressende Tigerin, und das ist sie ja auch. Was glauben Sie, Monsieur Poirot – was passiert nun weiter?»

«Ich fürchte, ich fürchte ...» Poirot schüttelte den Kopf.

«Ja, ja, wir alle machen uns Sorgen», antwortete Miss Lyall scheinheilig. Und fügte hinzu: «Aber die Sache fällt mehr in *Ihr* Fach. Oder vielmehr *wird* in Ihr Fach fallen. Können Sie denn nichts unternehmen?»

«Ich habe getan, was in meiner Macht steht.»

Miss Lyall beugte sich eifrig vor. «Was haben Sie denn unternommen?», fragte sie mit einem angenehmen Schauder.

«Ich riet Mrs Gold abzufahren, ehe es zu spät sei.»

«Hm – aha – Sie glauben also . . .» Sie schwieg.

«Nun, Mademoiselle?»

«Also, Sie glauben, dass *das* passieren wird!», sagte Pamela zögernd. «Aber er kann doch nicht . . . so was würde er nie . . . Er ist so reizend, wirklich. Daran ist nur diese Chantry schuld. Er würde sie . . . niemals –»

Sie schwieg. Und dann meinte sie leise:

«*Mord?* Ist das – wirklich, denken Sie tatsächlich an so was?»

«Jemand denkt dran, Mademoiselle. Das kann ich Ihnen versichern.»

Pamela fröstelte plötzlich. «Ich glaube es nicht», erklärte sie.

Die Reihenfolge der Ereignisse in der Nacht des neunundzwanzigsten Oktober war völlig klar.

Es fing an mit einem Streit zwischen den beiden Männern – Gold und Chantry. Chantrys Stimme wurde lauter und lauter. Seine letzten Worte wurden von vier Personen gehört – dem Mann am Empfang, dem Direktor, General Barnes und Pamela Lyall.

«Sie verdammtes Schwein! Wenn Sie und meine Frau glauben, Sie können mich reinlegen, dann irren Sie sich! *Solange ich lebe,* bleibt Valentine meine Frau!»

Dann war er mit wutverzerrtem Gesicht aus dem Hotel gestürzt.

Die Auseinandersetzung fand vor dem Abendessen statt. Danach versöhnte man sich wieder. Wie das arrangiert wurde, wusste kein Mensch. Valentine bat Marjorie Gold, eine Mondscheinfahrt im Auto mit ihr zu machen. Pamela und Sarah kamen mit. Gold und Chantry spielten Billard. Danach gesellten sie sich zu Hercule Poirot und General Barnes, die in der Halle saßen.

Chantrys Gesicht verzog sich – eigentlich zum ersten Mal – zu einem Lächeln. Er schien guter Laune zu sein.

«War es ein spannendes Spiel?», fragte der General.

«Der Bursche ist viel zu gut», sagte der Kapitän. «Er gewann haushoch.»

Douglas Gold spielte den Bescheidenen.

«Reine Glückssache. Glauben Sie mir. Was möchten Sie trinken? Ich geh mal den Kellner suchen.»

«Für mich Pink Gin, vielen Dank.»

«Gut. Und Sie, General?»

«Danke. Whisky mit Soda.»

«Für mich das Gleiche. Und Sie, Monsieur Poirot?»

«Sie sind sehr freundlich. Ich möchte einen *sirop de cassis*.»

«Einen Sirup aus was?»

«*Sirop de cassis.* Saft aus schwarzen Johannisbeeren.»

«Ach, einen Likör! Ich verstehe. Haben die den hier überhaupt? Ich habe nie davon gehört.»

«Sie haben ihn, ja. Aber es ist kein Likör.»

«Klingt merkwürdig», sagte Gold und lachte. «Aber jedem sein eigenes Gift! Ich werde mal bestellen.»

Chantry setzte sich. Obwohl er von Natur aus kein gesprächiger oder umgänglicher Mensch war, gab er sich eindeutig die größte Mühe, freundlich zu sein.»

«Seltsam, wie man sich daran gewöhnen kann, ohne die neuesten Nachrichten auszukommen», stellte er fest.

«Ich kann nicht behaupten, dass eine vier Tage alte *Continental Daily Mail* mich sehr interessiert!», brummte der General.

«Natürlich lasse ich mir die *Times* nachschicken. Und den *Punch* bekomme ich jede Woche. Aber es dauert verteufelt lange, bis sie eintreffen.»

«Ich frage mich, ob wir wegen der Palästinafrage allgemeine Wahlen bekommen.»

«Die ganze Angelegenheit ist ziemlich verfahren», erklärte der General. Da tauchte Douglas Gold wieder auf, gefolgt von einem Kellner mit den bestellten Drinks.

Der General erzählte eine Geschichte aus seiner militärischen Karriere in Indien, aus dem Jahr 1905. Die beiden Engländer hörten ihm höflich zu, wenn auch ohne großes Interesse. Hercule Poirot schlürfte seinen *sirop de cassis*.

Der General kam zur Pointe seiner Geschichte, und man lachte pflichtschuldig.

Da tauchten die Damen im Hoteleingang auf. Alle vier schienen bester Stimmung zu sein. Sie redeten und lachten.

«Tony, Liebling, es war herrlich», rief Valentine, während sie sich neben ihn in einen Sessel fallen ließ. «Eine glänzende Idee von Mrs Gold! Ihr hättet alle mitkommen sollen!»

«Was möchtest du trinken?», fragte ihr Mann. Dann sah er fragend in die Runde.

«Für mich Pink Gin, Liebling», sagte Valentine.

«Ich möchte Gin mit Ingwerbier», erklärte Pamela.

«Einen Sidecar», bestellte Sarah.

«In Ordnung.» Chantry erhob sich und schob seinen unberührten Pink Gin seiner Frau zu. «Trink ihn. Ich bestell für mich einen neuen. Was möchten Sie, Mrs Gold?»

Mrs Gold ließ sich gerade von ihrem Mann aus dem Mantel helfen. Sie wandte sich um und sagte: «Könnte ich bitte eine Orangeade haben?»

«Kommt sofort. Eine Orangeade.»

Er ging zur Tür. Mrs Gold lächelte zu ihrem Mann empor.

«Es war so schön. Ich wünschte, du wärst mitgekommen.»

«Ich auch. Wir werden es nachholen, ja?»

Valentine Chantry nahm ihr Glas und trank es aus. «Hm! Den habe ich gebraucht», sagte sie und seufzte.

Douglas Gold nahm Marjories Mantel und legte ihn auf einen Sessel. Während er zu den andern zurückging, fragte er scharf:

«He, was ist denn?»

Valentine Chantry hatte sich in ihren Sessel zurückgelehnt. Ihre Lippen waren blau. Sie griff sich mit der Hand an die Brust. «Ich fühle mich so – so komisch...» Sie keuchte und rang nach Luft.

Chantry betrat wieder die Halle. Mit eiligen Schritten lief er auf die Gruppe zu. «Hallo, Val, was ist mit dir?»

«Ich – ich weiß nicht... der Pink Gin – er schmeckte so komisch...»

«Der Pink Gin?»

Chantry wirbelte herum, sein Gesicht war wutverzerrt. Er packte Douglas Gold bei den Schultern und schüttelte ihn.

«Das war *mein* Drink! Was zum Teufel haben Sie hineingeschüttet?»

Douglas Gold starrte entgeistert auf das zuckende Gesicht der Frau im Sessel. Er war totenbleich geworden. «Ich habe – ich habe doch nicht...»

Valentine Chantry sank in sich zusammen.

«Wir müssen einen Arzt holen – schnell...», rief General Barnes.

Fünf Minuten später war Valentine Chantry tot.

Am nächsten Vormittag badete niemand.

Pamela Lyall, deren Gesicht immer noch blass war, lauerte Hercule Poirot in der Halle auf und zog ihn in das kleine Schreibzimmer. Sie trug ein einfaches schwarzes Kleid.

«Es ist entsetzlich!», rief sie. «Entsetzlich! Sie haben es vorausgesagt! Sie sahen es kommen! Mord!»

Poirot senkte ernst den Kopf.

«Ja!», sagte sie und stampfte mit dem Fuß auf. «Sie hätten es verhindern müssen! Irgendwie. Sie hätten etwas unternehmen müssen!»

«Was?», fragte Poirot.

Einen Augenblick war sie um eine Antwort verlegen. «Hätte man nicht die Polizei...», begann sie dann.

«Und weiter? Was hätte man sagen können – *bevor* es passierte? Dass jemand Mord in seinem Herzen trug. Ich verrate Ihnen etwas, *mon enfant*, wenn ein Mensch entschlossen ist, einen anderen umzubringen –»

«Sie hätten das Opfer warnen können», erklärte Pamela dickköpfig.

«Manchmal sind solche Warnungen völlig nutzlos.»

«Oder Sie hätten den Mörder warnen können – andeuten, dass Sie von seinem Plan wussten.»

Poirot nickte beifällig. «Ja, das ist schon besser. Aber auch dann muss man noch mit der größten Schwäche des Verbrechers rechnen.»

«Mit was denn?»

«Mit seiner Eitelkeit! Ein Verbrecher ist immer überzeugt, dass er seinen Plan erfolgreich durchführen kann.»

«Aber das ist absurd – das ist dumm!», rief Pamela. «Das ganze Verbrechen war kindisch. Gestern Abend hat die Polizei Douglas Gold sofort verhaftet.»

«Ja», sagte Poirot nachdenklich. «Douglas Gold benahm sich reichlich dumm.»

«Unglaublich dumm! Angeblich wurde der Rest des Gifts bei ihm gefunden. Was war es noch gleich?»

«Etwas Ähnliches wie Strophanthin. Ein Herzmittel.»

«Hat man es tatsächlich in seiner Smokingjacke gefunden?»

«Ja.»

«Unglaublich dumm!», wiederholte Pamela. «Vielleicht hatte er es loswerden wollen, aber der Schock, dass es die falsche Person erwischt hatte, lähmte ihn. Wirklich, eine bühnenreife Szene: Der Liebhaber schüttet Strophanthin in das Glas des Ehemanns, und dann trinkt es die Ehefrau, weil der Liebhaber nicht aufgepasst hat. Wenn ich nur an den entsetzlichen Anblick denke, als Douglas Gold sich umwandte und feststellen musste, dass er die Frau, die er liebte, getötet hatte ...»

Sie erschauerte.

«Das Dreieck! Die ewige Dreiecksgeschichte! Wer konnte ahnen, dass es so enden würde!»

«Ich hatte es befürchtet», murmelte Poirot.

Pamela ging wieder auf ihn los. «Sie warnten *sie* – Mrs. Gold. Warum warnten Sie ihn nicht auch?»

«Sie meinen Douglas Gold?»

«Nein, Kapitän Chantry. Sie hätten ihm sagen können, dass er in Gefahr ist – schließlich galt der Anschlag eigentlich ihm. Ich bin überzeugt, dass Douglas Gold glaubte, er könne seine Frau so bearbeiten, dass sie in die Scheidung einwilligen würde. Sie ist sanft und schüchtern und hat ihn schrecklich gern. Aber Chantry ist ein dickköpfiger Teufel. Er war fest entschlossen, Valentine nicht freizugeben.»

Poirot zuckte mit den Schultern.

«Es hätte nichts genützt, wenn ich mit ihm gesprochen hätte.»

«Vielleicht nicht», gab Pamela zu. «Vermutlich hätte er nur erklärt, er könne auf sich selbst aufpassen und Sie sollten sich zum Teufel scheren. Aber ich kann mich einfach des Eindrucks nicht erwehren, dass man etwas hätte tun können.»

«Ich dachte daran», sagte Poirot langsam, «Valentine Chantry zu überreden, die Insel zu verlassen, aber sie hätte meine Argumente nicht akzeptiert. Sie war so dumm und hätte nichts begriffen. *Pauvre femme* – ihre Dummheit brachte sie um.»

«Ich bin der Meinung, dass das auch nichts genützt hätte. Er wäre einfach hinterhergereist.»

«Wer?»

«Douglas Gold.»

«Sie glauben, Douglas Gold wäre ihr gefolgt? O nein, Mademoiselle, da täuschen Sie sich – Sie täuschen sich sehr! Sie haben den Kern der Sache nicht erkannt. Wenn Valentine Chantry abgereist wäre, hätte ihr Mann sie begleitet.»

Pamela war verblüfft. «Stimmt», sagte sie. «Natürlich!»

«Und dann, verstehen Sie, hätte das Verbrechen einfach an einem anderen Ort stattgefunden.»

«Ich begreife gar nichts mehr.»

«Ich möchte damit sagen, dass es sich bei dem Verbrechen um die Ermordung von Valentine Chantry durch ihren Mann handelt.»

Pamela starrte ihn entgeistert an.

«Wollen Sie mir einreden, dass Kapitän Chantry – Tony Chantry – der Täter ist?»

«Ja. Sie sahen ihm sogar dabei zu! Douglas Gold brachte ihm sein Glas und stellte es vor ihm ab. Als die Frauen auftauchten, sahen wir alle zu ihnen hin. Chantry hatte das Strophanthin griffbereit und schüttete es in den Pink Gin. Dann schob er das Glas höflich seiner Frau hin, und sie trank.»

«Aber der Rest des Strophanthins wurde in Golds Jackentasche gefunden!»

«Die einfachste Geschichte von der Welt! Chantry steckte es ihm hinein, als wir uns alle um die Sterbende scharten.»

Es dauerte fast zwei Minuten, bis Pamela die Sprache wieder fand.

«Ich begreife es nicht. Das Dreieck – Sie sagten doch selber . . .»

Hercule Poirot nickte heftig.

«Ich sprach von einem Dreieck – das stimmt. Aber Sie – Sie dachten an das falsche. Sie fielen auf ein sehr geschicktes Täuschungsmanöver herein. Sie nahmen an – und das sollten Sie auch –, dass sowohl Tony Chantry als auch Douglas Gold Valentine liebten. Sie glaubten, und auch das sollten Sie, dass Douglas Gold, der Valentine Chantry liebte, und deren Mann niemals in die Scheidung einwilligen würde – dass also Douglas Gold in seiner Verzweiflung Chantry ein starkes Herzmittel einflößen wollte und durch einen fatalen Irrum Valentine Chantry das Gift trank. Das ist eine schöne Illusion. Schon seit einiger Zeit hatte Chantry den Plan, seine Frau umzubringen. Sie langweilte ihn tödlich, das merkte ich von Anfang an. Er hatte sie wegen ihres Geldes geheiratet. Jetzt wollte er eine andere Frau heiraten – deshalb musste er sie loswerden.

Doch ihr Geld wollte er behalten. Und so kam es zu dem Mord.»

«Also eine andere Frau?»

«Ja. O ja! Die kleine Marjorie Gold. Es stimmt schon – es ist die ewige Dreiecksgeschichte! Aber Sie sahen es falsch. Keiner der beiden Männer interessierte sich in Wirklichkeit für Valentine Chantry. Wegen ihrer Eitelkeit und den wirklich äußerst gerissenen Manövern von Mrs Gold glaubten Sie es. Eine kluge Frau, diese Mrs Gold, und erstaunlicherweise sehr attraktiv auf ihre zurückhaltende Art. Die kleine arme Madonna! Ich kenne vier Frauen, vier Verbrecherinnen, die ihr sehr ähnlich waren. Mrs Adams, die vom Mord an ihrem Mann freigesprochen wurde, obwohl alle Welt wusste, dass sie schuldig war. Mary Parker brachte eine freundliche Tante um die Ecke, und dazu zwei Brüder, bevor sie etwas leichtsinnig wurde und man sie erwischte. Dann ist da noch Mrs Rowden. Sie wurde tatsächlich gehängt. Mrs Lecray entging dem gleichen Schicksal nur um Haaresbreite. Mrs Gold ist genau derselbe Typ! Ich merke es sofort, als ich sie kennen lernte. Solche Frauen lieben das Verbrechen wie die Enten das Wasser! Und ganz schön gerissen eingefädelt. Verraten Sie mir doch: Welche Beweise haben Sie, dass Douglas Gold diese Valentine Chantry wirklich liebte? Wenn Sie es sich genau überlegen, müssen Sie zugeben, dass Sie es nur aufgrund von Mrs Golds Vertraulichkeiten und Chantrys Eifersüchteleien glauben. Na? Sehen Sie?»

«Es ist entsetzlich!», rief Pamela

«Ein gerissenes Paar, diese beiden!», bemerkte Poirot mit der Sachlichkeit des Fachmannes. «Ihr Plan war, sich hier zu ‹treffen› und das Verbrechen dann zu inszenieren. Diese Marjorie Gold ist eiskalt, eine Teufelin! Ohne mit der Wimper zu zucken, hätte sie ihren armen, unschuldigen Dummkopf von Mann zur Schlachtbank geschickt.»

«Aber er wurde gestern Abend doch von der Polizei verhaftet und abgeführt!», rief Pamela.

«Ach», sagte Hercule Poirot, «danach hatte ich mit der Polizei eine kleine Unterhaltung. Es stimmt, dass ich nicht beobachtete, wie Chantry das Strophanthin ins Glas tat. Wie alle andern sah ich zu den Damen hin, die gerade in die Halle kamen. Aber in dem Augenblick, als ich begriff, dass Valentine Chantry vergiftet worden war, beobachtete ich ihren Mann. Ich ließ keinen Blick von ihm. Und deshalb, verstehen Sie, sah ich tatsächlich, wie er das Strophanthin-Päckchen in Douglas Golds Jackentasche steckte...»

Mit grimmigem Gesicht fügte er hinzu: «Ich bin ein guter Beobachter. Mein Name ist überall bekannt. Sobald die Polizei meine Geschichte erfuhr, begriff man, dass sich durch sie ein völlig neuer Aspekt ergab.»

«Und weiter?», fragte Pamela gespannt.

«*Eh bien*, dann stellten sie Kapitän Chantry ein paar Fragen. Er versuchte, sich herauszureden, aber er ist eigentlich nicht besonders intelligent, und schließlich brach er zusammen.»

«Douglas Gold ist also wieder frei?»

«Ja.»

«Und – seine Frau?»

Poirots Gesicht wurde ernst. «Ich hatte sie gewarnt!» Er schwieg einen Augenblick. «Ja, ich warnte sie, oben auf dem Berg des Propheten. Das war die einzige Chance, um das Verbrechen zu verhindern. Ich sagte ihr ziemlich deutlich, dass ich sie verdächtigte. Sie verstand mich genau. Aber sie hielt sich für klüger. Ich riet ihr, die Insel zu verlassen, wenn ihr ihr Leben lieb sei. Sie wollte bleiben...»

Der Mann im Cadillac

Ross Macdonald

Es war Freitagabend. Ich fuhr mit meinem hellblauen Kabriolett in schwärzester Laune von der mexikanischen Grenze zurück. Ich hatte einen Mann von Fresno nach San Diego verfolgt und ihn dort im Straßenlabyrinth der Altstadt verloren. Als ich seine Spur endlich wieder fand, hatte er sich über die Grenze abgesetzt. Da meine Instruktionen nicht über das Gebiet der Vereinigten Staaten hinausgingen, kehrte ich nach Hause zurück.

Auf halbem Weg, gerade oberhalb der Emerald-Bucht, holte ich den miserabelsten Autofahrer ein, der mir bis dahin begegnet war. Er steuerte seinen schwarzen Cadillac wie eine Segeljolle gegen den Wind, wobei er im Zickzackkurs über zwei, manchmal auch über drei der vier Fahrbahnen hin und her kreuzte. Mitternacht war schon vorbei, und ich musste mich beeilen, wenn ich bis zum Morgengrauen noch ein Auge zutun wollte. Ich setzte rechts zum Überholen an, als der Cadillac wieder einmal gerade auf der doppelten Linie in der Straßenmitte fuhr. In diesem Augenblick trudelte er wie ein verirrtes Geschoss auf mich zu, sodass ich nur knapp mit kreischenden Bremsen einem Zusammenstoß ausweichen konnte.

Jetzt versuchte ich es von links. Gleichzeitig beschleunigte auch der Cadillac sein Tempo. Da mein Wagen nichts mehr hergab, rasten wir Nase an Nase in der Straßenmitte weiter. Ich fragte mich, ob ich es mit einem Verrückten oder Betrunkenen zu tun hätte oder ob der Fahrer vor mir auf der Flucht war. Die Schnellstrecke endete, und ich fuhr mit hundertdreißig auf der falschen Fahrbahn einer zweispurigen Überlandstraße, als ein

Lastzug hinter der Kuppe einer Bodenwelle auftauchte und wie ein fauchender Komet näher kam. Ich trat das Gaspedal durch und zog meinen Wagen knapp vor dem Kotflügel des Cadillacs nach rechts. Im Scheinwerferlicht des entgegenkommenden Lasters sah ich einen Augenblick lang das Gesicht des Fahrers: Es war kreidebleich mit tief liegenden, schwarzen Augenhöhlen. Sein Oberkörper war nackt.

Erst in letzter Sekunde verringerte er seine Geschwindigkeit so weit, dass ich mich ohne Gefahr vor ihn setzen konnte. Der Laster fuhr ärgerlich hupend an uns vorbei. Ich bremste allmählich ab in der Absicht, den Cadillac zum Stehen zu bringen, aber er überholte mich in einem wahnsinnigen Bogen mit quietschenden Reifen und verschwand vor mir in der Dunkelheit.

Als mein Wagen schließlich stand, musste ich die Finger mit Gewalt vom Lenkrad lösen. Über meinen Rücken lief kalter Schweiß, meine Knie zitterten. Ich rauchte eine Zigarette an und wendete vorsichtig, um zur Emerald-Bucht zurückzufahren. Meine stürmischen Jugendjahre lagen weit hinter mir, ich sehnte mich nach Ruhe.

Das erste Motel, auf das ich stieß, hieß «Siesta», und ein Schild zeigte an, dass noch Zimmer frei waren. Die Neonreklame stellte einen schlafenden Mexikaner in schreienden Farben dar. Ich beschloss, seinem Vorbild zu folgen, und parkte auf dem Kiesplatz vor dem Empfangsbüro. Drinnen war noch Licht. Die Glastür stand offen, und ich trat ein. Die kleine Halle war hübsch mit hellem Holz und Chintz ausgestattet. Ich läutete einige Male mit der Tischklingel; da niemand kam, setzte ich mich und zündete mir eine Zigarette an. Die elektrische Uhr zeigte Viertel vor eins.

Ich muss eingenickt sein, denn ich erinnere mich, dass ich träumte. Hinter dem Steuer eines schwarzen Cadillacs, der mit Blumen voll geladen war, saß eine grinsende Totenmaske. Als die glühende Asche meiner Zigarette mir die Fingerspitzen verbrannte, erwachte ich. Vor mir stand ein schlanker Mann in grauem Flanellhemd und leichten Hosen und sah mich argwöhnisch an.

Er hatte eine große Nase und ein spitzes Kinn. Schon auf den zweiten Blick verwischte sich der Eindruck der Jugendlichkeit, den seine Erscheinung hervorrief: Seine Zähne waren schlecht, und das schüttere blonde Haar ließ hohe Ecken an der Stirn frei. Er gehörte zu jenem Typ ältlicher Jungen, die sich ihren Unterhalt durch Katzbuckeln in Hotels und Motels verdienen und sich verzweifelt an andere Menschen klammern.

«Was wünschen Sie?», fragte er. «Wer sind Sie? Was wollen Sie hier?» Seine Stimme schwankte unsicher, wie bei einem Jungen im Stimmbruch.

«Ein Zimmer.»

«Weiter nichts?»

Es klang fast wie eine Anklage, aber ich ging nicht darauf ein. «Warum? Was haben Sie sonst noch anzubieten? Bauchtänzerinnen oder Gratisessen?»

Der Mann versuchte zu lächeln, ohne seine schlechten Zähne zu entblößen. Sein Lächeln wirkte genauso gezwungen wie mein Witz. «Tut mir Leid», gab er zurück. «Sie haben mich aufgeweckt. Wenn ich aus dem Schlaf gerissen werde, komme ich nur langsam wieder zu mir.»

«Hatten Sie vielleicht einen Albtraum?»

Er riss erstaunt seine wässrigen blauen Augen auf. «Warum fragen Sie das?»

«Ich hatte vorhin nämlich einen. Aber lassen wir das. Haben Sie nun ein Zimmer oder nicht?»

«Ja. Aber natürlich.» Er schluckte erleichtert und bemühte sich, möglichst unbefangen zu erscheinen: «Haben Sie Gepäck?»

«Nein.»

Lautlos, wie ein Schatten seiner einstigen Knabengestalt, glitt der Mann auf seinen Tennisschuhen hinter die Hoteltheke, notierte meinen Namen, meine Adresse und mein Autokennzeichen und verlangte fünf Dollar, für die er mir einen Schlüssel mit der Nummer vierzehn aushändigte. Mit einer Handbewegung wies er mir höflich den Weg, offensichtlich besorgt wegen des späteren Trinkgeldes.

Das Zimmer Nummer vierzehn sah aus wie viele Hotelzimmer in dieser Gegend. Es war im kalifornisch-spanischen Stil eingerichtet und bot mit den künstlich-rauen Kalkwänden, den weinroten Vorhängen und den Lampenschirmen aus imitiertem Pergament auf schmiedeeisernen Ständern eine gewisse Behaglichkeit. Über dem Bett hing das Bild eines schlafenden Mexikaners. Ich folgte seinem Beispiel und träumte bis zum Morgen von Bauchtänzerinnen.

Plötzlich begann eine von ihnen aus voller Lunge zu schreien. Bei dem Versuch, sie zu beruhigen, erwachte ich und setzte mich im Bett auf. Auf meiner Armbanduhr war es fast neun. Das Schreien hörte auf und fing kurz darauf wie eine Alarmsirene wieder an. Ich zog meine Hose über die Unterwäsche, in der ich geschlafen hatte, und ging hinaus.

Auf dem Korridor stand eine junge Frau vor der Tür des Nachbarzimmers. In einer Hand hielt sie einen Schlüssel, die andere, die sie weit von sich streckte, war voller Blut. Sie trug einen bunten, weiten Rock und eine Bluse im Zigeuner-Look. Sie hatte dunkles Haar und ein zartes Gesicht, das mir weitaus besser gefallen hätte, wenn sie den weit geöffneten Mund zugemacht und mit dem Geschrei aufgehört hätte. Ich war böse wegen der Störung meines kostbaren Morgenschlafes.

Ich packte sie bei den Schultern und rüttelte sie. «Hören Sie doch auf!»

Sie verstummte. Verstört schaute sie auf das Blut an ihrer Hand, das dunkel und zähflüssig wie Schmieröl daran klebte.

«Wo haben Sie das her?»

«Ich bin ausgerutscht und hineingefallen. Ich habe es gar nicht gesehen.»

Sie ließ den Schlüssel fallen und zog mit der sauberen Hand ihren Rock nach vorn. Der Saum über ihren bloßen braunen Beinen war hinten auch mit Blut beschmiert.

«Wo? In dem Zimmer hier?»

«Ja», erwiderte sie zögernd.

Inzwischen hatte sich eine Anzahl von Türen geöffnet, und etwa ein halbes Dutzend Leute kam auf uns zu. Ein kleiner Mann mit brauner Gesichtsfarbe, er war sicher nicht größer als ein Meter vierzig, kam hüpfend aus dem Büro gelaufen. Seine winzigen Schuhe tanzten wie Spielzeuge über die Fliesen.

«Kommen Sie herein, und zeigen Sie es mir», forderte ich das Mädchen auf.

«Nein, ich kann nicht. Ich will nicht.» Ihre dunklen Augen hoben sich scharf von ihrem schreckensblassen Gesicht ab.

Mittlerweile hatte sich der kleine Mann zwischen uns gedrängt und das Mädchen am Oberarm gepackt. «Was ist los, Ella? Bist du verrückt, die Gäste so aufzuscheuchen?»

«Blut», murmelte sie und lehnte sich mit geschlossenen Augen an mich.

Sein scharfer Blick erfasste die Situation. «Sei still», zischte er und wandte sich an die anderen Gäste, die sich in einem Halbkreis um uns drängten.

«Es ist weiter nichts. Entschuldigen Sie, meine Damen und Herren, meine Tochter hat sich nur ein wenig geschnitten. Es ist wirklich alles in Ordnung.»

Er legte seinen langen, behaarten Arm um die Taille seiner Tochter und zog sie durch die offene Tür in das Zimmer. Mit einer kräftigen Bewegung versuchte er, die Tür hinter sich zuzuwerfen. Ich fing sie mit dem Fuß auf und folgte ihnen.

Das Zimmer war genauso eingerichtet wie meines, einschließlich der Reproduktion über dem zerwühlten Bett, nur dass alles wie in einem Spiegel seitenverkehrt erschien. Das Mädchen ging mit ein paar unsicheren Schritten zum Bett und setzte sich auf die Kante. Als sie jedoch das blutbefleckte Laken erblickte, sprang sie auf und öffnete ihren Mund so weit, dass ein Zahnarzt seine helle Freude daran gehabt hätte.

«Bitte nicht», beeilte ich mich zu sagen, «wir wissen ja schon, dass Sie eine prima Lunge haben.»

Der kleine Mann fuhr zu mir herum. «Was haben denn Sie hier zu suchen?»

«Ich heiße Archer und habe das Zimmer vierzehn nebenan.»

«Bitte, gehen Sie hinaus.»

«Fällt mir nicht ein. Was ist hier los?»

Er senkte seinen Kopf, als ob er ihn mir in den Magen rammen wollte. Unter seiner Kunstlederjacke ragte ein Buckel spitz wie ein dritter Ellbogen auf. Dann schien er sich den Rammstoß doch zu überlegen und versuchte es mit diplomatischem Geschick:

«Sie ziehen ganz falsche Schlüsse, Mister. Es ist wirklich nicht so schlimm, wie es aussieht. Wir hatten hier in der Nacht einen kleinen Unfall.»

«Ich weiß. Ihre Tochter hat sich geschnitten. Es scheint ja wieder völlig verheilt zu sein?»

«Nein, natürlich nicht.» Er winkte ab. «Ich habe den Leuten da draußen erzählt, was mir gerade einfiel. Es war eine Rauferei, bei der einer der Gäste Nasenbluten kriegte.»

Das Mädchen ging wie eine Schlafwandlerin zur Badezimmertür und knipste das Licht an. Auf dem schwarzweißen Würfelmuster der Kunststofffliesen war eine schon halb eingetrocknete Blutlache, die durch ihr Ausrutschen nach einer Seite hin verschmiert war.

«Soso, Nasenbluten», sagte ich spöttisch zu dem Kleinen. «Probieren Sie es jetzt auf die Tour?»

«Ich bin der Eigentümer des Siesta-Motels und heiße Salanda.» Er versuchte, sich so hoch wie möglich aufzurichten. «Einer der Herren berichtete mir selbst, er habe Nasenbluten bekommen.»

«Und wo ist dieser Herr jetzt?»

«Heute Morgen ist er abgefahren»

«Gesund?»

«So gesund, wie er gestern ankam.»

Ich schaute mich im Zimmer um. Außer den Blutflecken in dem ungemachten Bett konnte ich keine Anzeichen, dass ein

Kampf stattgefunden hatte, entdecken. Irgendjemand hatte einen halben Liter Blut abgelassen und war danach verschwunden.

Der Bucklige öffnete die Tür und forderte mich mit einer Handbewegung zum Gehen auf. «Wollen Sie mich jetzt bitte entschuldigen, Sir, aber ich möchte dies hier so bald wie möglich in Ordnung bringen lassen. Ella, sag Lorraine, sie soll im Zimmer Ordnung machen, aber ein bisschen dalli. Und du legst dich noch ein bisschen hin.»

«Es geht schon wieder, Vater. Mach dir keine Sorgen um mich.»

Als ich wenig später hinüberkam, saß sie völlig gefasst, wenn auch noch ein wenig bleich, hinter dem Schreibtisch in der Empfangshalle. Ich legte meinen Schlüssel auf die Tischplatte.

«Geht es Ihnen jetzt wieder besser, Ella?»

«Oh, angezogen habe ich Sie gar nicht erkannt.»

«Schade, dass ich das von Ihnen nicht auch sagen kann.»

Sie schlug die Augen nieder und errötete. «Sie lachen mich aus. Ich weiß, dass ich mich heute Morgen albern benommen habe.»

«Na, da bin ich nicht so sicher. Was dachten Sie denn, was heute Nacht geschehen ist?»

«Mein Vater hat es Ihnen doch schon erklärt, nicht?»

«Genau genommen waren es zwei Erklärungen, aber ich bezweifle, dass sie die endgültige Fassung des Dramas darstellen.»

Ihre Hand legte sich auf das Grübchen im Ausschnitt der Zigeunerbluse. Ihre Arme und Schultern waren schlank und braun gebrannt, die Fingernägel leuchteten karminrot. «Was für ein Drama?»

«Ich meinte das nur im übertragenen Sinn», erklärte ich. «Aber vielleicht hat sich in Zimmer dreizehn wirklich ein Drama abgespielt. Was meinen Sie?»

Sie biss sich mit ihren großen Vorderzähnen auf die Unterlippe, wodurch sie wie ein hübsches Kaninchen aussah. Ich unterdrückte meinen Impuls, ihr über das glänzende, glatte braune Haar zu streichen.

«Aber das ist ja lächerlich. Wir sind ein renommiertes Haus. Übrigens hat Vater mir verboten, mit Fremden über die Sache zu sprechen.»

«Warum denn das nun wieder?»

«Das Motel ist sein Ein und Alles, und er will keinen Skandal. Wenn wir unseren Ruf verlieren, bricht es ihm das Herz.»

«Na, so sentimental sah er grade nicht aus.»

Sie stand auf und strich ihren Rock glatt. Ich bemerkte, dass sie einen anderen angezogen hatte. «Lassen Sie meinen Vater in Ruhe. Er ist ein lieber kleiner Mann. Warum wollen Sie ihm denn für nichts und wieder nichts Schwierigkeiten machen?»

Ich gab mich vor ihrer berechtigten Entrüstung geschlagen – die Entrüstung einer Frau ist immer berechtigt – und ging hinaus zu meinem Wagen. Die Frühlingssonne blendete mich. Hinter der Straße und den welligen Sanddünen glänzte die Bucht in tiefem Preußischblau. Ich fuhr ab. Am Fuße einer Halbinsel führte die Autostraße landeinwärts und um ein Städtchen herum und nach einigen Meilen wieder zur Küste zurück. Auf der anderen Straßenseite schob sich ein großer überdachter Parkplatz vor den weißen Sand und die glitzernde Brandung. Schilder an beiden Einfahrten verkündeten weithin: County Park, offenes Feuer verboten.

Strand und Parkplatz waren leer bis auf einen Wagen, der verloren am äußersten Ende der Parkfläche stand und seinen Kühlergrill in den Drahtzaun bohrte. Es war ein schwarzer Cadillac. Noch heute weiß ich nicht, was mich dazu bewog, von der Straße ab und auf den Parkplatz einzubiegen. Ein Mann hing über dem Steuerrad und sah in die endlose blaue See hinaus. Er drehte sich auch nicht um, als ich mit meinem Wagen neben ihm hielt.

Ich stieg aus und öffnete die Tür seines Cadillacs. Sein Gesicht war totenbleich, die dunkelbraunen Augen starrten blicklos auf die Bucht. Der dicht behaarte Oberkörper war unbekleidet bis auf einen dicken Verband um die Taille, der aus blutigen Handtüchern bestand und von irgendeinem Nylongewebe zusammengehalten wurde. Erst bei näherem Zusehen bemerkte ich, dass es der Unterrock einer Frau war. Auf der linken Brustseite des Wäschestückes war ein purpurrotes Herz gestickt, das den in Schreibschrift gestickten Namen «Fern» umrahmte. Ich überlegte, wer diese Fern wohl sein könnte.

Der Mann, den ihr purpurnes Herz nun schmückte, hatte dunkles, lockiges Haar und ebenso dunkle, buschige Augenbrauen. Auf Kinn und Wangen spross ein dichter Stoppelbart. Trotz seines Blutverlustes und einigen Lippenstiftspuren auf seinem Mund machte er einen grobschlächtigen Eindruck.

Das Seitenfach war leer, nur im Handschuhfach fand ich eine halb volle Packung 38er Automatik-Patronen. Die Zündung war noch eingeschaltet, aber die Lichter brannten nur noch trüb. Die Benzinuhr zeigte einen leeren Tank an. Anscheinend war der Krauskopf kurz nachdem er mich überholt hatte, auf diesen Platz gefahren und hatte den Rest der Nacht mit laufendem Motor an Ort und Stelle verbracht.

Ich wickelte den Unterrock, der nicht aussah, als könnte er Fingerabdrücke annehmen, von der Taille des Toten und sah nach dem Wäscheetikett. Gretchen, Palm Spring stand darauf. Mir fiel ein, dass Samstagvormittag war und ich in diesem Winter noch kein Wochenende an der Küste verbracht hatte. Vorsichtig band ich den Unterrock wieder um den Wickel und fuhr zum Siesta-Motel zurück.

Ellas Stimmungsbarometer fiel rapide, als sie mich erblickte. Sie schob ihre hübsche Kaninchennase in die Luft und sagte spitz: «Du lieber Schreck. Und ich dachte schon, wir wären Sie endlich los!»

«Dachte ich auch. Aber wie Sie sehen, kann ich mich einfach nicht von hier losreißen.»

Sie warf mir einen eigenartigen, mit Spott und Widerwillen gemischten Blick zu. Sie strich eine Haarsträhne zurück und langte dann nach einer Anmeldekarte.

«Ein Zimmer können Sie haben. Aber denken Sie bloß nicht, dass Sie bei mir Eindruck schinden können. Sie sind mir völlig egal, mein Herr.»

«Archer heiße ich, Lew Archer. Bemühen Sie sich nicht mit der Karte, ich möchte nur telefonieren.»

«Anderswo gibt es auch Telefone.» Aber sie stieß mir doch den Apparat über den Tisch zu. «Meinetwegen, wenn es kein Ferngespräch ist.»

«Ich muss die Verkehrspolizei anrufen. Wissen Sie zufällig die Nummer?»

«Keine Ahnung.» Sie reichte mir das Telefonverzeichnis.

«Es ist nämlich ein Unfall passiert», sagte ich obenhin, als ich die Nummer wählte.

«Ein Unfall? Auf der Straße? Wo denn?»

«Nicht auf der Straße, meine Liebe, sondern hier, auf Zimmer dreizehn.»

Aber das berichtete ich natürlich nicht der Polizei. Ich gab lediglich an, in einem Wagen auf dem Parkplatz oberhalb des Strandes einen Toten gefunden zu haben. Das Mädchen hörte mir mit offenen Augen und offenem Mund zu. Noch bevor ich auflegte, fuhr sie aufgeregt von ihrem Stuhl hoch und lief durch die Hintertür hinaus. Nach einigen Augenblicken kam sie mit ihrem Vater zurück, dessen Augen genauso funkelten wie die Nieten an seiner Lederjacke. Tänzelnd kam er auf mich zu.

«Was hat das zu bedeuten?»

«Ein Stück weiter auf der Straße habe ich einen Toten gefunden.»

«Und warum sind Sie zum Telefonieren wieder hierher zurückgekommen?» Sein Kopf senkte sich wieder zu seiner Rammstoß-Haltung, aber ich sah, wie er sich mit den Händen an der Schreibtischkante festklammerte. «Was geht das uns an?»

«Immerhin trug er ein paar von Ihren Handtüchern um den Bauch.»

«Was?»

«Und er blutete sehr stark, bevor er starb. Wahrscheinlich hat ihm jemand in den Magen geschossen. Vielleicht Sie?»

«Sie sind verrückt», erwiderte er, aber es klang nicht sehr

überzeugend. «Für diese wahnsinnige Beschuldigung werden Sie mir noch büßen. Was sind Sie überhaupt?»

«Privatdetektiv.»

«Und Sie haben ihn verfolgt? Sie wollten ihn verhaften, und er erschoss sich auf der Flucht vor Ihnen?»

«Beides falsch geraten», sagte ich mit Nachdruck. «Erstens wollte ich mich hier nur ausschlafen. Und zweitens schießt sich kein Mensch selber in den Bauch. Viel zu unsicher und langsam. Schließlich will niemand an Bauchfellentzündung krepieren.»

«Und was wollen Sie jetzt tun? Etwa meinen Betrieb hier in einen Skandal hineinziehen?»

«Wenn Sie hier einen Mordfall zu vertuschen suchen...»

«Er muss sich selbst erschossen haben.» Der Kleine war nicht davon abzubringen.

«Wie können Sie das überhaupt wissen?»

«Von Donny. Ich habe vorhin mit ihm gesprochen.»

«Und woher weiß es dieser Donny?»

«Der Mann hat es ihm gesagt.»

«Ist Donny Ihr Nachtportier?»

«Er war es bisher. Ich glaube, ich muss ihn endlich wegen seinen Dummheiten hinausfeuern. Er hat mir nicht einmal Bescheid sagen wollen. Ich musste jedes Wort aus ihm herausquetschen.»

«Donny meint es nur gut», wandte das Mädchen ein. «Wahrscheinlich hat er gar nicht mitgekriegt, was eigentlich passiert ist.»

«Das hat keiner von uns, wie ich annehme. Ich möchte diesen Donny sprechen. Aber zuerst», wandte ich mich wieder dem Buckligen zu, «zuerst geben Sie mir einmal das Hotelregister her.»

Er griff nach einem Formularpäckchen und suchte das Gewünschte heraus. Seine viel zu großen behaarten Hände, mit denen er schließlich eine Karte hervorzog, waren ruhig und zuverlässig wie Haustiere, die ihr eigenes Leben unabhängig von ihrem Eigentümer führen. Auf der Karte stand in Blockschrift: Richard Rowe, Detroit, Michigan.

«Und was ist mit der Frau?», erkundigte ich mich.

Die beiden sahen sich betroffen an. «Er war allein», gab der Mann schließlich zur Antwort.

«Dann war er ein Transvestit.»

Er schaute mich verdutzt an und schwieg. Nach einer Weile fragte er: «Sie haben doch die Polizei angerufen. Haben Sie ihnen alles mitgeteilt?»

«Bist jetzt noch nicht. Aber sie werden ohnehin Ihre Handtücher finden. Er hat sie als Verband um den Bauch gebunden.»

«Ach so, natürlich.» Er klopfte sich mit der geballten Faust an die Schläfe. Es klang, als ob er auf einen Kürbis schlüge. «Sie sind Privatdetektiv, sagten Sie. Wenn Sie nun der Polente erzählten, dass er vor Ihnen auf der Flucht war? Ein Verbrecher auf der Flucht, he? Und er schoss sich in den Magen, weil er nicht in den Knast wollte? Fünfhundert Dollar?»

«So privat bin ich auch wieder nicht», winkte ich ab. «Ich habe schließlich meine Berufsehre. Aber davon mal ganz abgesehen, hätten mich die Polizisten nach ein paar Ermittlungen bald am Wickel.»

«Nicht unbedingt. Wie Sie wissen, war er ja tatsächlich auf der Flucht vor dem Gesetz.»

«Das höre ich zum ersten Mal.»

«Wenn Sie mir ein bisschen Zeit lassen, schaffe ich Ihnen sogar seine Akte herbei.»

Seine Tochter starrte ihn mit traurigen, völlig illusionslosen Augen an. «Daddy», sagte sie schwach.

Er kümmerte sich nicht darum. Gespannt lauerte er auf meine Reaktion: «Siebenhundert Dollar?»

«Nichts da. Je höher Sie gehen, desto verdächtiger kommen Sie mir vor. Wo waren Sie gestern Abend?»

«Sie sind nicht bei Trost. Gestern Abend war ich mit meiner Frau in Los Angeles, im Ballett, wenn Sie es genau wissen wollen.» Sozusagen als Beweis summte er ein paar Takte von

Tschaikowsky. «Und vor zwei Uhr nachts waren wir nicht zurück.»

«Auch Alibis können gefälscht werden.»

«Von Verbrechern, ja», nickte er. «Aber ich bin kein Verbrecher.»

Das Mädchen legte die Hand auf seine Schulter. Er wandte sich mit wutverzerrtem Gesicht von ihr ab.

«Daddy», fragte sie leise, «glaubst du wirklich, dass er ermordet wurde?»

«Wie soll ich denn das wissen?» Seine Stimme schnappte über, als hätte sie ihn an seinem wunden Punkt berührt. «Ich war ja gar nicht da, ich weiß nur, was Donny mir erzählt hat.»

Das Mädchen beobachtete mich mit zusammengekniffenen Lidern wie eine unbekannte Tiergattung, von der sie nicht wusste, ob sie gefährlich oder harmlos war.

«Der Gentleman hier ist Detektiv», sagte sie nachdenklich, «oder behauptet es jedenfalls!»

Wortlos zog ich meinen Ausweis heraus und legte ihn auf den Tisch. Der Kleine griff danach und verglich mein Gesicht mit dem Foto. «Wollen Sie einen Auftrag für mich übernehmen?»

«Warum nicht? Aber damit Sie es gleich wissen, von hübschen kleinen Lügen kann nicht die Rede sein.»

Bevor er etwas erwidern konnte, fiel seine Tochter ein: «Sehen Sie zu, was Sie über diesen – über diesen Todesfall herausbringen können. Ehrenwort, Vater hat wirklich nichts damit zu tun.»

Ich entschied mich impulsiv, wie man es später meist zu bereuen pflegte, und sagte: «Gut. Ich nehme fünfzig Dollar Vorschuss, was zu den fünfhundert von vorhin immerhin ein kleiner Unterschied ist. Und als Erstes gebe ich Ihnen den Rat, der Polizei alles zu erzählen, was Sie wissen. Vorausgesetzt natürlich, dass Sie tatsächlich unschuldig sind.»

«Sie beleidigen mich», antwortete er würdevoll.

Er nahm einen Fünfzigdollarschein aus der Geldschublade und drückte ihn mir wie ein Liebespfand leidenschaftlich in die

Hand. Irgendwie hatte ich das ungute Gefühl, mich gewaltig in die Nesseln zu setzen, was sich noch verstärkte, als er weiterhin alle Auskünfte verweigerte. Sogar Donnys Adresse konnte ich nur unter Aufbietung aller meiner Überredungskünste von ihm erfahren.

Der Portier wohnte in einer Hütte, die auf einer Düne stand und ursprünglich wohl als Wochenendhaus gedient hatte, bevor der Wind den Treibsand wie Schneeverwehungen an Wänden und vorspringenden Ecken abgelagert hatte. Winterstürme hatten die Ziegel zerbrochen und die Betonfundamente gelockert. Auf der ehemaligen Terrasse, mit Blick auf die See, lagen große Zementbrocken herum.

Donny lag wie eine große bleiche Eidechse auf den zerbrochenen Platten und sonnte sich. Als der Landwind das Geräusch meines Motors zu ihm hintrug, setzte er sich blinzelnd auf. Er erkannte mich, als ich ausstieg, und rannte ins Haus.

Ich ging über die Fliesentreppe zur Tür und klopfte an das verzogene Holz. «Machen Sie auf, Donny!»

«Gehen Sie weg», schrie er heiser. Seine Augen glommen wie die einer Schlange durch einen Spalt.

«Ich komme im Auftrag von Mr Salanda. Er will, dass Sie mit mir sprechen.»

«Sie können mir alle beide den Buckel runterrutschen.»

«Machen Sie auf, oder ich breche die Bude auf!»

Ich wartete ein wenig. Endlich schob er den Riegel zurück, knarrend ging langsam die Tür auf. Er lehnte sich an den Pfosten und sah mir misstrauisch ins Gesicht. Sein unbehaarter nackter Oberkörper zitterte vor Kälte oder Aufregung. Ich schob ihn zur Seite und trat in eine Kochnische, in der abgestandene und verdorbene Speisereste die Luft mit Gestank erfüllten. Barfuß folgte er mir in einen größeren Raum, dessen gesprungene Dielenbretter sich unter meinen Füßen wölbten. Die große Fensterscheibe, die den Blick auf das Meer freigab, war an mehreren Stellen zerbrochen und notdürftig mit Klebstreifen und Pappe repariert. Im Kamin stapelte sich Abfall. Als einziges

Möbelstück stand ein Feldbett in einer Ecke, das offenbar als Donnys Schlaf- und Ruheplatz diente.

«Hübsch gemütlich hier. Man sieht doch gleich, wenn ein Haus bewohnt ist.»

Donny schien das Kompliment ernst zu nehmen, was in mir den Verdacht aufkommen ließ, dass ich es mit einem Schwachsinnigen zu tun hatte. «Für mich langt es. Ich habe nie viel auf eine behagliche Wohnung gegeben, aber ich mag es, nachts den Ozean zu hören.»

«Und was machen Sie sonst noch nachts, Donny?»

Entweder verstand er mich wirklich nicht, oder er verstellte sich. «Alles Mögliche. Viele Leute stört es, aber ich mag auch die schweren Laster auf der Autobahn. Alles, was nachts zu hören ist. Jetzt werde ich wohl fortmüssen. Das Haus gehört Mr. Salanda, und er hat es mir umsonst überlassen. Wahrscheinlich wird er mich jetzt rausschmeißen.»

«Wegen dem, was gestern Nacht passiert ist?»

«Hm.» Er setzte sich auf das Feldbett und stützte sein trauriges Gesicht in die Hände.

Ich stellte mich dicht vor ihn. «Was ist überhaupt passiert, Donny?»

«Eine böse Sache», murmelte er. «Der Kerl kam so um zehn Uhr hereingeschneit ...»

«Der Mann mit dem schwarzen Haar?»

«Genau. Er kam also um zehn, und ich gab ihm das Zimmer dreizehn. Um Mitternacht hörte ich irgendwo einen Schuss. Zuerst wusste ich nicht, was ich tun sollte, aber dann schaute ich doch nach. Da kam der Kerl auch schon aus seinem Zimmer, nackt, nur mit einem Verband um den Bauch. Irgendwie sah er wie ein verrückter Indianer aus. Er hatte ein Schießeisen in der Hand und taumelte. Ich sah, dass er blutete. Er kam auf mich zu und setzte mir die Pistole auf die Brust. Er sagte, er würde mich abknallen, wenn ich meinen Mund nicht hielte. Er sagte, ich dürfe niemand etwas davon erzählen, weder jetzt noch später, er würde sonst zurückkommen und mich erledigen. Aber jetzt ist er selber tot, nicht wahr?»

Ich nickte. Irgendwie konnte ich Donnys Angst spüren. Für Angst habe ich eine Art sechsten Sinn, meine Haare sträubten sich im Nacken, und ich überlegte, ob Donnys Angst der Vergangenheit oder der Zukunft galt. Die roten Pickel in seinem sonst kalkigen Gesicht bildeten ein eigenartiges Muster.

«Wahrscheinlich wurde er sogar ermordet, Donny. Sie wissen wohl selbst, dass Sie jetzt lügen?»

«Ich? Ich soll lügen?» Er reagierte zu langsam und unsicher.

«Der Mann war nicht allein. Er kam in Begleitung einer Frau.»

«Was für einer Frau?», stieß er überrascht aus.

«Das frage ich Sie. Sie heißt Fern. Vermutlich hat sie geschossen, und Sie haben sie dabei ertappt. Der verwundete Mann floh aus dem Zimmer und fuhr mit seinem Wagen davon. Die Frau blieb bei Ihnen, um Sie zu überreden. Was haben Sie dafür gekriegt, dass Sie seine Sachen fortgeschafft und die Karte gefälscht haben? Aber die Blutlache im Badezimmer habt ihr beide übersehen, was?»

«Sie irren sich, Mister, so war es gar nicht, es war alles ganz anders. Sind Sie ein Polizist?»

«Nein, Privatdetektiv. Sie stecken tief in der Patsche, Donny. Sie sollten lieber alles erzählen, bevor die Polizisten Sie in die Mangel nehmen.»

«Ich habe nichts getan.» Seine Stimme brach wie die eines Knaben, was in kuriosem Gegensatz zu den grauen Strähnen in seinem Haar stand.

«Schon die Registerfälschung ist belastend genug, ganz zu schweigen davon, dass Sie natürlich auch wegen des Mordes verdächtigt werden können.»

Er protestierte in zusammenhanglosen Sätzen, während er gleichzeitig mit der Hand unter dem schmutzig grauen Laken herumsuchte. Schließlich fischte er unter dem Kopfkissen eine zusammengeknüllte Karte hervor, steckte sie in den Mund und versuchte sie hinunterzuwürgen. Gerade noch rechtzeitig konnte ich sie ihm aus den gelben Zähnen reißen.

Es war eine Registrierkarte des Motels, auf der in kindlicher Schrift die Eintragung «Mr und Mrs Richard Rowe, Detroit, Michigan» gekritzelt war.

Donny zitterte so heftig, dass seine knochigen Knie unter den billigen Baumwollshorts wie die Zinken einer Stimmgabel vibrierten. «Ich kann nichts dafür», jammerte er. «Sie hielt mir die Pistole vor.»

«Und was haben Sie mit den Kleidern gemacht?»

«Nichts. Sie ließ mich gar nicht in das Zimmer hinein. Sie machte ein Bündel draus und nahm es mit.»

«Wohin?»

«Fort, auf die Straße zur Stadt. Sie lief neben der Straße auf dem Bankett. Das war das letzte, was ich von ihr gesehen habe.»

«Was hat sie Ihnen gezahlt, Donny?»

«Nicht einen Cent. Ich sagte doch schon, dass sie mir ihre Knarre unter die Nase hielt.»

«Ach, und davor hatten Sie solche Angst, dass Sie sich nicht einmal heute Morgen etwas zu sagen getrauten?»

«Ja. Ich hatte Angst. Wer hätte da keine Angst gehabt?»

«Aber jetzt ist sie fort, und Sie können mir eine Beschreibung von ihr geben», forderte ich ihn auf.

«Tja.» Er machte sichtlich Anstrengungen, seine verworrenen Gedankengänge zu ordnen. Eines seiner Augen schielte manchmal, was sein Gesicht nicht eben anziehender erscheinen ließ. «Sie war eine große, vollschlanke Frau mit blondem Haar.»

«Gefärbt?»

«Wahrscheinlich, ich weiß nicht. Sie hatte es in einem Nest oben auf dem Kopf zusammengesteckt. Sie war ziemlich dick, eine Figur wie eine Ringkämpferin, mit solchen Wassermelonen von Brüsten. Und große Füße.»

«Was hatte sie an?»

«Ich hab nicht drauf geachtet. Ich hatte solche Angst. Irgendeinen roten Mantel mit einem schwarzen Pelzkragen. Viel Ringe an den Fingern, und so Klunkerzeugs hatte sie auch.»

«Wie alt war sie?»

«Ziemlich alt, würde ich sagen. Älter als ich, und ich werde bald neununddreißig.»

«Hat sie den Schuss abgegeben?»

«Ich glaube schon. Sie sagte mir wenigstens, wenn ich gefragt würde, sollte ich sagen, Mr Rowe habe sich selbst erschossen.»

«Sie sind leicht herumzukriegen, nicht, Donny? Das ist ganz schön gefährlich an einem Ort, wo die Leute nur so herumgestoßen werden.»

«Das habe ich nicht verstanden, Mister. Was meinen Sie damit?» Er heftete seine wasserblauen Augen auf mein Gesicht und sah mich erwartungsvoll lächelnd an.

«Nichts Besonderes», sagte ich und ließ ihn stehen.

Einige hundert Meter weiter auf der Autostraße begegnete mir ein Polizeiwagen mit zwei uniformierten Polizisten. Nach ihren Mienen zu schließen, würde Donny in nächster Zeit nichts zu lachen haben. Ich ließ den Gedanken an ihn fallen und machte mich auf den Weg nach Palm Springs.

Palm Springs ist ein langweiliges Nest, in dem allerdings goldene Eier versteckt sind. Auch die Mädchen sind meist goldig. Die Hauptstraße ist eine Kreuzung zwischen Hollywood und einer Westernstadt, die ein Wirbelwind durcheinander gemischt und über die Wüste hinweg hierher versetzt hat. Die Cowboykostüme befremdeten niemand, am allerwenigsten mich.

Das Wäschegeschäft «Gretchen» lag unter vornehm wirkenden Arkaden, die einen imitierten mexikanischen Patio umschlossen. In der Mitte des Hofes sprudelte ein kleiner Springbrunnen, der Wasserstrahlen in die Hitze schleuderte. Es war schon Ende März, und die eigentliche Saison war vorüber. In den meisten Geschäften lungerten lediglich die Verkäufer herum.

So auch in dem kleinen, kühlen Laden, den ich jetzt betrat. Hunderte von Damen und Dämchen hatten hier einen Hauch ihres Parfüms zurückgelassen. Strümpfe, Nachthemden und andere Wäschestücke lagen hinter den Glastheken zur Schau oder schlängelten sich wie glänzende Reptile auf den verschiedenen Ständern an den Wänden. Eine hennarote Dame erhob sich raschelnd aus einem Winkel im Hintergrund und stöckelte auf mich zu.

«Sucht der Herr vielleicht nach einem Geschenk?», rief sie mit übertriebener Freundlichkeit. Das Gesicht hinter ihrer gemalten Maske war müde und schlaff. Es war Samstagmittag, und die Glücklicheren tummelten sich jetzt in ihren nierenförmigen Schwimmbecken hinter Mauern, die sie niemals im Leben übersteigen würde.

«Nein, eigentlich nicht.» Ich schaute mich suchend um. «Ich komme wegen etwas anderem. Mir ist vorige Nacht etwas Sonderbares passiert, aber es ist so schwer zu erklären.»

Sie musterte mich prüfend und stellte dabei offenbar fest, dass ich ebenfalls für mein tägliches Brot zu arbeiten hatte. Das falsche Lächeln machte einem anderen Platz, das mir gleich besser gefiel. «Sie scheinen mir heute Nacht nicht viel geschlafen zu haben. Und eine Rasur würde Ihnen auch gut tun.»

«Ich habe nämlich eine Dame kennen gelernt», fuhr ich fort, «das heißt, eigentlich war es schon eine ältere Frau, eine stattliche Blondine, wie man so sagt. Ich hab sie am Strand hinter der Lagune aufgegabelt, wenn ich ganz ehrlich sein soll.»

«Was ist das nun wieder für eine neue Masche, Junge?»

«Warten Sie doch, Sie bringen mich ganz durcheinander. Irgendwas hat mich an dem Abend mit der untergehenden Sonne und der warmen, sommerlichen See berührt.»

«Sie ist immer verdammt kalt, wenn ich mal hineinkomme.»

«Gestern war das Wasser warm. Wir schwammen im Mondlicht und hatten unseren Spaß. Kurzum, nachher ging sie fort, und ich merkte erst viel zu spät, dass ich weder ihren Nachnamen noch ihre Telefonnummer wusste.»

«Verheiratete Frau, was? Ja, glauben Sie denn, ich unterhalte hier einen Club für einsame Herzen?» Obwohl sie mir nicht recht traute, war sie doch neugierig geworden. «Und sie hat von mir erzählt? Wie hieß sie denn mit Vornamen?»

«Fern.»

«Ziemlich seltener Name. Und wie sagten Sie, groß und blond?»

«Mit üppigen Formen. Wenn ich eine klassische Bildung genossen hätte, würde ich sie junonisch nennen.»

«Sie, jetzt halten Sie mich aber zum Narren!»

«Ein bisschen.»

«Dachte ich mir gleich. An sich habe ich ja nichts dagegen, wenn Sie Spaß machen. Was hat sie von mir gesagt?»

«Das kam so. Ich machte ihr Komplimente über ihre... eh... Wäsche.»

«Aha.» Die Verkäuferin hatte das Erröten längst verlernt. «Wir hatten mal eine Kundin, die hieß Fern. Fern Dee. Wenn ich mich richtig erinnere, war sie im Joshua Club angestellt. Aber die Beschreibung passt überhaupt nicht auf sie. Die ich kenne, ist brünett, mittelgroß und noch ziemlich jung. Ich kann mich nur deshalb an sie erinnern, weil sie ihren Namen in alle Wäschestücke sticken ließ, die sie kaufte. Ich finde das zwar ziemlich albern, aber schließlich geht es mich nichts an.»

«Wohnt sie hier in der Stadt?»

«Ich habe sie schon Monate nicht mehr gesehen. Aber sie kann gar nicht die Frau gewesen sein, die Sie suchen.»

«Wann war sie das letzte Mal hier?»

Sie überlegte. «So zu Beginn der Saison. Sie kam nur ein einziges Mal, kaufte aber gleich eine ganze Ausstattung, Strümpfe, Nachthemden und Unterwäsche. Ich dachte mir noch, die Kleine scheint sich ja plötzlich ganz schön zu mausern.»

«Vielleicht hat sie seither zugenommen und ihr Haar färben lassen? Frauen können sich im Handumdrehen verändern.»

«Da haben Sie Recht. Wie alt war eigentlich Ihre – Freundin?»

«So um die vierzig.»

«Das kann sie nicht gewesen sein. Das Mädchen, das die Wäsche kaufte, war höchstens fünfundzwanzig, und ich habe gelernt, das Alter von Frauen zu schätzen. Ich habe zu viele von ihnen gesehen, von den Elfchen angefangen bis zu den Hexen. Und ich meine damit wirkliche alte Hexen.»

«Kann ich mir denken.»

Sie schaute mich mit ihren schwarzumränderten Augenlidern an und erkundigte sich: «Sind Sie ein Polizist?»

«Ich war mal einer.»

«Wollen Sie mir nicht verraten, was dahinter steckt?»

«Ein andermal. Wo liegt der Joshua Club?»

«Um die Zeit ist er noch zu.»

«Macht nichts. Ich will es trotzdem versuchen.»

Sie zuckte die Achseln und beschrieb mir den Weg. Ich bedankte mich und verließ den Laden.

Der Joshua Club befand sich einen halben Block weiter in einem einstöckigen Gebäude an der Hauptstraße. Eine gepolsterte Ledertür schwang nach innen, als ich ihr einen Stoß versetzte. Ich ging durch einen mit einer Markise überdachten Vorplatz, in dem ein Dschungel kleiner Bananenstauden wucherte, nach hinten ins eigentliche Lokal. Große kolorierte Wandfotos sollten eine abendliche Strandatmosphäre hervorrufen. Unter dem Fischernetz, das als Baldachin die Bar überspannte, trocknete ein dunkelhäutiger Mittelamerikaner in weißer Jacke Schnapsgläser mit einem schmuddeligen Tuch ab. Sein Gesicht sah nicht eben Vertrauen erweckend aus.

Auf dem Orchesterpodium hinter Stapeln aufeinander gesetzter Stühle spielte ein junger Mann in Hemdsärmeln Jazzmelodien auf dem Klavier. Seine Finger hüpften zunächst immer wie kleine Hunde um den Ton herum, bevor er ihn durch kräftiges Anschlagen hervorhob. Ich schaute ihm eine Weile über die Schultern zu, bis er sich endlich umdrehte und mich mit sanftem, etwas abwesendem Blick ansah. Seine Nase glänzte rötlich über dem gespitzten Mund.

«Ein hübsches Klavier haben Sie», sprach ich ihn an.

«Kann man wohl sagen.»

«Zweiundfünfzigste Straße?»

«Aus der Straße, die ich hasse, wegen ihrer Kontrabasse.»

Er begleitete seinen Singsang mit drei Bassakkorden und ließ dann die Hände von den Tasten fallen. «Suchen Sie jemand Bestimmten?»

«Fern Dee. Sie hat mich irgendwann einmal eingeladen, hier vorbeizukommen.»

«Schlecht. Reinste Zeitverschwendung. Letztes Jahr ging sie fort, weit nach einem andern Ort. Sie sang nicht einmal schlecht, mir war's Recht. Aber eine richtige Sängerin war sie nicht, die Süße, ich lasse sie grüßen und leg mich ihr zu Füßen. Wenn sie sang zum Orchesterklang, war der Abend nicht so lang...»

«Und wo ist das Täubchen hin, wer sah sie von dannen ziehn?», gab ich in gleicher Münze zurück.

Er grinste wie ein Totenschädel auf einer Giftflasche. «Angeblich soll sie der Boss privat beschäftigen, in seiner Wohnung, verstehen Sie? Aber da ich gesellschaftlich nicht mit dem großen Boss verkehre, kann ich nichts Genaues sagen. Macht es Ihnen etwas aus?»

«Na ja. Schließlich ist sie über einundzwanzig.»

«Nur ein paar Jährchen. Sah immer aus wie ein Märchen.» Seine Augen verschleierten sich wieder. «Die kleine Fern, ich mochte sie gern.»

Ich unterbrach ihn in seiner sinnlosen Reimerei. «Und wer ist der Boss, bei dem sie jetzt wohnt?»

«Angel natürlich. Wer denn sonst?»

«Und wo kann ich ihn treffen?»

«Mann, Sie scheinen hier ja ganz neu zu sein. Sie...» Er verstummte. Sein Blick schweifte ab und konzentrierte sich auf eine Stelle oberhalb meiner Schulter.

Er wollte noch etwas sagen, überlegte es sich jedoch und schloss wieder den Mund.

Dafür ertönte eine schnarrende Tenorstimme hinter meinem Ohr: «Vielleicht kann ich dem Herrn Auskunft geben?»

Der Pianist wandte sich seinem Instrument zu, als hätte der hässliche Tenor meine Existenz für ihn ausgelöscht. Hinter mir in einer schmalen Seitentür stand ein etwa dreißigjähriger Mann mit dichtem, schwarzem Kraushaar und einem breiten Kinn, auf dem sich trotz sorgfältiger Rasur bläulich-schwarze Schatten ausbreiteten. Seine Ähnlichkeit mit dem Toten im Cadillac brachte mich auf einen Gedanken, die Pistole in seiner Hand auf einen anderen.

Er wich den Trommeln aus, als er auf mich zukam und sich breitschultrig in seinem flauschigen Jackett vor mir aufbaute, die Pistole unablässig auf mich gerichtet. Der Pianist misshandelte den Triumphmarsch aus *Aida*, was anscheinend als Witz gedacht war.

Der Doppelgänger des Toten wiegte sich samt seinem Schießeisen hin und her. «Ihren Ausweis, wenn Sie Polizist sind. Wenn nicht, dann kommen Sie da herein.»

«Ich bin nur privat hier.»

«Also rein.»

Die Mündung der Pistole näherte sich meiner Magengrube wie ein ausgestreckter Zeigefinger. Ich gehorchte der Aufforderung und bahnte mir durch Stühle und Notenständer den Weg zur Tür. Immer den Eisenfinger im Rücken gelangte ich durch einen unbeleuchteten Gang in ein kleines quadratisches Büro, dessen Einrichtung aus einem Schreibtisch, einem Geldschrank und einem Aktenschrank bestand. Er hatte keine Fenster und wurde durch Leuchtröhren erhellt, in deren weißem Licht die Ähnlichkeit noch frappanter wirkte. Ich fragte mich im Ernst, ob ich mich getäuscht hatte oder ob die Hitze meinem Gehirn nicht bekommen war.

«Also was wollen Sie? Ich bin der Chef!» Er kam so dicht an mich heran, dass ich die Brillantine auf seinem Kraushaar riechen konnte. «Was wollen Sie von meinen Angestellten wissen?»

«Ich heiße Archer und bin Detektiv», stellte ich mich vor. «Privatdetektiv.»

«Und Sie arbeiten für . . .»

«Das dürfte Sie kaum interessieren.»

«O doch, sogar sehr.» Die Pistole zielte wieder genau auf meinen Magen. «Für wen also?»

Ich würgte Ärger und Brechreiz hinunter und rechnete mir aus, welche Chancen ich hatte, die Pistole zur Seite zu schlagen und ihn mit bloßer Faust zu überwältigen. Nicht viel, wie ich mir offen eingestand. Der Mann war größer und schwerer als ich und schien sich in Raufereien auszukennen. Du warst eben zu oft im Kino, sagte ich mir und antwortete laut: «Den Eigentümer eines Strandmotels. Einer seiner Gäste wurde vorige Nacht bei ihm erschossen, und da ich zufällig ein paar Minuten später hereinschneite, trug mir der Alte auf, etwas über die Schießerei herauszukriegen.»

«Was war das für ein Kerl, der abtanzen musste?»

«Er sieht Ihnen ähnlich», stellte ich fest. «Haben Sie einen Bruder?»

Er erbleichte und vergaß für einen Moment sein Schießeisen, als er mich lauernd betrachtete. Mit einem harten Schwinger schlug ich es ihm von links aus der Hand. Der losgehende Schuss versengte meine Wange und bohrte ein Loch in die Wand. Als meine Rechte in sein Genick fiel, ließ er die Waffe los.

Er ging zu Boden, verlor aber nicht das Bewusstsein und tappte mit gespreizten Fingern nach der Pistole. Ich trat nach seinem Handgelenk, aber er kriegte das Ding zu fassen und hielt es auch dann fest, als ich mit den Fäusten einen Trommelwirbel auf seinem Schädel landete. Wie ein Bulle wuchtete er sich langsam wieder empor.

«Hände hoch», sagte er leise. Er gehört zu jenen Männern, die in Mordstimmung ganz weich und ruhig sprechen. Seine undurchdringlichen Augen zeigten jedoch genau an, was die Uhr geschlagen hatte. «Ist Bart tot?»

«Wenn er es war, ja. Bauchschuss.»

«Wer hat ihn erschossen?»

«Das möchten wir gerade herausfinden.»

«Wer hat ihn erschossen?», wiederholte er in kalter Wut, während mich der Pistolenlauf wie ein leeres Auge anstarrte. «Sprich, Bürschchen, oder ich knalle dich hier auf der Stelle ab.»

«Eine Frau war bei ihm. Sie zog aber Leine, als es passiert war.»

«Was für einen Namen hast du zu Alfie gesagt? Fern?»

«Möglich, dass sie es war.»

«Was meinst du damit?»

«Jedenfalls war sie im Zimmer, als der Schuss fiel. Können Sie mir sagen, wie sie aussieht?»

Sein harter Blick schweifte über die Wand hinter mir. «Dort hinten hängt ein Foto von ihr. Dreh dich um, aber lass die Hände oben.»

Schwerfällig wandte ich mich um. Die Wand war leer. Ich hörte einen tiefen Atemzug und dann ein Sausen in der Luft. Ich versuchte dem Schlag auszuweichen, aber es gelang mir nicht mehr, der Kolben krachte auf meinen Hinterkopf. Ich taumelte gegen die weiße Wand und sank an ihr nieder in ein tiefes, dreidimensionales Nichts.

Das Nichts verdichtete sich zu farbigen Schatten, die eine halb tierische, halb menschliche Gestalt annahmen. Sie lösten sich auf und formten sich wieder neu und tanzten nach einer schauerlichen Beatmusik durch die Windungen meines Gehirns. Ein toter Mann mit behaarter Brust kroch aus einem Loch und verdoppelte sich mehrfach, als ich vor ihm davonrannte und in einer Echokammer Schutz suchte. Das Dröhnen der Geistermusik wurde von einer heiseren Tenorstimme begleitet:

«So wird es gewesen sein. Vario hatte Recht. Bart traf sie in Acapulco und war mit ihr auf dem Weg zurück. Sie muss ihn in dieses verdammte Motel gelockt haben. Bart hatte schon immer ein Auge auf sie.»

«Das wusste ich gar nicht», antwortete eine trockene alte Männerstimme. «Das ist ja eine interessante Neuigkeit über

Bart und Fern. Wenn ich das geahnt hätte, hätte ich natürlich jemand anders hinter Fern hergeschickt, und die ganze Sache wäre nicht passiert. Meinst du nicht auch, Gino?»

Ich wanderte weiter in den unterirdischen Echohöhlen herum und konnte weder die Stimmen erkennen, noch verstehen, worüber sie sprachen. Meine Geistesgegenwart reichte gerade aus, um die Augen geschlossen zu halten und weiter zu lauschen. Allmählich kam ich zu mir und fühlte, dass ich auf dem Rücken auf einer harten Unterlage lag. Die Stimmen klangen von oben zu mir herab.

«Bart können Sie keine Schuld geben. Diese hinterlistige kleine Bestie hat ihn herumgekriegt.»

«Beruhige dich, Gino. Niemand hat Schuld. Aber jetzt müssen wir sie um jeden Preis zurückhaben.»

«Ich bringe sie um», sagte der Jüngere leise, aber entschieden.

«Vielleicht. Vielleicht ist es jetzt nicht mehr nötig. Ich mag kein überflüssiges Blutvergießen . . .»

«Seit wann denn?»

«Lass mich ausreden. Ich habe gelernt, eins nach dem andern zu erledigen. Und was ist jetzt das Wichtigste? Warum müssen wir das Mädchen unbedingt erwischen? Um ihr den Mund zu stopfen, nicht wahr? Seit die Steuerbehörde Wind davon bekommen hat, dass wir uns verkracht haben, will sie Fern über meine Einkünfte ausquetschen. Wir wollten sie deshalb vorher ins Gebet nehmen und zum Schweigen veranlassen.»

«Ich weiß, wie ich sie zum Schweigen bringe», sagte der junge Mann fast beiläufig.

«Zuerst versuchen wir es mal auf meine Tour. Wenn du so alt bist wie ich, wirst du auch lernen, alles Brauchbare zu verwenden und nichts zu vergeuden, nicht einmal das Blut eines anderen. Sie hat deinen Bruder erschossen? Grund genug für sie, ihren Mund von nun an zu halten. Auch wenn sie mit Totschlag durchkommen sollte, bedeutet das fünf bis zehn Jahre Tehachapi. Wir brauchen nichts weiter zu tun, als ihr dies schön deutlich zu machen. Aber zuerst müssen wir sie finden.»

«Ich werde sie schon finden. Bart hat sie schließlich auch gefunden.»

«Weil Vario ihm den Tipp gab. Aber du bleibst hier bei mir, Gino. Ihr beide seid mir zu heißblütig, du und dein Bruder. Ich will sie lebendig wiederhaben, verstehst du? Dann sehen wir weiter.»

«Sie werden ja weich auf Ihre alten Tage, Angel.»

«Ach nein?» Ein klatschendes Geräusch wurde hörbar, wie ein Schlag auf eine Wange. «Ich habe eine ganze Reihe von Leuten umgelegt, aber nur, wenn es nicht anders ging. Nimm das zurück.»

«Also gut, entschuldigen Sie.»

«Und rede mich gefälligst mit Mr Funk an. Wenn du mich für so alt hältst, dann benimm dich wenigstens respektvoll.»

«Ja, Mr Funk.»

«Schön. Und dein Freund hier, weiß er, wo Fern steckt?»

«Ich glaube kaum.»

«Mr Funk.»

«Kaum, Mr Funk.» Ginos Stimme klang gepresst.

«Er scheint aufzuwachen. Seine Augen zucken schon.»

Eine Schuhspitze stieß mich unsanft in die Rippen, dann schlug mir jemand mehrmals ins Gesicht. Ich öffnete die Augen und setzte mich auf. Mein Hinterkopf pochte wie eine alte Dampfmaschine. Gino richtete sich aus der Hocke auf und sah zu mir herab.

«Aufstehen.»

Taumelnd kam ich auf die Füße. Ich befand mich in einem großen Zimmer mit Steinwänden und einer hohen Balkendecke. Die alten Eichenmöbel, aus denen die kärgliche Einrichtung bestand, schienen für Riesen gebaut worden zu sein.

Der Mann hinter Gino war alt und klein und sah sehr müde aus. Man hätte ihn für einen erfolglosen Lebensmittelkaufmann oder einen überalterten Barmann halten können, der seiner Gesundheit wegen nach Kalifornien gekommen war. Denn mit seiner Gesundheit schien es schlecht zu stehen. Trotz der drückenden Hitze sah er blass und verfroren aus. Um seinen abgemagerten Oberkörper schlotterte ein dicker blauer Rollkragenpullover, die Beine steckten in zerdrückten, an den Knien ausgebeutelten Hosen. Sein mindestens zwei Tage alter Bart stand wie mottenzerfressener grauer Plüsch um sein Gesicht.

»Gino erzählte mir gerade, dass Sie sich für die Schießerei interessieren.« In seiner Stimme klang kaum wahrnehmbar ein mitteleuropäischer Akzent durch. «Wo ist sie übrigens passiert?»

«Das können Sie heute Abend in der Zeitung lesen, wenn Sie wollen», gab ich patzig zur Antwort.

«Ich möchte aber nicht so lange warten, ich bin etwas ungeduldig. Wissen Sie, wo Fern zur Zeit ist?»

«Wenn ich das wüsste, wäre ich jetzt nicht hier.»

«Aber Sie wissen, wo sie gestern Nacht gewesen ist.»

«Ich bin mir nicht sicher.»

«Dann erzählen Sie uns jetzt mal schön der Reihe nach, was Sie alles wissen.»

«Fällt mir nicht ein.»

«Es fällt ihm nicht ein», wiederholte der Alte zu Gino.

«Lassen Sie mich da raus. Freiheitsberaubung ist ein Kapitalverbrechen, falls Sie es nicht wissen sollten.»

Er lächelte mir mehr belustigt als verärgert zu. Seine blutunterlaufenen Augen sahen mich fast nachsichtig an. Ohne jede Eile schlurfte er zu einem Mahagoni-Tisch und drückte mit seinem Filzpantoffel auf eine bestimmte Stelle unter dem Teppich. Zwei Männer in blauen Leinenanzügen traten unmittelbar darauf ein und stellten sich neben mich. Sie gehörten zu den Riesen, für die das Zimmer gedacht war.

Gino versuchte mich von hinten an den Armen festzuhalten. Ich drehte mich auf dem Absatz herum, schwang einen kurzen Haken und musste dafür einen sehr harten Tiefschlag unter dem Gürtel einstecken. Jemand hinter mir hieb mir mit einer Art Wagenheber auf die Nieren. Ich sackte langsam in die Knie, erwischte aber noch irgendein Kinn mit meiner Faust. Ein schwerer Gegenstand, vielleicht ein Balken von der Decke, fiel auf meinen Kopf. Es klang wie ein Gong. Unter einem Nachhall vernahm ich Angels freundliche Stimme: «Wo war Fern vergangene Nacht?»

Ich schwieg.

Die Männer mit den blauen Anzügen hielten mich aufrecht, während Gino meinen Kopf als Boxbirne benutzte. So gut es ging, rollte ich mich im Takt der Schläge nach links und rechts, aber sein Elan nahm zu, meiner dagegen ließ merklich nach. Zwischendurch fragte mich Angel höflich, ob ich nun zu einer Antwort bereit wäre. Ich wusste selbst nicht mehr, warum ich mich eigentlich noch weigerte, wahrscheinlich aus Stolz. Irgendwie schien es mir sehr wichtig, mich nicht durch rohe Gewalt überrollen zu lassen, obwohl mein Bewusstsein allmählich ebenso verschwommen wurde wie das Gesicht Ginos vor mir.

Ich bemühte mich, es zu hassen: dieses viereckige Bulldoggengesicht mit den zusammengewachsenen Brauen und den eng stehenden braunen Augen. Ginos Fäuste nahmen nach und nach den Rhythmus der Geisterkapelle von vorhin an.

Endlich legte Angel seine klauenartige Hand auf seine Schulter und nickte seinen beiden Schlägern zu. Sie setzten mich in einen Sessel, der wie ein Kettenkarussell im Kreis zu schwingen schien. Die Kreise wurden immer größer und sanken tief in einen dunklen Keller hinab.

Schüttelnd kam ich wieder zur mir. Gino hatte ein leeres Wasserglas in der Hand, dessen Inhalt von meinem Gesicht herabtroff. Angel, der hinter ihm stand, fragte ein wenig verwundert:

«Sie sind ganz schön hart im Nehmen. Aber warum machen Sie uns solche Schwierigkeiten? Das ist ja völlig unnötig. Ich möchte bloß eine kleine Auskunft von Ihnen, weiter nichts. Meine kleine Freundin ist davongelaufen, und ich möchte sie wiederhaben.»

«Auf diese Weise kriegen Sie nichts aus mir raus.»

Gino beugte sich vor und lachte roh. Er zerbrach das Wasserglas an der Armlehne meines Stuhls und hielt einen spitzen Scherben vor meine Augen. Mich überlief es kalt und heiß zugleich. Meine Augen sind mein Betriebskapital; blind wäre ich völlig untauglich. Ich schloss die Lider, um das grausame Instrument in Ginos Hand nicht sehen zu müssen.

«Quatsch, Gino», wehrte der Alte ab. «Ich weiß etwas viel Besseres. Wie du weißt, ist die Sache ziemlich heiß.»

Sie verzogen sich in eine entfernte Zimmerecke und unterhielten sich flüsternd. Darauf verließ der Junge das Zimmer, und der Alte kehrte zu mir zurück. Seine Schläger standen immer noch neben mir und sahen uns gleichmütig zu.

«Wie heißen Sie, junger Freund?»

Ich sagte ihm lispelnd meinen Namen. Meine verquollene Zunge rührte das Blut in meinem Mund herum.

«Ich schätze harte Burschen, Mr Archer. Wie ich höre, sind Sie Detektiv. Sie kriegen also Geld dafür, Leute aufzustöbern, die sich verkrümelt haben?»

«Ich habe schon einen Klienten», erwiderte ich.

«Dann haben Sie jetzt eben einen anderen. Ich zahle Ihnen das Fünfzigfache, glauben Sie mir.» Er rieb seine knochigen Finger. Es klang wie das Knacken trockener Äste.

«Rauschgift?», fragte ich lakonisch. «Oder sind Sie ein Devisenschieber?»

Sein Blick wurde wach wie der eines Raubvogels. «Hören Sie mit dem dämlichen Gefrage auf, wenn ich den Respekt vor Ihnen nicht verlieren soll», fauchte er mich an.

«Ein schrecklicher Verlust», höhnte ich.

«Ruhig jetzt.» Er fingerte eine altmodische Börse aus seiner Gesäßtasche, zog eine zerknitterte Banknote heraus und strich sie auf meinem Knie glatt. Es war ein Fünfhundertdollarschein.

«Versuchen Sie das Mädchen für mich zu finden. Sie ist noch jung und leichtsinnig. Und ich bin alt und leichtsinnig, weil ich so dumm war, ihr zu vertrauen. Lassen wir das. Wenn Sie mir die Kleine herbringen, bekommen Sie die zweiten fünfhundert. Nehmen Sie schon.»

«Nehmen Sie schon», wiederholte einer meiner Wächter. «Mr Funk sagt, Sie sollen das Geld nehmen.»

Ich steckte es ein. «Ich fürchte, Sie verschwenden Ihr Geld. Ich weiß nichts von ihr, nicht einmal, wie sie aussieht.»

«Gino holt ein Foto von ihr. Er hat sie vorige Saison mit Alfie in den Aufnahmestudios von Hollywood aufgegabelt und sie für den Club engagiert. Daran war natürlich mehr ihr Aussehen als ihre Stimme schuld. Mit ihrer Gesangskunst war nicht viel los. Aber sie ist ein hübsches Ding mit guter Figur, dunklem Haar und großen braunen Augen. Ich konnte sie gut brauchen.» Mit einem mokanten Lächeln deutete er an, auf welche Weise.

«Sie scheinen alles brauchen zu können», sagte ich.

«Man muss wirtschaftlich denken. Ich hätte das alles niemals erreicht, wenn ich nicht einen Sinn für Rentabilität gehabt hätte. Man darf nichts umkommen lassen.» Er machte eine Pause und kehrte dann wieder zu seinem ursprünglichen Thema zurück: «Sie war ein paar Monate hier und lief mir dann davon. Das Dummerchen. Vorige Woche hörte ich, dass sie in Acapulco aufgetaucht sei. Angeblich interessierte sich die Steuerbehörde ebenfalls für sie. Und ich habe Schwierigkeiten mit der Steuer, Mr Archer, mein ganzes Leben lang. Leider ließ ich Fern ein wenig in der Buchhaltung helfen. Sie könnte mich ziemlich in Verlegenheit bringen, wenn sie wollte. Und so schickte ich Bart nach Mexiko, um sie zurückzuholen. Aber ich wollte ihr nichts tun, ich will ihr heute noch nichts Böses tun. Eine kleine Unterredung mit meiner Fern, um sie auf gewisse Tatsachen hinzuweisen, mehr braucht es nicht. So hat die Erschießung von Bart sogar einen bestimmten Nutzen. Übrigens, wo ist es denn passiert?»

Die Frage flog durch die Luft wie ein Angelhaken an der Schnur.

«In San Diego», log ich, «im Mission-Motel am Flughafen.»

Er lächelte mir väterlich zu. «Jetzt werden Sie endlich vernünftig.»

Gino kam mit einer Fotografie in Silberrahmen zurück. Er gab sie Angel, der sie mir weiterreichte. Es war eine Studioaufnahme von der Art, mit der angehende Sternchen die Aufmerksamkeit auf sich zu lenken versuchen. Auf einem schwarzen Samtdiwan vor einem künstlichen Nachthimmel saß ein junges Mädchen in durchsichtigem Negligé. Der lange Beinschlitz gab ein gebeugtes Bein bis oben frei. Dunkle Schatten deuteten die Konturen des schlanken Körpers an. Unter der dicken Schminke erkannte ich den lächelnden Mund und die dunkel umrahmten Augen Ella Salandas. In der rechten unteren Ecke stand in Weiß die Widmung: «Meinem Angel in Liebe, Fern.»

Der Schlag traf mich härter als Ginos Fäuste.

«Fern Dee ist natürlich ein Bühnenname», erklärte Angel. «Weiß der Teufel, wie sie wirklich heißt. Spielt auch keine Rolle. Sie erzählte mir mal, dass ihre Familie vor Scham umkäme, wenn sie ihren wirklichen Beruf erführe.» Er räusperte sich. «Sie wird ihnen auch nicht erzählen wollen, dass sie einen umgebracht hat.»

Ich kam erst wieder zu mir, als meine Wächter mich hinausbegleiteten. Gino wollte mir ebenfalls folgen, aber der Alte hielt ihn zurück.

«Und warten Sie nicht, bis ich von mir hören lasse», bemerkte Angel mit einem drohenden Unterton. «Ich erwarte, bald Nachricht von Ihnen zu bekommen.»

Ich verließ das Haus und trat in eine stille Nebenstraße, die parallel zur Hauptstraße verlief. Anscheinend hatte man mich durch einen Innenhof in Angels Haus hinübergetragen. Ich ging um den Block herum und bestieg meinen Wagen. Die tief stehende Sonne warf rote Lichter auf die weiß gekalkten Hauswände. Da ich vorgegeben hatte, zuerst nach Hause zu fahren, wandte ich mich nordwärts. Ein schwarzer Cadillac folgte mir aus Palm Springs, bis es mir gelang, ihn in einem Vorort von Pasadena abzuschütteln. Zur Sicherheit wartete ich auf einem Parkplatz, bis es ganz dunkel wurde, und kehrte dann nach der Emerald-Bucht zurück.

Der Neon-Mexikaner schlief friedlich unter dem Sternenhimmel. Ein Schild zu seinen Füßen gab kund, dass kein Zimmer mehr frei war. Die Fenster des lang gestreckten Gebäudes waren hell erleuchtet, und die offen stehende Eingangstür zeichnete ein helles Viereck auf den Kiesweg. Ich trat ein und erstarrte.

Hinter dem Schreibtisch im Empfangsraum saß eine Frau und las eine Ilustrierte. Ihre Schultern und ihr Busen waren mehr als vollschlank, das blonde Haar hatte sie zu einem Diadem aus Flechten aufgesteckt. Die Finger trugen eine ganze Serie von Ringen, und um ihren Hals wand sich eine dreifache Perlenkette. Kurzum, das war die Frau, die Donny mir beschrieben hatte.

Ich stieß die Tür auf und fragte grob: «Wer sind Sie?»

Sie blickte auf und verzog ihren Mund zu einer verächtlichen Grimasse. «Vielleicht könnten Sie das etwas anständiger fragen?»

«Entschuldigung. Aber ich glaube, ich habe Sie schon irgendwo getroffen.»

«Möglich.» Sie schaute mich von oben bis unten an. «Was ist eigentlich mit Ihrem Gesicht passiert?»

«So 'ne Art kosmetischer Operation. Der Chirurg war allerdings ein Amateur, verstehen Sie?»

Sie schnalzte missbilligend. «Falls Sie ein Zimmer möchten, es ist alles besetzt. Aber ich würde Ihnen auch sonst kein Zimmer geben. Schauen Sie bloß Ihre Sachen an.»

«Tja. Wo ist Mr Salanda?»

«Das geht Sie nichts an.»

«Ich erledige nämlich einen Auftrag für ihn.»

«Was für einen Auftrag?»

«Das geht Sie nichts an», äffte ich sie nach. Ich war mir nicht sicher. Unter dem Fleischgebirge steckte eine harte, unnachgiebige Seele.

«Werden Sie mir bloß nicht frech, mein Junge», sagte sie und erhob sich zu ihrer vollen Größe. Ihr Schatten bedeckte die ganze Rückwand. «Ich bin Mrs Salanda. Sind Sie ein Vertreter?»

«So ähnlich», räumte ich ein. «Ich mache Geschäfte auf dem Sektor der moralischen Müllverwertung. Sicht aus, als könnten Sie mich brauchen?»

Sie nahm es für bare Münze. «Da irren Sie sich. Und ich glaube nicht, dass mein Mann Ihnen einen Auftrag gegeben hat. Wir führen ein anständiges Haus!»

«Das habe ich schon mal gehört. Sind Sie Ellas Mutter?»

«Gott sei Dank, nein.»

«Also die Stiefmutter?»

«Denken Sie, was Sie wollen! Verduften Sie lieber. Die Polizei hält ein Auge auf uns heute Nacht, falls Sie hier ein Ding drehen wollen.»

«Wo ist Ella?»

«Was weiß ich. Ich kümmere mich nicht um sie. Wahrscheinlich treibt sie sich wieder irgendwo herum, das ist alles, was sie kann. In sechs Monaten keinen Tag zu Hause, ich frage Sie, ist das eine Art für ein junges Mädchen?» Ihr dickes Gesicht verzerrte sich vor Ärger über ihre Stieftochter. Sie fuhr fort zu sprechen, als ob sie mich ganz vergessen hätte: «Ich sagte ihrem Vater, er sei ein Narr, sie wieder aufzunehmen. Weiß er denn, wo sie das letzte halbe Jahr gewesen ist? Ich sagte, er solle das undankbare Weibsbild vor die Tür setzen und ihr eigenes Brot verdienen lassen.»

«Meinst du das im Ernst, Mabel?» Salanda hatte unterdessen die Tür hinter ihr geöffnet und kam herein. Neben ihrer massigen Blondheit wirkte er noch zwergenhafter. «Denk dran, meine Liebe, Ella hat nur deinetwegen den erstbesten Job angenommen, um von hier wegzukommen.»

Grollend wandte sie sich zu ihm um. Er reckte sich, so weit er konnte, und schnipste mit den Fingern unter ihrer Nase.

«Geh rein, Mabel. Du bist als Mutter ebenso ein Versager wie als Frau.»

«Gott sei Dank bin ich nicht ihre Mutter.»

«Gott sei Dank», wiederholte er und drohte mit der Faust. Wie ein Schoner unter vollen Segeln rauschte sie davon. Als sie die Tür hinter sich zugezogen hatte, wandte sich Salanda zu mir.

«Tut mir Leid, Mr Archer. Ich muss leider sagen, dass es Schwierigkeiten in meiner Ehe gibt, große Schwierigkeiten sogar. Ich war so dumm, noch einmal zu heiraten. Ich bekam einen gefühllosen Fleischkloß und verlor dafür meine Tochter. Mein Gott, was war ich für ein Trottel.» Traurig wiegte er den großen Kopf hin und her.» Das liegt in unserer Familie. Wir fliegen alle auf große Blondinen, und wenn sie dumm wie Bohnenstroh sind.» Er breitete die Arme aus, um seine Hilflosigkeit anzudeuten.

«Aber nun zu Ihnen, Mr Archer! Wie ich sehe, sind Sie verwundet. Ihr Mund ist verquollen, und Ihr Kinn hat geblutet.»

«Ich habe bei einer Rauferei mitgemacht.»

«Meinetwegen?»

«Nicht ganz. Aber es wäre an der Zeit, dass Sie mir endlich die Wahrheit sagten.»

«Die Wahrheit?»

«Genau das. Sie wussten, wer heute Nacht erschossen wurde und von wem und warum.»

Beschwichtigend legte er die Hand auf meinen Arm. «Mr Archer, ich habe nur eine Tochter, nur das eine Kind. Es war meine Pflicht, ihr so gut zu helfen, wie ich konnte.»

«Helfen? Gegen wen?»

«Sie zu schützen vor der Schande, vor der Polizei und vor dem Gefängnis. Ich bin ein Mann von Ehre, Mr Archer. Aber meine private Ehre gilt mir mehr als die öffentliche. Der Mann wollte meine Tochter entführen. Sie lockte ihn hierher, um sich vor ihm zu retten. Es war ihre letzte Hoffnung.»

«Das dürfte ungefähr stimmen. Aber Sie hätten mir das früher sagen müssen.»

«Ich war aufgeregt, ich hatte Angst, ja, auch vor Ihnen. Und jeden Augenblick konnte die Polizei eintreffen.»

«Aber es war Ihr gutes Recht, ihn abzuknallen. Er war der Verbrecher, nicht Sie.»

«Das wusste ich nicht. Erst allmählich kam ich dahinter, was gespielt wurde.» Er sah mir in die Augen und fuhr fort: «Übrigens habe ich den Kerl gar nicht erschossen. Ich war nicht einmal zu Hause. Das habe ich Ihnen schon heute Morgen gesagt.»

«Und Ihre Frau? War sie hier?»

«Nein, warum?»

«Die Beschreibung, die mir Donny von der Begleiterin des Toten gab, passte genau auf Ihre Frau.»

«Er schwindelte. Ich sagte ihm, er solle irgendwelche falschen Angaben machen, aber seine Fantasie reichte anscheinend nicht aus, um selber etwas zu erfinden.»

«Können Sie nachweisen, dass Sie beide nicht zu Hause waren?»

«Natürlich. Wir waren im Theater, und die Leute um uns herum können bezeugen, dass wir dort waren. Übrigens sind meine Frau und ich als Paar wohl kaum zu übersehen.» Er lächelte spöttisch.

«Daraus folgt, dass Ella ihn umgebracht haben muss.»

Er stimmte nicht zu, leugnete es aber auch nicht. «Ich hoffte, dass Sie mir und Ella helfen würden. Sind Sie auf unserer Seite?»

«Bevor ich mir darüber klar werde, muss ich Ihre Tochter sprechen. Wo ist sie jetzt?»

«Ich weiß es nicht, Mr Archer. Als die Polizisten sie nachmittags verhört hatten, ging sie fort. Die Burschen hatten übrigens Verdacht geschöpft, aber wir kriegten sie herum. Natürlich sagten wir keinen Ton, dass Ella die letzten Monate woanders gewesen war; das heißt, meine Frau versuchte schon, es ihnen zu stecken, aber ich konnte sie immer davon ablenken.» Er knirschte mit den Zähnen.

«Und was geschah mit Donny?»

«Sie brachten ihn zum Verhör auf die Wache, aber er hielt dicht. Wissen Sie, Donny kann sich ausgezeichnet dumm stellen, wenn er will. Man hält ihn dann leicht für einen Idioten, der er gar nicht ist. Donny ist schon seit Jahren bei uns und verehrt meine Tochter sehr. Für heute Nacht hatte ich ihm frei gegeben.»

«Trotzdem hätten Sie meinen Rat befolgen sollen», wandte ich ein, «und hätten der Polizei die Wahrheit sagen sollen. Der Tote war nämlich ein Gangster und drauf und dran, Ihre Tochter zu entführen. Ella sollte als Belastungszeuge gegen seinen Chef auftreten.»

«Ja, das erzählte sie mir. Ich bin froh, dass es stimmt, denn Ella sagt mir durchaus nicht immer die Wahrheit. Sie war immer ein schwieriges Kind, vielleicht weil sie ohne Mutter aufgewachsen ist. Wissen Sie, Mr Archer, wo sie in diesen letzten sechs Monaten war?»

«Sängerin in einem Nachtclub von Palm Springs. Ihr Chef ist vermutlich ein Rauschgifthändler.»

«Ein Rauschgifthändler?» Salanda rümpfte verächtlich die Nase.

«Das ist jetzt nicht so wichtig. Aber ich muss wissen, wo sie ist. Der Chef ist noch immer hinter ihr her. Er hat mich auch beauftragt, sie zu suchen.»

Der Bucklige musterte mich ängstlich und ungläubig. «Und Sie haben den Auftrag angenommen?»

«Es war die einzige Möglichkeit, lebend aus seiner Bude rauszukommen. Ausführen werde ich ihn natürlich nicht.»

«Das soll ich Ihnen glauben?»

«Glauben Sie, was Sie wollen. Mann, verstehen Sie denn nicht? Ella ist in Gefahr! Und wir nicht weniger!» Ich erzählte ihm von dem zweiten schwarzen Cadillac, in dem Gino zur Stunde durch die nächtlichen Straßen fuhr, die schussbereite Pistole im Schulterhalfter. Er würde nicht aufgeben, bis er seinen Bruder gerächt hätte.

«Meine Tochter weiß, dass sie in Gefahr ist», erwiderte Salanda. »Sie hat mich gewarnt.«

«Dann hat sie Ihnen auch gesagt, wo sie hingegangen ist.»

«Das nicht, aber sie dürfte im Strandhaus sein. Sie wissen, wo Donny wohnt. Ich komme mit.»

«Nein, Sie bleiben hier und schließen alles zu. Wenn sich irgendein Fremder hier herumtreiben sollte, rufen Sie sofort die Polizei.»

Er verriegelte die Tür hinter mir, als ich hinaustrat. Die Scheinwerfer der vorbeifahrenden Autos zogen ein langes gelbes Lichterband nach Norden und Süden. Westlich davon lag die See wie ein großer, schwarzer Krater unter den Sternen, an dessen hellem Rand ein kleiner Lichtfleck die Lage der Strandhütte anzeigte.

Zum zweiten Mal an diesem Tag klopfte ich an die alte Holztür. Durch die Ritzen sah ich einen Schatten auftauchen.

«Wer ist da?», fragte Donny. Es klang undeutlich, als ob er eine Murmel im Mund hätte.

«Sie kennen mich, Donny, ich war heute Morgen hier.»

Mit kreischenden Angeln öffnete sich die Tür. Donny forderte mich mit einer Handbewegung auf hereinzukommen. Als er sich umdrehte und das Licht aus dem Zimmer auf sein Gesicht fiel, sah ich, dass er geweint hatte. Mehr denn je erinnerte er an einen greisenhaften Knaben, dessen Gefühle niemals erwachsen wurden.

«Ist jemand hier?», erkundigte ich mich.

Geräusche aus dem Wohnzimmer beantworteten meine Frage. Ich schob ihn zur Seite und ging hinein. Ella beugte sich über einen offenen Koffer auf dem Feldbett. Als sie sich aufrichtete, glänzte eine 38er in ihrer Hand. Das Licht der nackten Glühbirne fiel auf ihr entschlossenes Gesicht mit den weitgeöffneten dunklen Augen und dem zusammengekniffenen Mund.

«Ich will fort», sagte sie. «Auch Sie werden mich nicht daran hindern.»

«Vielleicht wll ich Sie gar nicht zurückhalten. Wo wollen Sie hin, Fern?»

Donny, der hinter mir stand, antwortete mit erstickter

Stimme: «Sie will fort von mir. Sie hat versprochen, dass sie bleibt, wenn ich ihr den Gefallen tu. Sie hat versprochen, dass sie mein Mädchen wird ...», er schluchzte.

«Halt's Maul, du Esel.» Ihre harte Stimme traf ihn wie ein Peitschenhieb. Er duckte sich zusammen.

«Was hat sie versprochen, Donny? Was sollten Sie tun?»

«Als sie heut Nacht mit dem Kerl ankam, gab sie mir ein Zeichen, ich sollte tun, als ob sie fremd wäre. Später schrieb sie mir auf einem Papierhandtuch, mit ihrem Lippenstift. Ich hab's noch, draußen in der Küche.»

«Und was schrieb sie Ihnen?»

Mehr aus Angst vor ihrem Zorn als vor der 38er versteckte er sich hinter mir.

«Spiel nicht verrückt, Donny», warnte Ella, «er weiß nichts, er kann uns nichts tun.»

«Mir ist alles egal – ob etwas passiert oder nicht», sagte er mit gequälter Stimme hinter meinem Rücken. «Du hast mich betrogen, du hast dein Versprechen gebrochen. Ich hab mir schon gedacht, das kann nicht wahr sein. Jetzt ist mir alles gleich.»

«Mir nicht», erwiderte sie. «Mir ist es nicht egal, was mit mir passiert.» Ihre nussbraunen Augen sahen mich genauso kalt an wie die Mündung ihrer Pistole. «Ich will nicht hier bleiben. Und wenn ich Sie deshalb erschießen müsste.»

«Nicht nötig, Fern, tun Sie das Schießeisen weg. Das ist Barts Pistole, nicht wahr? Ich habe die Patronen in seinem Wagen gefunden.»

«Woher wissen Sie ...?»

«Von Angel.»

«Ist er hier?»

Aus ihrer Stimme klang panische Angst.

«Nein, ich bin allein.»

«Dann hauen Sie ab, solange Sie es noch freiwillig tun können.»

«Fällt mir nicht ein. Hören Sie, Sie brauchen Schutz, ob es Ihnen nun passt oder nicht. Und ich will endlich wissen, woran ich bin. Donny, bringen Sie mir den Zettel aus der Küche.»

«Tu's nicht, Donny, ich warne dich!»

Er stapfte in seinen Tennisschuhen unsicher hin und her. Ich wandte mich wieder an das Mädchen und sagte mit völlig ruhiger Stimme:

«Ja, Sie haben einen Mann zum Totschlag angestiftet, aber Sie brauchen keine Angst zu haben, es war schließlich reine Notwehr. Wenn Sie die ganze Geschichte der Polizei erzählen, wird Ihnen kein Haar gekrümmt. Menschenskind, Sie können sogar berühmt werden. Die Steuerbehörde sucht Sie als Zeugin.»

«Mich? Als Zeugin?»

«In einer Strafsache gegen Angel. Steuervergehen ist das Einzige, was sie ihm anhängen können. Sie können ihn für den Rest seines Lebens hinter Gitter bringen. Wie Capone. Sie werden als Heldin gefeiert werden, Fern.»

«Sagen Sie nicht immer Fern. Ich hasse den Namen; den Namen und alles, was damit zusammenhängt. Ich hasse mich selber.» In ihren Augen standen plötzlich Tränen.

«Sie werden sich noch viel mehr hassen, wenn Sie die Kanone nicht bald aus der Hand legen. Wenn Sie mich umlegen, fängt das Schlamassel für Sie erst richtig an. Dann ist nicht nur Angel mit seinen Schlägern hinter Ihnen her, sondern auch die Polizei. Kommt drauf an, wer Sie früher erwischt: entweder Kittchen, oder Sie werden kaltgemacht.»

Sie hielt die Waffe weiterhin auf mich gerichtet, sah aber durch mich hindurch.

«Es könnte ein Wendepunkt in Ihrem Leben sein», fuhr ich behutsam fort. «Sie haben schon einen Haufen Dummheiten gemacht und sich dabei fast ruiniert. Sie spielen Hasard mit Burschen der übelsten Sorte. Natürlich können Sie so weitermachen, wenn Sie wollen, bis Sie in der Kühlkammer der Anatomie enden. Oder Sie kommen wieder zurück in ein anständiges Leben.»

«In ein anständiges Leben? Wo mein Vater diese Mabel geheiratet hat?»

«Ich glaube nicht, dass Mabel in Zukunft viel zu sagen hat. Aber ich bin nicht Mabel, ich rate Ihnen nur gut zu.»

Ella fasste ihren Entschluss. Ich wusste, dass es so kommen würde. Sie warf die Pistole auf das Feldbett und schlug die Hände vors Gesicht.

Ich fischte die Waffe vorsichtig aus dem Bettzeug und sagte zu Donny:

«Zeigen Sie mir jetzt den Zettel.»

Mit hängendem Kopf stakste er zur Küchentür.

«Was blieb mir andres übrig?», begann das Mädchen wieder. «Entweder Bart oder ich. Den ganzen Weg von Acapulco dachte ich nach, wie ich ihn loswerden könnte. An der Grenze, wenn wir tankten oder in einem Drive-in etwas aßen, immer hielt er mir die Pistole in die Seite. Es ging nicht anders, er musste sterben. Das Motel meines Vaters war meine einzige Chance. Ich überredete Bart, mit mir dort abzusteigen. Es war nicht schwer, denn er war schon immer hinter mir her gewesen. Ich hatte auch keinen Plan, ich überließ alles dem Augenblick. Etwas musste geschehen, und zwar bald. Denn zurück zu Angel – etwas Schlimmeres konnte ich mir nicht vorstellen. Auch wenn er mich nicht getötet hätte, ich konnte nicht mehr mit ihm zusammenleben. Deshalb schrieb ich die Botschaft auf ein Handtuch und warf sie durchs Badezimmerfenster hinaus. Donny hatte mich schon früher immer angehimmelt.»

Ihr entspanntes Gesicht sah unglaublich jung und mädchenhaft aus. Tränen liefen über ihre Wangen.

«Donny erschoss Bart mit seiner eigenen Pistole. Er war stärker als ich. Ich verlor völlig die Nerven, als ich heute Morgen ins Zimmer zurückging. Von der Blutlache im Bad wusste ich nichts, es war sozusagen der letzte Tropfen.»

Sie irrte sich. In der Küche krachte es, ein kühler Luftzug strich durch das Zimmer. Zwei Schüsse knallten. Donny torkelte zwei Schritte rückwärts durch die Tür und fiel dann hin. Seine Hand umschloss ein gelbliches Papier, über seine Schulter floss das Blut wie eine rote Schärpe.

Ich griff nach Ella und riss sie mit mir hinter dem Feldbett zu Boden. Gino kam herein. Ohne jede Hemmung trat er Donny auf die keuchende Brust. Ich schoss ihm die Waffe aus der Hand. Er griff nach dem Handgelenk und lehnte sich an die Wand.

Ich wartete, bis der schwarze Balken seiner Augenbrauen im Visier meiner 38er erschien und drückte ab. Das kleine Loch war nicht einmal zu sehen. Gino sackte locker zusammen und fiel auf den Bauch, einen Schritt von seinem Opfer entfernt.

Ella sprang auf und lief zu Donny hin. Sie kniete nieder und bettete seinen Kopf in ihren Schoß. Zu unserem Erstaunen sagte er mit kräftiger Stimme: «Aber jetzt bleibst du hier, Ella, nicht wahr? Ich habe alles getan, was du wolltest. Du hast es mir versprochen.»

«Ja, Donny, ich bleibe bei dir. Du dummer Junge!»

«Magst du mich jetzt?»

«Natürlich, Donny. Ich mag dich sehr. Du bist der tapferste Mann, den ich kenne.»

Ganz sanft wiegte sie das arme hässliche Gesicht in ihren Armen hin und her.

Mit einem tiefen Seufzer brach hellrotes Blut aus seinem Mund, Donny hatte es überstanden.

Seine Hand entspannte sich. Ich las die Botschaft, die Ella ihm tags zuvor mit Lippenstift geschrieben hatte:

Donny, dieser Mann wird mich töten, wenn du ihm nicht zuvorkommst. Seine Pistole steckt in den Kleidern auf dem Stuhl neben seinem Bett. Komm um Mitternacht herein und erschieße ihn, aber triff ihn gut. Wenn du mir hilfst, werde ich dich so lieben, wie du dir es immer gewünscht hast. In Liebe, deine Ella.

Ich schaute auf das Paar zu meinen Füßen. Sie umarmte noch immer Donnys leblosen Körper. Gino, der ein wenig weiter neben ihnen lag, sah sehr klein und verlassen aus. Um seine buschigen Brauen breitete sich langsam ein dunkler Fleck aus.

Donnys Wunsch hatte sich erfüllt. Meiner ebenfalls. Wie es mit Ellas Wünschen aussah, habe ich nicht erfahren.

Hotelschnüffler

Dashiell Hammett

Der Detektiv, der normalerweise im Hotel Montgomery Dienst tat, hatte sich vom Hotelbootlegger* seinen letzten Wochenanteil in Naturalien statt in bar geben lassen, hatte ihn versoffen, war im Foyer eingeschlafen und gefeuert worden. Ich war damals zufällig der einzige im Moment unbeschäftigte Detektiv in der San Franciscoer Filiale der Continental Detective Agency, und so kam es, dass ich drei Tage lang den Hotelschnüffler spielen sollte, bis ein Mann gefunden sein würde, der den Job auf Dauer übernähme.

Das Montgomery ist ein ruhiges Hotel von der besseren Sorte, und so hatte ich's dort sehr behaglich – bis zum dritten und letzten Tag. Da änderte sich alles.

Ich kam am Nachmittag ins Foyer hinunter, wo ich auf Stacey traf, den zweiten Direktor, der schon nach mir suchte.

«Eins von den Zimmermädchen hat eben angerufen. Oben in 906 ist irgendwas nicht in Ordnung», sagte er.

Wir gingen zusammen zu dem Zimmer hoch. Die Tür war offen. In der Mitte des Raumes stand ein Zimmermädchen, das mit hervorquellenden Augen auf die geschlossene Tür des Kleiderschranks starrte. Darunter hervor schlängelte sich etwa einen Fuß lang ein schmales Blutrinnsal über den Boden auf uns zu.

Ich ging an dem Zimmermädchen vorbei und versuchte die Tür zu öffnen. Sie war nicht verschlossen, und ich machte sie

---

* Mit «bootlegging» wurde während der Prohibition der Alkoholschmuggel bezeichnet/d. Übers.

auf. Langsam und steif sank mir ein Mann in die Arme – fiel rückwärts heraus –, im Rücken seines Jacketts sah ich einen fünfzehn Zentimeter langen senkrechten Schlitz, und der Stoff war nass und klebrig.

Das war durchaus keine Überraschung: Das Blut auf dem Fußboden hatte mich auf so was Ähnliches vorbereitet. Aber als ihm ein zweiter Mann folgte – dieses Mal mit einem dunklen, verzerrten Gesicht, das mir zugekehrt war –, ließ ich den, den ich bereits aufgefangen hatte, fallen und sprang zurück.

Und während ich noch sprang, kam ein dritter Mann hinter den anderen herausgepurzelt.

In meinem Rücken ertönten ein Schrei und ein Bums, als das Zimmermädchen in Ohnmacht fiel. Ich fühlte mich selbst nicht allzu stark auf den Beinen. Ich bin keine sensible Pflanze und habe in meinem Leben eine Menge unschöner Dinge zu sehen bekommen, aber noch wochenlang später sah ich diese drei toten Männer aus dem Kleiderschrank fallen und zu meinen Füßen einen Haufen bilden, sah sie langsam – fast bedächtig – herauskommen, wie in einer grässlichen Runde des Spiels «Tu, was ich tu».

Schon auf den ersten Blick war nicht daran zu zweifeln, dass sie wirklich tot waren. Jede Einzelheit ihres Fallens, jede Einzelheit des Geklumps, in dem sie jetzt dalagen, unterstrich die grauenhafte Gewissheit, dass kein Leben mehr in ihnen war.

Ich drehte mich zu Stacey um, der, selbst totenblass, sich nur auf den Beinen hielt, weil er sich an das Fußende des Messingbetts klammerte.

«Bringen Sie die Frau weg! Holen Sie Ärzte – die Polizei!»

Ich zerrte die drei Leichname auseinander und legte sie in einer grimmigen Reihe nebeneinander, die Gesichter nach oben. Dann überprüfte ich hastig das Zimmer.

Ein weicher Hut, der einem der Toten passte, lag mitten auf dem unbenutzten Bett. Der Zimmerschlüssel steckte in der Tür: von innen. Blut war nirgendwo zu entdecken, bis auf das Rinnsal, das aus dem Schrank gesickert war, und der Raum zeigte keinerlei Anzeichen dafür, dass er der Schauplatz eines Kampfes gewesen war.

Die Tür zum Bad stand offen. In der Badewanne lag eine zerbrochene Flasche Gin, die, nach der Stärke des Geruchs und der Nässe der Wanne zu urteilen, fast voll gewesen war, als sie zu Bruch ging. In einer Ecke des Badezimmers fand ich ein Whiskyglas und ein zweites unter der Wanne. Beide waren trocken, sauber und geruchlos.

Das Innere der Tür des Kleiderschranks war von meiner Schulterhöhe ab bis zum Fußboden mit Blut beschmiert, und zwei Hüte lagen in der Blutlache unten im Schrank. Jeder der Hüte passte einem von den Toten.

Das war alles. Drei tote Männer, eine zerbrochene Ginflasche, Blut.

Stacey kam wenig später mit einem Arzt zurück, und während dieser die Toten untersuchte, traf auch die Kriminalpolizei ein.

Der Doktor hatte seine Arbeit bald getan.

«Dieser Mann», sagte er und zeigte auf einen von ihnen, «erhielt mit einem kleinen, stumpfen Gegenstand einen Schlag auf den Hinterkopf und wurde dann erwürgt. Dieser hier», er zeigte auf einen anderen, «wurde nur erdrosselt. Und dem dritten wurde mit einer ungefähr zwölf Zentimeter langen Klinge ein Stich in den Rücken zugefügt. Sie sind seit etwa zwei Stunden tot – seit zwölf, vielleicht etwas später.»

Der zweite Direktor identifizierte zwei von den Leichen. Der Mann, den man erstochen hatte – und der mir als erster aus dem Schrank entgegengefallen war –, war vor drei Tagen im Hotel abgestiegen, hatte sich als Tudor Ingraham aus Washington, D. C., eingetragen und Zimmer 915, drei Türen weiter, bezogen.

Derjenige, der als letzter herausgefallen war – der, den man nur erwürgt hatte –, war der Bewohner des Zimmers. Sein Name war Vincent Develyn. Er war Versicherungsmakler und hatte seit dem Tode seiner Frau vor ungefähr vier Jahren das Hotel zu seinem Zuhause gemacht.

Der Dritte war des Öfteren in Develyns Gesellschaft gesehen worden, und einer der Angestellten erinnerte sich, dass sie an diesem Tag etwa fünf Minuten nach zwölf zusammen in das Hotel gekommen waren. Karten und Briefe in seinen Taschen sagten uns, dass es sich bei ihm um Homer Ansley handelte, einen der Teilhaber der Anwaltskanzlei Lankershim und Ansley, deren Büros sich im Miles Building befanden – gleich neben Develyns Büro.

In Develyns Taschen fanden sich zwischen 150 und 200 Dollar, Ansleys Brieftasche enthielt mehr als 100 Dollar, aus Ingrahams Taschen kamen fast 300 Dollar zum Vorschein, und in einer Geldtasche im Gürtel um seine Taille fanden wir weitere 2200 Dollar und zwei mittelgroße ungefasste Diamanten. Alle drei hatten Uhren – Develyns war sogar ausgesprochen wertvoll –, und Ingraham trug zwei Ringe, die ebenfalls einiges wert waren. Ingrahams Zimmerschlüssel steckte noch in seiner Tasche.

Außer diesem Geld – dessen Vorhandensein darauf hinzudeuten schien, dass Raub nicht das Motiv für diese drei Morde gewesen war – fanden wir bei keinem der Männer irgendetwas, das auch nur das geringste Licht auf das Verbrechen warf. Und auch die gründlichste Durchsuchung der Zimmer von Ingraham und Develyn half uns kein Stück weiter.

In Ingrahams Zimmer fanden wir ein Dutzend oder mehr Päckchen sorgfältig markierter Spielkarten, ein paar falsche Würfel und eine ungeheure Menge Unterlagen über Pferderennen. Darüber hinaus stellten wir fest, dass er eine Frau hatte, die in der East Delavan Avenue in Buffalo wohnte, und einen Bruder in der Crutcher Street in Dallas; außerdem fanden wir eine Liste mit Namen und Adressen, die wir mitnahmen, um sie uns später genauer anzusehen. Aber nichts in beiden Zimmern deutete auch nur indirekt auf Mord hin.

Phels, der Mann von der kriminalpolizeilichen Spurensicherung, fand eine Reihe Fingerabdrücke in Develyns Zimmer, aber solange er sie noch nicht ausgewertet hatte, konnten wir nicht sagen, ob sie von irgendwelcher Bedeutung seien oder nicht. Develyn und Ansley waren zwar offensichtlich mit blossen Händen erdrosselt worden, aber Phels war ausserstande, von ihren Hälsen oder Kragen Fingerabdrücke abzunehmen.

Das Zimmermädchen, das das Blut entdeckt hatte, sagte, wie gewohnt habe sie Develyns Zimmer am Morgen zwischen zehn und elf aufgeräumt, habe aber keine frischen Handtücher ins Bad gehängt. Das war der Grund, weswegen sie am Nachmittag noch einmal zurückgekommen war. Sie hatte die Tür unverschlossen gefunden, wobei der Schlüssel von innen steckte, und kaum war sie eingetreten, hatte sie auch schon das Blut gesehen und Stacey angerufen.

Ingrahams Zimmer, sagte sie, habe sie wenige Minuten nach eins aufgeräumt. Sie war zu diesem Zweck früher schon einmal – zwischen 10 Uhr 20 und 10 Uhr 45 – da gewesen, aber Ingraham hatte zu der Zeit das Zimmer noch nicht verlassen.

Der Fahrstuhlführer, der Ansley und Develyn wenige Minuten nach zwölf vom Foyer nach oben gefahren hatte, erinnerte sich, dass sie sich während der Fahrt lachend über ihre Golfergebnisse vom Vortag unterhalten hatten. Niemandem war um die Zeit, auf die der Arzt die Morde eingegrenzt hatte, irgendetwas Verdächtiges im Hotel aufgefallen. Aber das war zu erwarten gewesen.

Der Mörder konnte aus dem Zimmer gegangen sein, die Tür hinter sich zugemacht und im sicheren Wissen das Weite gesucht haben, dass er um zwölf Uhr mittags auf den Gängen des Montgomery wenig Aufmerksamkeit erregen werde. Wenn er selbst im Hotel wohnte, brauchte er nur zurück in sein Zimmer zu gehen, wenn nicht, war er wahrscheinlich entweder den ganzen Weg bis hinunter zur Strasse zu Fuss gelaufen oder ein, zwei Stockwerke nach unten gegangen, um dann den Fahrstuhl zu nehmen.

Keiner von den Hotelbediensteten hatte Ingraham und Develyn jemals zusammen gesehen. Nichts deutete darauf hin, dass sie miteinander auch nur entfernt bekannt gewesen waren.

Ingraham blieb üblicherweise bis mittags in seinem Zimmer und kehrte dann meist bis spätnachts nicht mehr dorthin zurück. Über seine Geschäfte war nichts bekannt.

Im Miles Building befragten wir – das heißt Marty O'Hara und George Dean von der Mordkommission und ich – Ansleys Geschäftspartner und Develyns Angestellte. Sowohl Develyn als auch Ansley, so schien es, waren ganz normale Menschen, die ein ganz normales Leben führten: ein Leben, das weder dunkle Punkte noch irgendwelche Anrüchigkeiten aufwies. Ansley war verheiratet und hatte zwei Kinder; er wohnte in der Lake Street. Beide Männer hatten ein paar Verwandte und Freunde, die hier und da im ganzen Land verstreut lebten; und so weit wir das herausbekommen konnten, waren ihre Geschäfte völlig in Ordnung.

Die beiden hatten am fraglichen Tag ihre Büros verlassen, um zusammen essen zu gehen, wobei sie vorher kurz auf Develyns Zimmer wollten, um sich einen Drink aus einer Flasche Gin zu genehmigen, die jemand, der in Australien gewesen war, für Develyn ins Land geschmuggelt hatte.

«Na», sagte O'Hara, als wir wieder auf der Straße standen, «so viel ist klar. Wenn sie auf einen Drink rauf ins Zimmer zu Develyn gegangen sind, dann steht todsicher fest, dass sie umgebracht wurden, kaum dass sie das Zimmer betreten hatten. Die beiden Whiskygläser, die du gefunden hast, waren trocken und sauber. Ganz egal, wer die Sache gedreht hat, er muss auf sie gewartet haben. Ich bin gespannt, was mit diesem Ingraham ist.»

«Das frage ich mich auch», sagte ich. «Wenn ich bedenke, in welcher Stellung ich sie vorfand, als ich die Schranktür aufmachte, ist Ingraham der Schlüssel zu der ganzen Geschichte. Develyn war hinten an der Wand und Ansley vor ihm, beide mit dem Gesicht zur Tür. Ingraham stand ihnen zugewandt, mit dem Rücken zur Tür. Der Kleiderschrank ist gerade so groß, dass sie alle reinpassten – zu klein, als dass sie umfallen konnten, solange die Tür zu war.

Außerdem war kein Blut im ganzen Zimmer bis auf das, das aus dem Schrank gesickert war. Mit dem klaffenden Schnitt im Rücken kann Ingraham nicht erstochen worden sein, ehe er im Schrank war, sonst müsste er schon woanders Blut verloren haben. Er stand also dicht an den anderen dran, als er erstochen wurde, und egal, wer's getan hat, er machte danach schnell die Tür zu.

Warum sollte Ingraham aber in so einer Haltung dagestanden haben? Könntest du dir vorstellen, dass er und noch einer die beiden Freunde getötet haben und dass, als er die Leichen im Schrank verstaute, sein Komplize ihn umgelegt hat?»

«Vielleicht», sagte Dean.

Drei Tage später war dieses «Vielleicht» immer noch der Punkt, bis zu dem wir gekommen waren.

Wir hatten stapelweise Telegramme verschickt und erhalten, in denen wir Verwandte und Bekannte der Toten um die Beantwortung einiger Fragen gebeten hatten, und wir hatten nichts entdeckt, was in irgendeinem Zusammenhang mit ihrem Tod zu stehen schien. Auch hatten wir nicht die geringste Verbindung zwischen Ingraham und den anderen beiden finden können, denen wir Schritt für Schritt fast bis zur Wiege nachgegangen waren. Wir konnten über jede Minute ihres Lebens Rechenschaft ablegen, seit Ingraham in San Francisco eingetroffen war – und das so umfassend, dass wir überzeugt waren, dass keiner von ihnen Ingraham begegnet war.

Ingraham, so hatten wir herausgefunden, war Buchmacher und ein ausgekochter Falschspieler gewesen. Seine Frau und er hatten sich getrennt, hatten aber ein gutes Verhältnis zueinander. Vor fünfzehn Jahren war er in Newark, N.J., wegen «Raubes und versuchten Mordes» verurteilt worden und hatte zwei Jahre im Staatsgefängnis abgesessen. Der Mann, den er überfallen hatte, war 1914 in Omaha an Lungenentzündung gestorben.

Ingraham war nach San Francisco gekommen, weil er einen Spielclub aufmachen wollte, und alle unsere Nachforschungen hatten im Grunde nichts anderes erbracht, als dass seine Aktivitäten in der Stadt allein darauf gerichtet waren.

Die Fingerabdrücke, die Phels sichergestellt hatte, stammten, wie sich zeigte, sämtlich von Stacey, dem Zimmermädchen, den Kriminalbeamten und mir. Mit einem Wort, wir hatten nichts gefunden!

So viel zu unseren Bemühungen, hinter das Motiv für die drei Morde zu kommen.

Wir ließen jetzt diesen Aspekt fallen und machten uns daran, sämtliche Umstände Punkt für Punkt zu durchforsten – eine Schinderei, die unsere Geduld hart auf die Probe stellte –, um die Spur des Mörders auszumachen. Von jedem Verbrechen führt eine Spur zu seinem Urheber. Sie mag – wie in diesem Fall – irgendwo im Dunkel verborgen sein, aber da sich Materie nicht bewegen kann, ohne dabei auf andere Materie einzuwirken, gibt es immer – und unweigerlich – irgendeine Spur. Und solche Spuren zu finden und ihnen nachzugehen, das ist es, wofür ein Detektiv bezahlt wird.

Im Falle eines Mordes ist es manchmal möglich, den Weg zum Ende der Spur abzukürzen, indem man zunächst das Motiv findet. Das Motiv zu kennen, engt das Feld der Möglichkeiten ein und weist eventuell direkt auf den Schuldigen.

Alles, was wir bisher über das Motiv in diesem speziellen Fall sagen konnten, war, dass es sich nicht um Raub gehandelt hatte; es sei denn, es war irgendetwas gestohlen worden, wovon wir nichts wussten – etwas so Wertvolles, dass es den Mörder das Geld in den Taschen seiner Opfer verschmähen ließ.

Wir hatten natürlich die Suche nach der Spur des Mörders nicht gänzlich außer Acht gelassen, aber wir hatten – da wir nun mal Menschen sind – den größten Teil unserer Aufmerksamkeit darauf verwandt, eine Abkürzung zu finden. Jetzt machten wir uns daran, den oder die Täter zu finden, ohne uns weiter darum zu kümmern, was ihn oder sie dazu gebracht hatte, die Verbrechen zu begehen.

Unter den Leuten, die am Tag des Mordes im Hotel registriert waren, gab es neun, für deren Unschuld wir nicht genügend Beweise gefunden hatten. Vier davon wohnten noch immer im Hotel, aber nur einer von den vieren erregte unser besonderes Interesse. Dabei handelte es sich um einen großen, grobknochigen Mann von fünfundvierzig oder fünfzig Jahren, der sich als J.J. Cooper aus Anaconda, Montana, eingetragen hatte, der aber, wie wir zweifelsfrei festgestellt hatten, in Wirklichkeit nicht der Bergbauangestellte war, als der er sich ausgab. Unsere telegrafischen Verbindungen nach Anaconda blieben uns den Nachweis schuldig, ob er dort bekannt war. Deswegen ließen wir ihn beschatten – mit kümmerlichem Erfolg.

Fünf von den neun Leuten waren seit den Morden bereits wieder abgereist, drei davon hatten bei dem für die Post zuständigen Hotelbediensteten Nachsendeadressen hinterlassen. Gilbert Jacquemart hatte in Zimmer 946 gewohnt und die Anweisung gegeben, ihm seine Post in ein Hotel in Los Angeles nachzuschicken. Von W.F. Salway, der Zimmer 1022 bewohnt hatte, war die Anordnung ergangen, ihm seine Post zu einer Nummer in der Clark Street in Chicago zu schicken. Ross Orrett, Zimmer 609, hatte gebeten, ihm seine Briefe «postlagernd» zu einem örtlichen Postamt zu senden.

Jacquemart war zwei Tage vor den Geschehnissen im Hotel angekommen und am Nachmittag des Mordtages wieder abgereist. Salway war am Tag vor den Morden eingetroffen und am Tag danach abgereist. Orrett war am Montag angekommen und am folgenden Tag abgereist.

Während wir die notwendigen Telegramme aufgaben, um die ersten beiden zu finden und zu überprüfen, kümmerte ich mich um Orrett persönlich. Damals wurde gerade überall mit lustig bedruckten, lilafarbenen Flugblättern Reklame gemacht für eine musikalische Komödie mit dem Titel «Wozu?». Ich besorgte mir eines davon, dazu in einem Schreibwarenladen ein passendes Kuvert und schickte es an Orrett ins Hotel Montgomery. Es gibt Firmen, deren Tätigkeit es ist, die Namen von Leuten herauszufinden, die in den großen Hotels frisch angekommen sind, um ihnen Reklamen zuzuschicken. Ich vertraute darauf, dass Orrett das wusste und keinen Argwohn schöpfte, wenn mein bunter Umschlag, vom Hotel nachgeschickt, ihn am Schalter für postlagernde Sendungen erreichte.

Dick Foley – der Beschattungsspezialist der Agentur – bezog im Postamt Stellung, um dort mit einem Auge auf den «O»-Schalter herumzuhängen, bis er sähe, dass mein lilafarbener Umschlag jemandem ausgehändigt würde, und dem Empfänger dann zu folgen.

Den nächsten Tag verbrachte ich mit dem Versuch, dem geheimnisvollen J. J. Cooper auf die Schliche zu kommen, aber als ich spät in der Nacht Feierabend machte, war er mir immer noch ein Rätsel.

Kurz vor fünf am nächsten Morgen schneite Dick Foley auf seinem Heimweg zu mir ins Zimmer, um mich zu wecken und mir zu erzählen, was er erreicht hatte.

«Dieses Orrett-Herzchen ist unser Mann!», sagte er. «Ging ihm nach, als er sich gestern Nachmittag seine Post holte. Kriegte noch 'n Brief außer deinem. Hat 'ne Wohnung in der Van Ness Avenue. Mietete sie am Tag nach den Morden unter dem Namen B. T. Quinn. Hat 'ne Knarre unterm linken Arm – da ist genau diese Beule. Ist gerade nach Hause schlafen gegangen. Hat allen Spelunken in North Beach 'n Besuch abgestattet. Und was meinst du, hinter wem er her ist?»

«Hinter wem?»

«Guy Cudner.»

Das war ein Ding! Dieser Guy Cudner, alias «Der Dunkelmann», war der gefährlichste Vogel an der Westküste, wenn nicht im ganzen Land. Nur einmal war er geschnappt worden, aber wenn er für alle Verbrechen verurteilt worden wäre, von denen jeder wusste, dass er sie begangen hatte, würde er ein halbes Dutzend Leben benötigt haben, um alle Strafen drin unterzubringen, dazu noch mal ein halbes Dutzend, um sie am Galgen zu beenden. Aber er hatte zweifellos die richtige Art, sich davor zu drücken – genügend Geld, um sich alles zu kaufen, was er an Zeugen, Alibis, sogar an Geschworenen und gelegentlich auch an Richtern brauchte.

Ich weiß nicht, was mit seinen Beschützern dieses eine Mal nicht geklappt hatte, als er oben im Norden angeklagt und zu einer Strafe zwischen einem und vierzehn Jahren verurteilt wurde; aber die Sache renkte sich prompt wieder ein, denn die Tinte auf den Pressemeldungen über seine Verurteilung war kaum trocken, da war er auf Bewährung schon wieder frei.

«Ist Cudner in der Stadt?»

«Weiß ich nicht», sagte Dick, «aber dieser Orrett oder Quinn oder wie er auch heißt, ist ganz sicher hinter ihm her. In Ricks Kneipe, in ‹Wop› Healeys Schuppen und in Pigattis. ‹Porky› Grout hat mit den Tipp gegeben. Sagt, Orrett kennt Cudner zwar nicht mal vom Sehen, versucht aber, ihn zu finden. Porky wusste nicht, was er von ihm will.»

Dieser Porky Grout war ein dreckiger kleiner Spitzel, der seine Familie – wenn er überhaupt je eine hatte – um den Preis irgendeiner Absteige verhökert hätte. Aber bei diesen Burschen, die ihr Spiel auf beiden Seiten treiben, weiß man nie, auf welcher Seite sie gerade stehen, wenn du denkst, sie stehen auf deiner.

«Meinst du, Porky hat dich nicht geleimt?», fragte ich.

«Möglich isses – aber drauf wetten kannst du nicht.»

«Kennt Orrett sich hier aus?»

«Scheint nicht so. Weiß, wo er hinwill, muss aber fragen, wie er hinkommt. Hat mit niemandem geredet, der ihn zu kennen schien.»

«Wie ist er so?»

«Nicht die Sorte, auf die du dich ohne weiteres einlassen würdest, wenn du mich fragst. Er und Cudner gäben ein gutes Gespann ab. Ähnlich sehen sie sich nicht. Dieser Typ ist groß und sehr schlank, aber gut gebaut – alles schnelle, geschmeidige Muskeln. Sein Gesicht ist scharf, ohne hager zu sein, wenn du verstehst, was ich sagen will. Ich meine, alle Linien darin sind grade. Keine Kurven. Kinn, Nase, Mund, Augen – alles grade, scharfe Linien und Kanten. Sieht aus wie der Typ Kerl, der Cudner ist. Wären wirklich 'n gutes Gespann. Zieht sich gut an und sieht nicht aus wie 'n Schläger – aber härter als der Teufel! Ein Großwildjäger! Unser Mann, ich wette mit dir!»

«Hört sich nicht schlecht an», stimmte ich zu. «Er kam ins Hotel am Morgen des Tages, an dem die Männer ermordet wurden, und gab das Zimmer am nächsten Morgen wieder auf. Er trägt ein Schießeisen mit sich rum und wechselte seinen Namen, als er das Hotel verließ. Und jetzt steckt er mit dem Dunkelmann unter einer Decke. Das sieht ganz und gar nicht schlecht aus!»

«Sag ich dir ja», erwiderte Dick, «dieser Kerl wirkt so, als brächten ihn drei Morde absolut nicht um den Schlaf. Ich möchte wissen, wie Cudner da reinpasst.»

«Keine Ahnung. Aber wenn er und Orrett bis jetzt noch keinen Kontakt aufgenommen haben, dann hat Cudner auch nichts mit den Morden zu tun; aber er könnte uns die Antwort darauf geben.»

Ich sprang aus dem Bett. «Ich verlass mich mal drauf, dass Porkys Tipp in Ordnung ist! Wie würdest du Cudner beschreiben?»

«Du kennst ihn doch besser als ich.»

«Ja, aber wie würdest du ihn mir beschreiben, wenn ich ihn nicht kennen würde?»

«Ein kleiner, fetter Bursche, mit einer roten Zickzacknarbe auf der linken Backe. Was soll denn der Quatsch?»

«Ist ja gut», lenkte ich ein. «Diese Narbe ist von ganz großer Wichtigkeit. Wenn er sie nicht hätte und du solltest ihn beschreiben, würdest du alle möglichen Einzelheiten seiner äußeren Erscheinung aufzählen. Aber er hat sie, und deshalb sagst du einfach: ‹Ein kleiner, fetter Bursche mit einer roten Zickzacknarbe auf der linken Backe.› Die Chancen stehen zehn zu eins, dass er Orrett ganz genauso beschrieben wurde. Ich sehe nicht aus wie Cudner, aber ich habe seine Größe und seinen Körperbau, und mit einer Narbe in meinem Gesicht wird Orrett auf mich reinfallen.»

«Und was dann?»

«Weiß niemand; aber ich müsste eigentlich 'ne Menge erfahren, wenn ich Orrett dazu kriegen kann, mich für Cudner zu halten. Ist jedenfalls einen Versuch wert.»

«Das kannst du dir nicht erlauben – nicht in San Francisco. Cudner ist zu bekannt.»

«Was macht das schon, Dick? Orrett ist der Einzige, den ich reinlegen will. Wenn er mich für Cudner hält, schön und gut. Wenn nicht, immer noch schön und gut. Ich werde mich ihm nicht aufdrängen.»

«Wie willst du denn die Narbe vortäuschen?»

«Ganz einfach! In der Verbrecherkartei haben wir Fotos von Cudner, auf denen die Narbe zu sehen ist. Ich besorge mir etwas Kollodium – das gibt's von den verschiedensten Herstellern in jeder Drogerie zum Abdecken von Schnitten und Kratzern und so weiter –, färbe es ein und male mir damit Cudners Narbe auf die Backe. Es trocknet mit einer glänzenden Oberfläche, und dick aufgetragen wird es deutlich genug hervortreten.»

Es war kurz nach elf am folgenden Abend, als Dick mich anrief und mir sagte, dass Orrett in Pigattis Kneipe in der Pacific Street sei und sich dort offensichtlich auf eine kleine Weile einrichte. Ich hatte mir meine Narbe schon aufgemalt, sprang in ein Taxi, und binnen weniger Minuten sprach ich an der Ecke von Pigattis Spelunke mit Dick.

«Er sitzt am letzten Tisch hinten links. Und er war allein, als ich rausging. Du kannst ihn nicht verfehlen. Er ist in dem Laden der einzige Typ mit 'm sauberen Kragen.»

«Du bleibst am besten draußen – einen halben Block oder so entfernt – bei dem Taxi da drüben», sagte ich zu Dick. «Vielleicht kommen Freund Orrett und ich zusammen raus, und da hätte ich dich ganz gern in der Nähe, falls irgendwas schief läuft.»

Pigattis Bums ist ein langer, schmaler Keller mit niedriger Decke, der von Rauch immer halb verdunkelt ist. Durch die Mitte zieht sich ein schmales Stück nackter Fußboden zum

Tanzen. Der übrige Raum ist mit eng zusammengerückten Tischen vollgestellt, deren Tischtücher vor Dreck starren.

Die meisten Tische waren besetzt, als ich reinkam, und ein halbes Dutzend Paare tanzte. Nur wenige von den Gesichtern hatten noch nie am allmorgendlichen «Defilee» im Polizeipräsidium teilgenommen.

Durch den Rauch spähend erblickte ich Orrett, der allein in einer entlegenen Ecke saß und den Tanzenden mit dem aufgesetzt nichts sagenden Gesicht eines Menschen zusah, der eine Wachsamkeit verbirgt, der nichts entgeht. Ich schritt auf der anderen Seite des Raumes hinunter und überquerte die schmale Tanzfläche direkt unter einer Lampe, sodass er die Narbe deutlich sehen konnte. Dann suchte ich mir einen Tisch nicht weit von seinem und setzte mich, das Gesicht ihm zugewandt.

Zehn Minuten vergingen, während derer er Interesse an den Tänzern heuchelte und ich so tat, als starre ich gedankenverloren auf das schmutzige Tuch auf meinem Tisch; aber keinem von uns entging auch nur das leiseste Liderzucken des anderen.

Seine Augen – graue Augen, die blass waren, ohne nichts sagend zu sein, mit schwarzen, nadelspitzen Pupillen – begegneten nach einer Weile meinen mit einem kalten, festen, unergründlichen Blick; und sehr langsam erhob er sich. Eine Hand – seine rechte – in der Seitentasche seines dunklen Mantels, kam er direkt herüber an meinen Tisch und setzte sich.

«Cudner?»

«Suchen nach mir, höre ich», erwiderte ich, wobei ich versuchte, es mit der eisigen Glätte seiner Stimme aufzunehmen, ebenso wie ich versuchte, mich auf die Unverwandtheit seines Blicks einzustellen.

Er setzte sich so, dass mir seine linke Seite leicht zugedreht war, ohne dabei seinen rechten Arm in eine allzu verkrampfte Haltung bringen zu müssen, die ihn behindert hätte, würde er direkt aus der Tasche, in der seine Hand noch immer steckte, auf mich schießen wollen.

«Sie haben ebenfalls nach mir gesucht.»

Ich wusste nicht, wie die richtige Antwort darauf lautete, deshalb grinste ich einfach. Aber das Grinsen kam nicht von Herzen, und ich hatte, bemerkte ich, einen Fehler gemacht – einen, der mich was kosten konnte, ehe wir miteinander fertig waren. Dieser Kerl suchte Cudner nicht als Freund, wie ich leichtsinnigerweise angenommen hatte, sondern befand sich auf dem Kriegspfad.

Ich sah die drei toten Männer in Zimmer 906 aus dem Schrank fallen!

Meine Pistole steckte in meinem Hosenbund, wo ich schnell an sie rankam, aber er hatte seine in der Hand. Darum achtete ich darauf, meine Hände bewegungslos auf der Tischkante liegen zu lassen, während ich mein Grinsen noch verbreiterte.

Seine Augen veränderten sich, und je länger ich sie ansah, desto weniger gefielen sie mir. Das Grau in ihnen war dunkler und matter, die Pupillen waren größer geworden, und weiße Halbmonde kamen unter dem Grau hervor. Zweimal schon hatte ich in Augen wie diese gesehen – und nicht vergessen, was sie im Schild führten –, es waren die Augen des geborenen Killers!

«Wie wär's, wenn Sie rauslassen, was Sie zu sagen haben», schlug ich nach einer Weile vor.

Aber er ließ sich nicht zu einer Unterhaltung verleiten. Er schüttelte den Kopf nur um den Bruchteil eines Zentimeters, und die Winkel seines zusammengepressten Mundes sanken ein klein wenig nach unten. Die weißen Halbmonde der Augäpfel wurden breiter und schoben die grauen Kreise nach oben unter die Lider.

Es ging los! Und es war sinnlos, die Sache abzuwarten!

Ich trat ihm unter dem Tisch gegen das Schienbein, stieß im selben Augenblick den Tisch in ihn rein und warf mich darüber. Die Kugel aus seiner Pistole ging zur Seite weg. Eine zweite Kugel – nicht aus seiner Waffe – schlug in den Tisch, der jetzt hochkant zwischen uns stand.

Ich hatte ihn bei den Schultern, als ein zweiter Schuss von

hinten ihn in den linken Arm traf, gleich unterhalb von meiner Hand. Ich ließ los und ging parterre, rollte rüber zur Wand und drehte mich um, sodass ich in die Richtung sehen konnte, aus der die Kugeln gekommen waren.

Ich hatte mich gerade noch rechtzeitig umgedreht, um zu sehen, wie etwas ruckartig hinter der Ecke des Ganges verschwand, der zu dem kleinen Speisesaal führte – Guy Cudners Narbengesicht. Und während es verschwand, fetzte eine Kugel aus Orretts Pistole dort den Putz von der Wand, wo es eben noch gewesen war.

Ich grinste beim Gedanken daran, was in Orretts Kopf vorgehen musste, wie er da ausgestreckt auf der Erde lag und sich von zwei Cudners umzingelt sah. Aber genau in dem Moment gab er einen Schuss auf mich ab, und ich stellte mein Grinsen ein. Zum Glück musste er sich umdrehen, um auf mich zu schießen, wobei er sein Gewicht auf den verletzten Arm verlagerte – der Schmerz ließ ihn zusammenzucken, und so verfehlte er sein Ziel.

Ehe er sich bequemer aufgestützt hatte, war ich schon auf allen vieren zu Pigattis Küchentür – die nur wenige Fuß entfernt war – gekrochen und hatte mich hinter einer Ecke in der Wand aus dem Schussfeld und in Sicherheit gebracht; alles, bis auf die Augen und den Scheitel meines Kopfes, die ich riskierte, um zu sehen, wie es weiterging.

Orrett lag jetzt drei oder dreieinhalb Meter von mir entfernt platt am Boden, das Gesicht Cudner zugewandt, und hatte eine Pistole in der Hand und eine zweite neben sich.

Auf der anderen Seite des Raumes, vielleicht zehn Meter entfernt, beugte sich Cudner in kurzen Abständen um seine schützende Ecke herum, um mit dem Mann am Boden Schüsse zu wechseln und gelegentlich auch mal einen in meine Richtung abzugeben. Wir hatten die Bude für uns. Es gab vier Ausgänge, und der Rest von Pigattis Kunden hatte sie sämtlich benutzt.

Auch ich hatte meinen Revolver gezogen, verlegte mich aber aufs Warten. Cudner, dachte ich mir, war gesteckt worden, dass

Orrett nach ihm suchte, und war ohne falsche Vorstellung von dessen Meinung auf dem Schauplatz erschienen. Nur, was zwischen ihnen vorlag und welche Beziehung das alles zu den Morden im Hotel Montgomery hatte, das war mir ein Rätsel, aber ich versuchte nicht, es gerade jetzt zu lösen.

Sie feuerten im Gleichtakt. Cudner beugte sich um die Ecke, ihre Waffen spuckten los, und dann tauchte er wieder weg. Orrett blutete mittlerweile am Kopf, und eins seiner Beine krümmte sich verrenkt hinter ihm. Ich konnte nicht erkennen, ob Cudner ernsthaft getroffen war oder nicht.

Jeder hatte acht oder vielleicht auch neun Schüsse abgefeuert, als Cudner plötzlich voll aus der Deckung sprang und die Pistole in seiner Linken so schnell hintereinander abdrückte, wie es der Mechanismus nur zuließ, während die Waffe in seiner rechten Hand lose an seiner Seite runterhing. Orrett hatte die Pistolen gewechselt; er hockte jetzt auf den Knien, und seine frische Waffe hielt mit der seines Feindes Schritt.

So konnte das nicht ewig gehen!

Cudner ließ den Revolver, mit dem er gefeuert hatte, fallen, und als er den anderen hob, sackte er nach vorn und fiel auf die Knie. Orrett hörte plötzlich auf zu schießen und fiel nach hinten auf den Rücken – in voller Länge ausgestreckt. Cudner feuerte noch einmal – unkontrolliert in die Decke – und sank nach vorn auf sein Gesicht.

Ich sprang neben Orrett und stieß mit dem Fuß seine beiden Pistolen weg. Er lag still da, doch seine Augen waren offen.

«Bist du Cudner, oder war er es?»

«Er.»

«Gut!», sagte er und schloss die Augen.

Ich ging zu Cudner und drehte ihn auf den Rücken. Seine Brust war buchstäblich in Fetzen geschossen.

Seine dicken Lippen bewegten sich, und ich brachte das Ohr näher an sie heran. «Hab ich ihn erwischt?»

«Ja», log ich, «er ist schon kalt.»

Sein sterbendes Gesicht verzog sich zu einem Grinsen.

«Tur mir Leid ... drei im Hotel ...», keuchte er heiser. «Irrtum ... falsches Zimmer ... erwischte einen ... musste ... anderen beiden ... mich schützen ... ich ...» Ein Schauer durchlief ihn, dann starb er.

Eine Woche später ließen die Leute vom Krankenhaus mich mit Orrett sprechen. Ich erzählte ihm, was Cudner vor seinem Tode gesagt hatte.

«Genau das habe ich auch rausgefunden», sagte Orrett durch die dicken Verbände, in die er gewickelt war. «Deswegen bin ich am nächsten Tag ausgezogen und hab meinen Namen geändert.»

«Ich nehme an, Sie haben mittlerweile die Geschichte fast ganz gelöst», sagte er nach einer Weile.

«Nein», gestand ich, «das habe ich nicht. Ich habe da zwar so eine Idee, worum's bei der Sache ging, aber ich hätte nichts dagegen, wenn Sie mir ein paar Einzelheiten erklären könnten.»

«Tut mir Leid, ich kann Ihnen die Aufklärung nicht abnehmen, ich muss vielmehr selbst in Deckung gehen. Aber ich werde Ihnen eine Geschichte erzählen, die Ihnen vielleicht weiterhilft. Es war einmal ein erstklassiger Hochstapler – einer von den Typen, die in der Presse schon mal ‹Superhirn› genannt werden. Eines Tages stellte er fest, dass er genügend Geld zusammengerafft hatte, um das Spielchen aufzugeben und sich als angesehener Mann zur Ruhe zu setzen.

Aber er hatte zwei Helfershelfer – einen in New York und einen in San Francisco –, die einzigen Menschen auf der Welt, die wussten, dass er ein Hochstapler war. Und außerdem hatte er vor beiden Angst. Deshalb meinte er, er käme leichter zur Ruhe, wenn er sie aus dem Wege schaffen ließe. Und es war zufällig so, dass keiner von diesen Helfershelfern den anderen jemals zu Gesicht bekommen hatte.

Darum redete Superhirn den beiden ein, dass der jeweils andere ein falsches Spiel mit ihm treibe und um der Sicherheit aller Beteiligten willen umgelegt werden müsse. Und beide fielen drauf rein. Der New Yorker fuhr nach San Francisco, um sich den anderen zu schnappen, und dem Mann in San Francisco wurde hinterbracht, dass der New Yorker an dem und dem Tag ankomme und in dem und dem Hotel absteige.

Superhirn glaubte, dass gleiche Chancen für beide bestünden, ins Gras zu beißen, wenn sie aufeinander träfen – und er hatte damit beinahe Recht. Auf jeden Fall war er sicher, dass einer sterben würde, und dann wäre, selbst wenn der andere dem Galgen entginge, nur noch einer da, den er später unschädlich machen müsste.»

Die Geschichte war nicht so detailliert, wie ich es mir gewünscht hätte, aber sie machte mir einiges klar.

«Wie erklären Sie sich eigentlich, dass Cudner ins verkehrte Zimmer geriet?», fragte ich.

«Das war seltsam! Vielleicht folgendermaßen: Mein Zimmer hatte die Nummer 609, und die Morde wurden im Zimmer 906 begangen. Angenommen, Cudner ging an dem Tag, von dem er wusste, dass ich ankommen würde, ins Hotel und warf einen raschen Blick auf die Gästeliste. Wenn er es vermeiden konnte, wollte er nicht dabei erwischt werden, wie er sie sich ansah, und so drehte er sie nicht herum, sondern sah nur schnell hin, während sie so dalag und er vor dem Rezeptionsschalter stand.

Wenn man eine dreistellige Zahl verkehrtherum liest, muss man die Ziffern im Kopf umdrehen, um sie in die richtige Reihenfolge zu bekommen. Zum Beispiel 123. Man würde sie 3-2-1 lesen und dann im Kopf umstellen. Und genau das machte Cudner mit meiner Zimmernummer. Er war natürlich nervös, weil er an das dachte, was noch vor ihm lag, und übersah die Tatsache, dass 609, verkehrt herum gelesen, immer noch 609 lautet. Er drehte sie herum und machte 906 draus – Develyns Zimmer.»

«So reime ich mir das auch zusammen», sagte ich, «und ich glaube, es stimmt im Großen und Ganzen. Und dann sah er zum Schlüsselbrett hinüber und stellte fest, dass 906 nicht da hing. Und so dachte er, er könnte seine Aufgabe eigentlich ebenso gut sofort erledigen, wo er zu dieser Zeit doch auf den Hotelkorridoren herumlaufen konnte, ohne Aufmerksamkeit zu erregen. Er kann natürlich auch zu dem Zimmer raufgegangen sein, noch ehe Ansley und Develyn kamen, und auf sie gewartet haben, aber ich bezweifle das.

Ich halte es für wahrscheinlicher, dass er einfach zufällig ein paar Minuten nach ihrer Rückkehr in das Hotel kam. Ich nehme an, Ansley war gerade allein im Zimmer, als Cudner die unverschlossene Tür öffnete und eintrat – und Develyn war im Badezimmer und holte die Gläser.

Ansley war ungefähr so groß und so alt wie Sie und Ihnen äußerlich ähnlich genug, um auf eine flüchtige Beschreibung von Ihnen zu passen. Cudner ging auf ihn los, und Develyn, der das Handgemenge hörte, ließ darauf die Flasche und die Gläser fallen, kam ins Zimmer gerannt und kriegte ebenfalls sein Teil.

Da Cudner so war, wie er war, meinte er, zwei Morde seien nicht schlimmer als einer, außerdem wollte er keine Zeugen hinterlassen.

Und so geriet wahrscheinlich auch Ingraham in die Geschichte hinein. Er kam auf dem Weg von seinem Zimmer zum Fahrstuhl an Develyns Zimmer vorbei, hörte womöglich den Krach und sah nach. Cudner hielt ihm einen Revolver vor die Nase und ließ ihn die beiden Leichen in den Schrank packen. Und dann stieß er ihm sein Messer in den Rücken und knallte die Tür hinter ihm zu. Das ist ungefähr die –»

Eine aufgebrachte Krankenschwester stürzte herein und befahl mir, das Zimmer zu verlassen, da ich ihren Patienten zu sehr aufrege.

Orrett hielt mich noch einen Moment zurück, als ich mich zum Gehen wandte.

«Achten Sie auf die Nachrichten aus New York», sagte er, «da erfahren Sie vielleicht den Rest der Geschichte. Die ist noch nicht zu Ende. Hier drüben hat niemand was gegen mich in der Hand. Diese Schießerei war reine Notwehr, soweit sie mich betrifft. Aber sobald ich wieder auf den Beinen bin und an die Ostküste zurückkomme, wird's dort ein Superhirn geben, das mit 'ner Menge Blei gefüllt ist. Das ist ein Versprechen!»

Ich glaubte ihm.

Die Dauergäste

Kit Pedler

Riker fühlte sich unbehaglich. Die lange Fahrt von London war eine einzige Frustration gewesen mit stinkenden Lastwagen und ständigen Behinderungen. Nun beruhigte der Anblick des kühlen, gewundenen Sträßchens, überwölbt von sanften Bäumen, seine überreizten Sinne. Vier Tage, vier ganze Tage mit grüner Landschaft, Meer und Stille. Keine Sitzungen, keine Kompromisse, keine Sorge um Zuschüsse.

Als er in den grünen Tunnel der Straße hineinfuhr, spürte er, wie das absurde Theater seines Berufslebens zurückwich, bis es nur noch eine ferne Unruhe ohne jede Realität war.

Er rekapitulierte Kemptons Anweisungen: Wenn du Ryde verlässt, nimmst du die Abzweigung Richtung Bonchurch, nach ungefähr einer halben Meile siehst du dann auf der linken Seite das Schild «Pickstone Hotel» – es ist gleich hinter der Kirche.

Sonderbar, Kempton zu sehen. Er schien aus dem Verkehr gezogen zu sein. Dann tauchte er plötzlich auf der biochemischen Konferenz auf. Er erinnerte sich an die zwanghafte, beinahe fanatische Redeweise, als jener von seinen letzten Experimenten erzählte und Seite für Seite eine dicke, aus losen Blättern bestehende Datensammlung mit ihm durchging. Ihm fiel ein, dass er sich an einer der Heftleisten des Ordners den Finger geschnitten und welch übertriebene Aufregung das verursacht hatte. In seiner Erinnerung ging es auch um einen Sturm ethischer Entrüstung. Um ein Experiment mit Affen...

Laien moralisieren immer zu schnell, wenn es um die Wissenschaft geht – sie kennen nie die Fakten, wissen nur, was irgend so ein Käseblatt ihnen erzählt hat...

Die Kirche war durch die Bäume zu sehen – ja –, da war es, halb in der Hecke verborgen – in einfachen, frisch gemalten Buchstaben: «Pickstone Hotel». Als er in die Zufahrt einbog, sah er in Gedanken vor sich: Essen, ein Bad und saubere, kühle Laken. Er schwelgte in der Vorstellung, während die Räder auf dem Kiesweg knirschend zum Stillstand kamen.

Es sah zu perfekt aus. Ein gedrungenes, verwittertes Steinhaus – eine leicht durchhängende Dachlinie – geschmackvolle Blumenbeete und eine einzige riesige Zypresse, die das milde Licht der Abendsonne auf den Rasen sprenkelte. Als er den Motor abstellte, war das Schweigen so vollkommen, dass seine Ohren ein eigenes Geräusch zu erzeugen schienen. Irgendwo hinter dem Garten konnte er noch schwach das dumpfe Dröhnen und Zischen des Meeres in der Ferne hören.

Als er durch die offene Eingangstür trat, spürte er sofort, dass sich die Atmosphäre der Luft verändert hatte. Er blickte um sich, und seine Augen schweiften über ruhige Eichenmöbel, helle Sitzbezüge, eine große Standuhr, die selbstgefällig in einer Ecke vor sich hin tickte. Einen mit guten Perserteppichen bedeckten Steinfliesenboden. An den Wänden hingen gerahmte Fotografien von Männern in kleinen Gruppen – einer von ihnen – ja, gewiss – war Carrel, der Gewebekultur-Pionier. Aber irgendetwas war mit der Luft in dem Raum, sie schien irgendwie einen höheren Druck zu haben – nicht der geringste Luftzug, nur ein alles umhüllender Eindruck großer Abgestandenheit. So als ob die leiseste Störung das ganze Bild zum Erzittern bringen würde.

Jedes Haus hat seinen eigenen Geruch. Möbelpolitur, frisch gewaschenes Leinen. Aber hier war ein anderer, unbestimmter Duft. Ganz schwach, er versuchte ihn zu identifizieren. Irgendwie erinnerte er ihn an seine berufliche Tätigkeit – Desinfektionsmittel – nein – nicht ganz. Süßlich – aromatisch, nicht unangenehm. Die Uhr surrte kurz.

«Hallo.»

Die Stimme ließ ihn zusammenfahren. Er drehte sich um.

«Kann ich Ihnen helfen?»

Sie stand in der Türöffnung. Groß, ein schmales, von Lachfältchen gerunzeltes Gesicht; leuchtende, intelligente Augen. Sie hielt einen Strauß frisch gepflückter Blumen und streichelte die Blütenblätter.

«Sind sie nicht wunderschön? Kommen Sie aus London?»

«Nun, ja, aber woher wissen Sie ...»

Sie lächelte. «Ihre Zulassungsnummer – Middlesex. Ich sah sie vom Fenster aus.»

«Ich hätte gern ein Zimmer, wenn Sie eins haben.»

«Ja, das geht in Ordnung. Es ist noch früh in der Saison. Ich habe ein hübsches mit Blick auf den Garten, wollen Sie es sich ansehen?»

«Meine Tasche ist noch im Wagen.»

«Oh, Nils, wird sie holen. Kommen Sie – ich bringe Sie rauf.»

Das Zimmer war genau richtig. Hoch und luftig. Der Abendgesang der Vögel drang durch die großen offenen Fenster herein.

«Dies ist – danke vielmals, hier wird es mir bestimmt gefallen.»

«Das freut mich. London ist schrecklich. Sie werden sich hier prächtig entspannen – das tut jeder.»

«Ja, ich komme nicht so oft weg, wie ich sollte.»

Er betrachtete sein Gesicht im Spiegel. Gott, was für ein schrecklicher Anblick. Großstadtblässe, schlaffe Säcke unter den Augen. Hinter sich, im Spiegel, sah er, dass sie ihn ernst beobachtete. Er drehte sich um. Ihr Ausdruck hatte sich bereits in ein Lächeln verwandelt. Sie beschäftigte sich nervös mit den Handtüchern.

«Jetzt zeige ich Ihnen, wo alles ist.»

Müdigkeit überkam ihn, als sie die Treppe hinuntergingen, er hörte kaum zu:

«... das Badezimmer – da ist das Klo. Zum Speisezimmer geht's hier entlang – das ist die Bar – Nils kümmert sich darum – machen Sie sich keine Sorgen wegen der Ausschankzeiten oder etwas Ähnlichem. Hier ist der Salon.» Als sie ihn durch die halb offene Tür betraten, sah er eine Anzahl älterer Paare schweigend dasitzen. Die Luft, die durch die Tür strömte, war heiß. Wieder nahm er diesen süßlichen Geruch wahr, diesmal gemischt mit Parfüm. Erinnerungen wurden wach – ein leichtes Prickeln des Erkennens durchlief seinen Körper.

«Machen Sie von allem Gebrauch. Sie sehen, im Moment geht es hier ganz ruhig zu.»

Sie wies auf den Salon:

«Zur Zeit habe ich nur meine Dauergäste.» Sie lachte kurz. Ihre Stimmung schien sich zu ändern: «Ja, meine Dauergäste – sie sind immer bei mir, die armen Lieben.»

«Die armen Lieben?»

«Nein, nicht wirklich. Die meisten sind pensioniert, wissen Sie, und haben eigentlich nicht viel zu tun. Ich *liebe* es, beschäftigt zu sein.»

«Es ist wirklich ein wunderschönes Haus, Sie müssen sehr stolz darauf sein.»

«Ja, und dann habe ich noch meine Papiere – ich bin nie um eine Tätigkeit verlegen – keine Zeit für Erinnerungen. Es gibt immer irgendetwas. Bewahrt mich davor, senil zu werden.»

«Sie sehen kein bisschen alt aus.»

«Oh, ich bin absolut betagt.» Sie lächelte.

Netter alter Vogel, dachte er. Wahrscheinlich werde ich ein Psychosenbündel, wenn ich so alt bin wie sie.

«Sie müssen irgendein geheimes Elixier besitzen.»

«O nein, nichts derart Magisches, fürchte ich, ich versuche nur, bewusst zu bleiben – das ist alles.»

Ihr Gesicht beunruhigte ihn. Der Ausdruck – nicht das Gesicht, sondern der Ausdruck – war ihm irgendwie vertraut, aber er konnte ihn nicht einordnen . . .

«Was ist?» Sie lächelte ermutigend.

«Tut mir Leid, für einen Moment dachte ich, ich hätte Sie schon irgendwo gesehen.»

Sie lächelte: «Alte Frauen sehen sich ähnlich . . .»

«Verzeihen Sie, ich wollte nicht . . .»

«Menschen werden nur zu Individuen, wenn sie sich verlieben, meinen Sie nicht auch? Babys und alte Leute sind sich eigentlich alle ähnlich.»

Er murmelte etwas Nichtssagendes. Während sie weitergingen, zerbrach er sich den Kopf über ihre Worte.

«Betreiben Sie dieses Hotel schon lange?» Die Direktheit seiner Frage machte ihn leicht verlegen.

«O ja – schon seit Jahren. Ich kam zu etwas Geld und kaufte es. Am Anfang war es ein Hobby, dann kamen die Leute regelmäßig, und es bildete sich eine Art Stammkundschaft. Meinen Dauergästen gefällt es – sie haben hier keine Sorgen. Ich tue alles für sie, sie können sich wirklich entspannen. Es ist schwer, alt zu sein, Mr . . . tut mir Leid, ich vergaß . . .»

«Riker.»

«Es tut mir so Leid, ich habe ein schreckliches Namensgedächtnis.»

Ein großer grauhaariger Mann in einer weißen Barkeeperjacke kam auf sie zu.

«Oh, Nils, das ist Mr Riker. Er wird eine Weile bei uns bleiben – ich habe ganz vergessen zu fragen, wie lange.»

«Drei oder vier Tage, wenn ich darf.»

«Das ist in Ordnung – es geht sehr ruhig bei uns zu. Ich nehme an, Sie hätten gern einen Drink vor dem Abendessen?»

«Ich freue mich schon seit Stunden darauf.»

«Nils, nimm doch Mr Riker mit, ja?»

Der große Mann nickte ernst.

«Gut. Wenn Sie mich jetzt entschuldigen würden, Mr Riker, ich muss mich um das Abendessen kümmern.» Sie eilte geschäftig davon und legte im Vorbeigehen letzte Hand an eine Vase mit Blumen. Nils ging voraus. Riker bemerkte eine mühelose Grazie in seinen Bewegungen; seine kräftig gebaute Gestalt hatte einen sich beinahe schlangenhaft windenden Gang – ohne jede Anstrengung.

In der Bar entschied sich Riker fürs Luxuriöse. Er bestellte einen großen Malzwhisky. Während Nils einschenkte, fielen ihm wieder dessen geschickte Bewegungen auf – wie einer seiner Techniker beim Aufbau eines Experiments. Der Vergleich verursachte ihm Beklemmungen – Zeit, das Labor zu vergessen – er verbannte das Bild aus seinem Kopf.

«Abendessen gibt es, wann Sie wollen, Sir.» Seine Stimme hatte eine Spur von einem Akzent. «Nehmen Sie sich noch einen, wenn Sie mögen.»

«Das ist sehr vertrauensvoll von Ihnen», lachte er.

«Ich habe den Pegel auf der Flasche markiert, Sir.» Sein Lächeln war breit und spontan. «Ich werde Mrs Connors beim Abendessen ein wenig helfen. Gehen Sie in den Salon, wenn Sie Lust haben.»

Riker dankte ihm und ließ sich auf einem der weichen Lederstühle nieder. Langsam breitete sich die Wärme des Whiskys in seinem Körper aus. Er genoss die veränderte Stimmung, die ihn überkam, als Anspannung und Hektik des Stadtlebens zurückwichen. Er saugte die Ruhe in sich auf. Er dachte an Thérèse – hätte sie mit herbringen sollen – nein, eigentlich nicht – großartig im Bett – redete zu viel hinterher. Er dachte an ihren vollkommenen Körper – zu viel Unruhe – sie würde so viel *tun* wollen ... seine Gedanken schweiften ab, und er schlief ein.

«Sir?» Er schreckte hoch. Nils beugte sich über ihn, die Hand auf seiner Schulter.

«Neun Uhr, Sir. Möchten Sie jetzt vielleicht Ihr Abendessen?»

«Was – Abendessen? Guter Gott, habe ich so lange geschlafen?»

«Sie waren fix und fertig. Die lange Reise, nehme ich an.»

Das Speisezimmer enthielt ungefähr ein Dutzend Tische mit aufgelegten Gedecken. Er war allein. Während Nils ihm ein einfaches, aber gut zubereitetes Mahl servierte, erkundigte er sich nach den anderen Gästen.

«Sie essen alle in ihren Zimmern, Sir. Es ist ihnen lieber, sie sind ein bisschen pingelig. Sie haben alle ihre bevorzugten Spezialitäten.»

Riker lag ruhig im Bett und horchte auf das schwache Geräusch des Windes in der großen Zypresse draußen vor dem Fenster. Hellwach starrte er die grauen, kaum wahrnehmbaren Schatten an den Wänden an. Das Haus machte seine eigenen kleinen Geräusche – Geräusche, die in der Nacht eine gewisse Schärfe annahmen. Schlaf war unmöglich, seine Gedanken überschlugen sich in dem Bemühen, die Anspannung des Tages abzuschütteln. Er überreagierte auf jedes Bild, das seine überreizte Vorstellung hervorbrachte. Allmählich nahm die Spannung in seinem Körper zu, fast wie ein physischer Schmerz: wie ein beengendes Band um die Brust. Es war, als ob die Luft des Schlafzimmers uralte Gefühle atmete, ihm eine Gefahr mitteilte – eine schleichende Gefahr, die sich nach oben durch das ganze Haus ausbreitete.

Er zwang sich, vernünftiger zu denken, die hektischen Tage der jüngsten Vergangenheit noch einmal durchzugehen – die endlose Schinderei im Labor – die Sorge wegen seines Vortrags für die internationale Konferenz in Prag. Langsam überzeugte er seine gereizten Nerven von der Ursache seines Zustandes – schlichte Überarbeitung – ein in Unordnung geratenes Leben – zu wenig Liebe.

Selbstmitleid trat an die Stelle von Angst, und er versuchte eine bequemere Position zwischen den zerknitterten Bettlaken zu finden. Erschrocken bemerkte er, dass er kurz eingeschlafen war. Wieder begann das Gefühl der Angst zu pulsieren, und wieder übermannte der Schlaf die Angst. Er trieb ins Unbewusste davon.

Den nächsten Tag verbrachte er damit, die Küste zu erforschen, und wanderte meilenweit über den fast menschenleeren Kiesstrand. Nach einem Sandwich zum Mittagessen kletterte er über die Klippen zurück, ging durch die Stadt und dann weiter zum Hotel.

Es sah immer noch wie ein Gemälde aus. Wie zu Unbeweglichkeit erstarrt, bis er zurückkehrte. Sie zog die Standuhr auf mit einer Kurbel, die im Zifferblatt steckte, als er die Empfangshalle betrat.

«Sie sehen bereits viel besser aus», sagte sie lächelnd.

«Der Strand ist faszinierend, es gibt dort Unmengen von Fossilien.»

«Ja, hauptsächlich Ammoniten.» Sie öffnete die vordere Tür der Uhr, um zu sehen, ob die Gewichte frei hingen.

Er studierte ihr Gesicht.

Hinter den Linien des Altes verbarg sich etwas beinahe Begehrenswertes. Es war, als ob sie eine unbestimmte Sehnsucht in seiner eigenen Erinnerung repräsentierte. Er begann, sie sich jünger vorzustellen. Sah ihr Profil, befreit von der Schlaffheit der Jahre. Ja, ihre Augen waren ruhig, beinahe liebevoll. In ihrem Ausdruck lag unzweifelhaft Sympathie, in ihrem Blick eine herzliche Wärme. Während sie sich an den Stielen und Blüten zu schaffen machte, war ihr Blick in die Ferne gewandert, irgendwohin, wo sie einmal gelebt hatte. Nicht dort in der überordentlichen Halle, sondern weit weg, an einem unbekannten Ort. Wo an Werten festgehalten wurde gegen alle Oppositionen.

Er dachte kurz an Thérèse. An ihre selbstsichere Schönheit, ihre ungezwungene Sexualität. Ihre Umarmung war eine unbeschwerte Belohnung. Ein offenes Gehen und Nehmen. Eine kindliche Hinnahme eines kurzen Bedürfnisses. Aber nichts sonst.

In der Haltung der Frau war ein altes und sehr starkes Verständnis, keinerlei Zwang, eine abwartende Zielstrebigkeit. Sie drehte sich zu ihm um.

«Sie sind so richtig frisch, nicht wahr?»

Er murmelte ermutigend.

«Sie wachsen gemäß ihrem eigenen vorherigen Bild.»

Ihre Intelligenz beunruhigte ihn. Warum benutzte sie so seltsame Anspielungen?

«Ich habe sie viele Jahreszeiten hindurch beobachtet.»

Sie wandte sich ihm plötzlich zu. «Ich wollte, sie hielten

ewig. Aber sie tun es nicht. Das Wasser, das ich ihnen gebe, ist unvollkommen – es vergiftet sie. Sie mögen nicht, was ich ihnen gebe. Es ist nicht in Ordnung – irgendetwas fehlt...»

Er merkte, wie er ins Schwimmen kam. «Es gibt doch noch so viele andere – sie wachsen immer weiter...» Sogar während er sprach, war er sich eines Gefühls unglaubwürdiger Verstellung bewusst. Er hatte keinen Kontakt zu ihr; da war eine tiefe, unüberbrückbare Kluft.

Er sprach lediglich, um eine Lücke in einem Dialog zu füllen. Während er ihre sanften Bewegungen beobachtete, hatte er das Gefühl, ein Störenfried zu sein. Ein Spion bei einer privaten Zeremonie, ein Eindringling in einem sorgfältig geplanten Theaterstück.

Sie sah ihn direkt an. Ihr Ausdruck war nach innen gewandt. Es war, als ob er ein Bedürfnis befriedigte – auf ein Ziel zusteuerte.

«Sie sehen aus, als ob Sie sehr bedrückt wären», sagte sie.

«Nein. Ich brauche nur Luft. Die Dinge gehen nicht sehr gut im Augenblick.» Er fand seine Worte abwehrend; ihr Ausdruck war aufmerksam.

Sie fuhr fort: «Es gibt eine Menge hier – vieles böte sich an – als Ihre Rolle.»

Die Worte kribbelten auf seiner Haut.

Für einen Moment nahmen sie beide eine abwartende Haltung ein – beugten sich ein wenig vor, sondierten Nuancen, aufmerksam und misstrauisch. Ihre Augenlider senkten sich – besiegten seine Angst.

«Warum machen Sie nicht einen Spaziergang an der Küste? Der Wind hat sich gelegt.»

Für einen kurzen Augenblick sah er ihre Augen, blutrot, gierig; er sah seinen eigenen Tod, trivial und sinnlos. Der Augenblick dauerte an – eine schwache, angstvolle Erfahrung des Verderbens.

«Am Strand in Richtung Rimble gibt es ein Pub.»

Das Wort «Pub» gab ihm Zuversicht, es hatte einen so gewöhnlichen, banalen Klang. Voller Humpen und Freundlichkeit.

Das Gefühl der Bedrohung verschwand.

Es war ein Pub wie auf einer Theaterbühne.

Pferdezaumzeug an schwarzen Balken. Grünes Glas in Fischernetzen, die Sportsegler in weißen Pullovern. Selbst das Bier war vollmundig und bekömmlich. Er unterhielt sich sogar mit dem traurig dreinblickenden Mann hinter der Bar.

«Ja, ich wohne bei Mrs Connors.»

«Bei wem, Sir?»

«Bei Mrs Connors. An der Küstenstraße hinter der Kirche. Sie wissen schon.»

«Ich weiß es wirklich nicht, Sir – wo soll das sein?»

Als er langsam zwischen den dunklen Hecken zurückging, die das mondbeschienene Band der Straße begrenzten, wetteiferte die Vorstellung mit der Vernunft ...

Er war der Londoner Tretmühle entflohen. Der schrillen Gehässigkeit seiner akademischen Kollegen, den Vorlesungen, den Routineexperimenten im Labor.

Thérèse mit ihrer kurzen Zuwendung und ihrem auf Rechte pochenden Bedürfnis. Ein Gefühl des Verlusts – ein Dahinschwinden.

Der saubere, feuchte Geruch der Sommernacht, selbst der war jetzt vergiftet – vielleicht nur durch sein Misstrauen.

Er erreichte die Abzweigung zum Hotel, suchte in der Hecke nach dem bemalten Schild.

Es war nicht da.

Er verglich die Umrisse der Hecke, den hohen Telegrafenmast. Er rekonstruierte die Szene, wie er hier entlanggefahren war. Er setzte das bemalte Schild da hinein.

Es war nicht da. Es war einfach nicht da. Verdammt lächerlich. Zu viel getrunken. Werde morgen nachsehen.

Er ging den Hügel hinunter zum Hotel.

Was ich da sage? Ihr Schild ist geklaut worden. Hab's gesehen, als ich ankam, war die einzige Möglichkeit, hierher zu finden. Es ist weg – nicht da.

Er stellte sich ihr freundliches Erstaunen vor.

«Ich sage Ihnen, es ist weg!» Gott, bin ich betrunken, dachte er. Es muss da sein. Er sah noch einmal nach. Er riss die Zweige zur Seite. Kein Hotelschild – kein verdammtes Schild, nichts. Nur Scheißblätter, wo ist das verfluchte Ding? – sah es, als ich herkam – muss es gesehen haben – die einzige Möglichkeit, das verdammte Haus zu finden.

Er stolperte weiter.

Das Schild war *nicht* da.

Der Barkeeper kannte das Haus nicht.

Zurück in seinem Zimmer, setzte er sich auf den Bettrand, ein Glas Cognac in der Hand, und dachte über das ganze Erlebnis nach. Er verglich es mit seiner eigenen chronischen Müdigkeit und Angst. Wie bringt man einem Hotelbesitzer bei, dass sein Schild gestohlen worden ist? Warum nicht? Das muss ziemlich alltäglich sein – wahrscheinlich Vandalen. Im Pub schienen sie sie nicht zu kennen – wenigstens nicht mit Sicherheit.

Sie sprach in seltsamen Sätzen.

Nils bewegte sich wie eine Katze.

Der Geruch des Hauses – er hatte ihn irgendwo in seinem Kopf gespeichert.

Plötzlich klickte es. F199 – synthetischer Gewebenährboden. Er benutzte ihn selbst im Labor, um Zellen zu züchten – F199, das war es.

Auf dem Weg nach unten zum Abendessen kam er am Salon der Dauergäste vorbei. Die Tür stand teilweise offen. Er ging hinein. Es war heiß.

In einer Ecke saß ein älteres Paar neben dem Kamin. Der Mann sah wie etwa sechzig aus. Er war dünn, mit kurz geschnittenem grauem Haar. Er trug eine braune Tweedjacke mit Lederflicken an den Ellenbogen und las Zeitung durch eine

Brille mit Halbgläsern. Die Frau war dick und sah, ohne sich zu rühren, ausdruckslos und schweigend zu.

Auf der gegenüberliegenden Seite des Kamins saß ein großer knochiger Mann unbequem in einem Sessel zusammengesunken und in ein Buch vertieft da. Er hatte langes schwarzes Haar mit grauen Strähnen an den Schläfen, und sein Gesicht trug einen Ausdruck wacher, aggressiver Intelligenz. Er sah auf, als Riker eintrat, nickte mit einem leichten abwesenden Lächeln und wandte sich wieder seinem Buch zu. Riker konnte gerade den Titel erkennen: «Zellorganisation und Systemanalyse».

Ein anderes Paar saß am Fenster. Der Mann schien unglaublich alt zu sein. Sein Gesicht hatte eine hinfällige gelbe Farbe, und die Haut hing ihm in tiefen, ausgeprägten Falten herab, so als ob nichts sie je bewegt hätte. Er starrte unverwandt aus dem Fenster. Irgendetwas an der Spitze der Zypresse nahm seine Aufmerksamkeit gefangen. Er beugte sich vor. Als er sich bewegte, bemerkte Riker, dass der Rücken seiner Jacke am Stuhl befestigt zu sein schien. Die Jacke wurde nach hinten gezogen, von seinem Körper fort. Die Frau folgte seiner Bewegung. Wie Riker schien, mit einem feindseligen, verächtlichen Ausdruck.

Ein Stuhl war frei. Riker nahm ein Bauernmagazin zur Hand, setzte sich und gab vor zu lesen.

F199, da war der Geruch wieder.

Über den Rand der Zeitschrift hinweg versuchte er, sich die Charaktere der beiden Paare und des einzelnen Mannes vorzustellen. Der alte Mann am Fenster sprach: «Es wird bald Regen geben.»

Die Frau antwortete nicht.

«Ich würde gern ein bisschen nach draußen gehen – würde ich wirklich gern.»

Die Frau nickte einige Male, dann streckte sie langsam ihre Hand aus und berührte ihn. Es war eine tadelnde Geste. Sie sagte leise: «Es ist fast so weit.» Der Klang ihrer Stimme verriet sowohl Verlangen als auch Unwillen.

Der Mann am Feuer klappte sein Buch mit einem dumpfen

Knall zu, sah auf die Uhr und lehnte sich mit geschlossenen Augen im Stuhl zurück. Wieder spürte Riker die stickige Feuchtigkeit des Zimmers auf sich lasten. Er hatte das Gefühl, dass er nicht einmal die Seiten der Zeitschrift umblättern sollte, weil sie ein zu scharfes Geräusch in der samtenen Stille machen würden.

Fünf Leute, die darauf warteten zu sterben. Kein Ziel – sie existierten nur zwischen Mahlzeiten. Er parodierte im Stillen Parkinsons Gesetz für sich: Das Leben entfaltet sich, um die seiner Vollendung zugemessene Zeit zu erfüllen. Alle Geräusche erschienen undeutlich und gedämpft in der überheizten Luft. Er begann die Anwesenden wegen ihres Alters zu hassen. Er würde sich nie in diesen Zustand bringen. Lieber bei der Arbeit sterben. Sie waren wie Parasiten, die atmeten, einander abnutzten, aßen, schliefen . . .

«Ich sehe, Sie haben den Weg herein gefunden.»

Sie stand im Türrahmen. Nils ragte hinter ihr auf. Ihr Gesicht hatte sich verändert; die Entdeckung versetzte ihm einen Angststich in der Brust. Ein paar von den Falten waren verschwunden. Die leichte Schlaffheit ihrer Haut hatte eine festere, vollere Kontur angenommen. Ihre ganze Haltung war lebhafter.

Während er sie anstarrte, machte es Klick, und das undeutliche Gefühl der Vertrautheit ihrer Gesichtszüge wich einem Wiedererkennen.

Connors – nein, nicht Connors. Vor Jahren, eine Geschichte in den Zeitungen – ein wissenschaftlicher Skandal. Es gab eine Untersuchung – die Universität – wer – Marjorie – ja – Marjorie Pribram – Dr. Marjorie Pribram!

Einem in hohem Grade geschulten Geist sind unmögliche Mischungen von Umständen einfach Stoff für die Diskussion. In den Lehrerzimmern der Welt bilden sie die Grundlage für manch einen gesitteten Diskurs. Sie geben individuellen Denkern Gelegenheit, ihre genialsten und eloquentesten Strategien zu entfalten. Dabei gibt es jedoch eine Bedingung. Die unmöglichen Umstände dürfen keine realen Auswirkungen auf diejenigen haben, die sie diskutieren. Wie immer die Debatte sich also entwickelt, niemandem wird ein Schaden zugefügt. Sollte der geschulte Geist tatsächlich dem Unmöglichen begegnen, schottet er sich ab.

Marjorie Pribram!

Er taumelte zurück und prallte gegen den Tisch neben dem grauhaarigen Mann mit der Tweedjacke. Der Mann zeigte keine Reaktion – keine Geste des Ärgers. Er las die Zeitung weiter, als sei nichts geschehen.

Er stieß die Worte hervor: «Ich – ich verstehe nicht – Sie sind – Sie sind gestorben!»

Sie lächelte. «Es war ganz einfach – das Beste, was ich tun konnte.»

Er erholte sich etwas und machte einen Satz zur Tür. Nils bewegte sich geräuschlos, um den Ausgang zu blockieren. Der schwarzhaarige Mann mit dem Buch saß kerzengerade da und starrte sie begierig an. Er sprach gebieterisch.

«Wird es lange dauern?»

«Um Gottes willen, was ist hier los?»

Riker kämpfte gegen seine Panik an, er versuchte die Orientierung wieder zu finden, rang nach Worten: «Wie können Sie – Sie haben sich umgebracht!»

Die Erinnerungen flammten in seinem Gehirn auf. Dr. Marjorie Pribram. Trinity College. Gewebekultur – die Erste, die das Problem der Ganzkörpertransfusion löste. Die ein Tier mit einer künstlichen Zirkulation weiterleben ließ. Sie hatte erst Ratten und dann Primaten monatelang mit ihrer Technik am Leben erhalten. Mit wem hatte sie zusammengearbeitet?

«Kempton!» Er rief den Namen fast.

«Ja», sie lächelte beifällig. «Er ist erst kürzlich zu uns gestoßen – ein Autounfall, wissen Sie. Ich bat ihn, Sie zu überreden, hierher zu kommen. Jetzt möchte ich Sie gern allen vorstellen.» Ihr Arm schwenkte herum und wies auf den Mann mit dem schwarzen Haar. «Dies ist Dr. Corfield.» Der Mann lächelte bedächtig, während er mit seinen Fingern ungeduldig auf die

Stuhllehne trommelte. «Und dies sind Mr und Mrs Loder.» Sie deutete auf den grauhaarigen Mann in der Tweedjacke und auf die dicke Frau, dann wandte sie sich dem Fenster zu. «Und dies sind Professor und Mrs Gregory.» Der betagte Mann neigte steif seinen Kopf, und die Frau lächelte linkisch und richtete mit einer Hand ihr Haar.

Riker spürte die Kraft aus seinen Beinen weichen, ein kalter Brechreiz stieg ihm in die Kehle. Sie ergriff seinen Arm und führte ihn zu dem einzigen freien Stuhl.

«Sie sind eine sehr wichtige Persönlichkeit – alle Merkmale stimmen . . .»

«Bitte sagen Sie mir . . .», Riker suchte nach Begriffen «– warum sind Sie hier – was hat das alles zu bedeuten?»

Sie tätschelte die Armlehne seines Stuhls. «Dies wird Ihrer sein – es ist Ihr Stuhl.»

«Sie sagten, es sei Zeit!», sprach Dr. Corfield ungeduldig.

«Ja, es tut mir Leid», erwiderte sie. «Nils würdest du so nett sein?»

Nils ging zu einem Intarsieneckschrank und nahm einen glänzenden Metallständer mit einer Reihe von Glasflaschen heraus, deren jede ein gesondertes Etikett trug. Er setzte den Ständer sacht auf einem niedrigen Kaffeetisch ab.

«Sie sagten, wir könnten das neue Derivat versuchen.» Der Professor sprach gereizt wie ein kleiner Junge, der auf Süßigkeiten wartet. Er sah auf seine Uhr. «Es ist nach sieben.»

«Das können Sie, mein lieber Robert», murmelte sie. «Das können Sie.»

Nils ging zum Professor hinüber und bewegte ihn vorsichtig nach vorn. Riker saß zitternd auf seinem Stuhl. Er konnte sehen, dass der Mantel des Professors ebenfalls teilweise an der Rückenlehne des Stuhls befestigt zu sein schien. Nils hob den Mantel hoch.

Riker machte große Augen.

Aus einer Öffnung in der gepolsterten Rückenlehne stand ein Gewirr von durchsichtigen Plastikschläuchen mit polierten

Chromverbindungen hervor. Die Schläuche endeten in einer grünen Kunststoffplatte, die mit der unteren Rückenpartie des Professors verschmolz. Nils nahm eine der Flaschen aus dem Ständer, stülpte sie um und befestigte sie mit einem Stutzen an einer der polierten Metallverbindungen. Er drehte ein kleines Ventil an der Verbindung, und der Spiegel der rosa Flüssigkeit in der Flasche begann langsam zu fallen. Nach ungefähr fünfzehn Sekunden drehte Nils das Ventil zu, er nahm die Flasche ab, säuberte die Verbindungsstelle mit einem kleinen Wattebausch und lehnte den Professor wieder vorsichtig zurück. Die besorgte Quengeligkeit des Alters wich einer beinahe ekstatischen Entspannung.

«Wunderbar, oh, ganz ausgezeichnet», murmelte er und schloss die Augen.

Sie wandte sich an Riker: «Sie müssen viele Fragen haben.»

«Bitte verschwenden Sie keine Zeit mehr», unterbrach Dr. Corfield.

«Ja, natürlich», erwiderte sie. «Nils, würdest du ...»

Nils bereitete die zweite Flasche vor. Sie lächelte ihn an.

«Sehen Sie, man ist in der Lage weiterzuarbeiten – hinterher. Ich hatte keine Ahnung, es ist wirklich höchst anregend. Alle Arten von Ermutigung. Als ich – als es mit mir geschah – war ich gerade dabei, meine wichtigste Untersuchung zu beenden. Das Hauptproblem, auf das ich gestoßen war, war eine Gewebeabwehrreaktion. Sie schien mit einem obskuren Anti-R-Faktor verknüpft zu sein – nur wenige Menschen besitzen ihn. Diejenigen, die ihn haben, zeigen keine Abwehr und umgekehrt.» Sie sprach rasch, sicher, so als stünde sie vor einem Fachpublikum. «Also begann ich nach Patienten mit diesem Faktor zu suchen – ich nahm Blutproben und ...»

Kempton, der Loseblattordner – der verletzte Finger! Wortlos geriet Riker in Panik.

«Genau.» Sie fuhr fort, als ob er laut gesprochen hätte. «Wir fanden den Faktor in Ihrer Blutprobe.»

«Warum ich?» Seine Stimme war heiser und zitterte.

«Oh, aber begreifen Sie denn nicht? Wenn wir Sie hier erst richtig etabliert haben, können wir miteinander diskutieren. Denken Sie an die herrlichen Seminare, die wir abhalten können. Wir haben alle Zeit der Welt. Dr. Corfield ist ein absolutes Genie der Systemanalyse, er hat die originellsten Ideen. Professor Gregorys Spezialgebiet sind Stimulanzien. Er hat gerade eine seiner Neuentwicklungen probiert.» Sie deutete auf den Schlafenden. Riker spürte seine Sinne schwach werden – er fühlte sich unter Drogen . . . Der Drink!

Er bemühte sich, aus dem Stuhl hochzukommen. Undeutlich sah er Nils, gespannt und argwöhnisch in Warteposition.

«Sie werden keine Sorgen mehr haben – stellen Sie sich das nur einmal vor. Ich werde Ihnen das ganze Denken abnehmen. Keine Ausschüsse mehr – vollkommener Frieden und gute Unterhaltung. Es ist ein wunderbares Heim. Nils hier ist ein wirklich geschickter Chirurg. Die Lumbalimplantation schmerzt nur Tage, dann können Sie beginnen! Wir denken immer über neue Effekte nach. Der Erfindungsreichtum des Professors ist unerschöpflich. Ich bin nicht die ganze Zeit hier, einen Teil der Zeit muss ich auch ‹dort› sein.»

Mit einer ungeheuren Anstrengung drehte Rike den Kopf. Draußen vor den Fenstern war nur ein graues, träges Nichts. Er spürte, wie ihre Hände seinen Ärmel hochkrempelten und fachmännisch nach einer Vene tasteten. Während sein Bewusstsein verlosch, sah er Nils gerade noch eine Injektionsnadel gegen das Licht halten, an deren Spitze ein kleiner Tropfen Flüssigkeit glänzte.

Die Reise der alten Damen

Christine Grän

Dora sieht aus wie ein verschrumpeltes Huhn, das niemand schlachten würde, sei es aus Mitleid oder kulinarischen Erwägungen. Ein vergnügtes altes Huhn von zäher Konsistenz. Sie lächelt ihre Mitreisenden freundlich an, während sie sich neugierig umsieht. Sie raucht und holt einen silbernen Flakon hervor, aus dem sie einen kräftigen Schluck nimmt – ein Akt des senilen Alkoholismus, wie ihre Begleiterin meint.

Evelyn raucht und trinkt nicht mehr, seit sie beschlossen hat, hundert Jahre alt zu werden. Noch zwanzig Jahre also, die ihrer alten Freundin sicher nicht gegönnt sind, so wie diese mit ihrer Gesundheit aast. Die arme Dame wird ein böses Ende nehmen, obwohl sie mehr Geld hat, als ihr gut tut.

Evelyn beneidet Dora um ihr teures Kostüm und den exquisiten Schmuck, und sie findet es im höchsten Maße ungerecht, dass ihr Mann kein Vermögen hinterlassen hat, sondern eine «auskömmliche Rente», wie sie es nennt. Sie ist ziemlich pleite, andernfalls hätte sie Doras Einladung zu einer Weltreise schon aus Stolz abgelehnt.

Jetzt wünscht sie sich, genau dies getan zu haben. «Ein greisenhaftes Publikum.» Evenlyn rümpft die Nase, die auch in ihren besten Jahren kein Prunkstück war und nunmehr einer ausufernden Knolle gleicht. Ihr rundliches Gesicht trägt den Ausdruck permanenter Missbilligung. Die Welt ist schlecht, und die Schlechten sind die anderen.

«Stell dich nicht so an, das ist unser Jahrgang. Der Typ dahinten mit der Mütze sieht doch recht flott aus.» Dora mustert die Mitreisenden ohne Scham. «Aber natürlich sind die Weiber in der Überzahl. Alles reiche Witwen – mit Ausnahme von dir natürlich.»

Doras unverblümtes Wesen hatte im Alter boshafte Ausmaße angenommen. Evelyn wühlt in ihrer Handtasche und überprüft zum dritten Mal, ob sie alle Reiseunterlagen mit sich führt. Sie nimmt eine Pille gegen hohen Blutdruck. Auch meint sie, ihr Herz unziemlich zu spüren. Wo um Himmels willen hat sie die Herztabletten hingepackt?

Dora betrachtet Evelyn in der Art eines Sammlers, der ein besonders interessantes Exemplar begutachtet. Herzverfettung, denkt sie mitleidlos. Evelyn war in jungen Jahren von atemberaubendem Kurvenreichtum. Übrig blieb altes Fett, in Falten gelegt. Evelyn, ihre älteste und beste Freundin, war in jungen Jahren viel attraktiver als Dora, die Dünne, die Unauffällige. Kein Wunder, dass Eberhard sie Dora vorgezogen hatte. Eberhard, die zweite Geige eines zweitklassigen Orchesters. Eberhard, den Dora über alle Maßen geliebt hat. Verdammt lange her. Eberhard und Evelyn: Viele Jahre haben sich über den Schmerz gelegt, ihn eingebettet, jedoch nicht ausgelöscht. Damals, als sie von der Hochzeit der beiden erfuhr, wollte sie sich umbringen. Mit Schlaftabletten: ein untauglicher Versuch, den sie nicht wiederholte.

Denn Dora traf Jonas, einen sehr netten Mann mit viel Geld, und sie nahm ihn und produzierte Kinder und lebte in besten Verhältnissen, ein wenig gelangweilt immer, doch nicht unglücklich. Dora kann sich vor allem an Jonas' Tod erinnern. Das war vor fünf Jahren: sein qualvolles Sterben an Magenkrebs, die Zeit der Schmerzen und Verzweiflung. Er war ein guter Mann gewesen und niemand verdiente diesen Tod.

Damals war Evelyn schon Witwe in bescheidenen Verhältnissen, denn zweite Geiger pflegen keine üppigen Renten zu hinterlassen. Man war in Verbindung geblieben über all die Jahre, und seit sie beide Witwen sind, hat Dora die Freundschaft forciert. Nicht unbedingt aus edlen Motiven: Es bereitet ihr ein gewisses Vergnügen, Evelyns neidische Blicke zu sehen, ihre Klagen zu hören, an ihrem Unglück teilzuhaben. Evelyns einziger Sohn klimpert in Bars, ein erfolgloser Pianist mit einem Alkoholproblem, während Doras Tochter als Chirurgin arbeitet und ihr Sohn Frederik die kleine, feine Familienbank übernommen hat.

«Wundervolle Kinder», wie Dora stets zu Evelyn sagt. Tatsächlich findet sie ihre Nachkommen spießig, aufgeblasen und herzlos. Die lieben Kinder, so voller Angst, dass Dora auf ihren Reisen das Erbe verprassen oder einem Hochstapler in die Arme fallen könnte. Schon möglich, dass ihr ein verkrachter Musiker als Sohn lieber gewesen wäre, aber eher würde sie sich die Zunge abbeißen, als dies Evelyn gegenüber anzudeuten.

Vielleicht wird sie es doch tun auf dieser Reise, denn Dora weiß, dass die Zeit der Wahrheit gekommen ist. Als sie im Flugzeug sitzen, zeigt sie Evelyn, wie man den Gurt befestigt. Die Sessel sind breit und bequem: Die Maschine ist ausschließlich für die Teilnehmer der Gruppe «Surprise» reserviert, eine exklusive Gruppenreise, die von einem britischen Veranstalter organisiert wurde. Dora hat lange gesucht, bis sie das Passende gefunden hat.

Während des Steigflugs über London zählt Dora die Mitreisenden: immerhin zweiundzwanzig Personen im Gesamtalter von etwa eintausendsechshundert Jahren. Zwei Drittel sind Frauen, und alle sehen betucht aus, was angesichts der horrenden Pauschalkosten nicht verwunderlich ist. Die Reiseleiterin, eine englische Dame von Adel, ist mit fünfzig Jahren mit Abstand die Jüngste. Evelyn findet sie höchst merkwürdig, doch das mag auch daran liegen, dass ihre Englischkenntnisse minimal sind. Dora muss übersetzen und tut dies widerwillig und nur sehr fragmentarisch. Sie trinkt lieber: «Blue Label» mit Eiswasser, während ihre Freundin affektiert an einem Champagnerglas nippt. Mit den Jahren hat Dora Geschmack an harten Getränken und dem Grundsatz «Trink nicht zu viel – aber niemals zu wenig» entwickelt. In der blauen Stimmung erinnert sie sich häufig an den Geiger und nur selten an Jonas, die Kinder oder ein paar kurze Affären mit unbedeutenden Männern. Unerfüllte Lieben haben einen starken Erinnerungswert, und Whisky wärmt das kalte Herz.

Evelyn quengelt, eine widerliche Eigenschaft, die sich im Alter verstärkt hat. Das Herz, der Kreislauf, die geschwollenen Beine ... Was für ein Jammer, greisenhaft und schäbig zu werden, denkt Dora mitleidlos und schließt die eigene Person mit ein. Hat sie ihr jemals von ihren Blutzuckerwerten erzählt, den rheumatischen Händen und dem Leberkrebs, der sie mit Gewissheit töten wird? Kein Alkohol mehr, hat der Hausarzt gesagt, keine Zigaretten und strikte Diät, dieser Trottel, als ob sich die Krankheit durch solche Lappalien stoppen ließe. Alle Ärzte waren aufgeblasene Idioten, und ihre Tochter war keine Ausnahme.

Evelyn erzählt von ihren Krankheiten, während sie Kaviar löffelt, als sei es ihr täglich Brot. Dora isst fette Gänseleberpastete, die morbide schmeckt. Sie hört kaum zu, sondern taxiert die Passagiere in ihrer Nähe. Gebrechlich ein paar, aber gute Gesichter sind noch zu erkennen unter Falten und Tränensäcken, falschen Zähnen, Brillen und Hörgeräten. Die Frauen tragen viel Schmuck über runzeligen Hälsen und Händen mit Altersflecken. Der Typ mit der Mütze sitzt nicht in ihrer Nähe, schade, aber vielleicht ergibt sich später die Gelegenheit zu einem altersschwachen Flirt.

Dora döst nach vier Whiskys, während Evelyn den Bordfilm ansieht, eine Geschichte mit schönen, jungen Menschen, die nach unschönen Verwicklungen ein Happyend erleben dürfen. Sie weint ein wenig, aus dummer Sentimentalität, wie Dora kommentieren würde. Evelyn schämt sich ihrer Gefühle nicht. Was ist geblieben außer erregenden Filmen, gutem Essen und gemeinem Klatsch? Alter lehrt Bescheidenheit, bereits der Arztbesuch ist ein Erlebnis, das Gespräch mit dem Apotheker der Höhepunkt des Tages, der Friedhofsbesuch ein gesellschaftliches Ereignis. Alter macht einsam. Aber auch stolz. Stolz darauf, es so lange geschafft zu haben, während die anderen einfach wegsterben. Das bloße Überleben zählt, das ist Evelyns Kampfansage gegen die Jahre, die nicht besser werden. Und was wird, wenn sie nicht mehr für sich selbst sorgen kann? Auf den Sohn, den Versager, wird man sich nicht verlassen können.

Dora schnarcht. Dora hat keine Sorgen. Die kann sich zwei Pflegerinnen leisten, wenn es so weit ist. Ob sie Evelyn in ihrem Testament bedenken wird? Oder eventuell bereit wäre, sie zu sich zu nehmen in das schöne Haus mit Lift und Pesonal? Evelyn nimmt sich vor, das Thema im Verlauf der Reise anzusprechen. Schließlich sind sie beste Freundinnen, und die Sache mit Eberhard ist begraben und vergessen. Im Grunde sollte Dora ihr dankbar sein, denn mit Jonas hat sie sich einen Goldfisch geangelt, zwar einen ziemlich hässlichen und langweiligen, aber auch das relativiert sich im Alter. Eberhard war ein so schöner Mann gewesen und ein begnadeter Musiker. Allerdings auch launisch, unpraktisch und grenzenlos egoistisch. Und er hat ihr nie eine dreireihige Perlenkette geschenkt, wie Dora sie trägt. Sie könnte sie der schlafenden Freundin vom Hals reißen, so sehr begehrt sie dieses Schmuckstück. Alt und krank sieht sie aus, die Ärmste. Man sollte vielleicht auch das Testament erwähnen...

Die Reisegruppe landet pünktlich in San Francisco, der ersten Station der Reise. Ein klimatisierter Bus holt die erschöpften Passagiere ab, alles ist perfekt organisiert, sogar Rollstühle werden bereitgestellt. Der Bus bringt die Gruppe zum «Highlands Inn» bei Carmel.

«Wir erfüllen all Ihre Wünsche», sagt Virginia, die Reiseleiterin. Die Krankenschwester rät Evelyn, ihre geschwollenen Beine hochzulegen. Sie verteilt Vitamingetränke. Dora lehnt ab und stärkt sich aus ihrem Flakon. «Dein Gejammer ist schrecklich. Nimm dir ein Beispiel an den anderen, sie ertragen die Strapazen in hervorragender Haltung. Stil und Selbstdisziplin zählten nie zu deinen Stärken.» Dora entschärft die Bemerkung mit einem Tätscheln, das als freundlich interpretiert werden könnte.

«Warum machen die überhaupt so eine Reise, alt wie sie sind?»

Dora lächelt geheimnisvoll in die getönte Scheibe. «Frag sie doch. Du mischst dich doch so gern in anderer Leute Angelegenheiten.»

Das war gemein. Evelyn denkt an Doras Testament und schweigt. Nur aus Langeweile zählt sie die Reisenden, und ihr fällt auf, dass nur noch einundzwanzig Passagiere im Bus sitzen. Sie fragt die Krankenschwester, die sie gütig anlächelt und erklärt, dass eine Mitreisende in San Francisco ausgestiegen sei. «Sie fühlte sich nicht wohl genug, die Reise fortzusetzen, die Ärmste.»

Dora fühlt sich wohl im «Highlands Inn», einem in die Berge gebauten Luxushotel aus Holz und Glas mit Blick auf die Steilküste und das Meer. Sie genießt Evelyns spitze Entzückensschreie bis zu einem gewissen Punkt. Genau genommen kann sie alles im Leben nur noch bis zu einem gewissen Punkt goutieren. Die Müdigkeit nimmt überhand, die Rückkehr in das Ich artikuliert sich in zunehmender Gleichgültigkeit gegenüber dem Rest der Welt. Die Schmerzen erscheinen manchmal als die einzige Wirklichkeit, die noch zählt. Ihr Körper beginnt, sie im Stich zu lassen, obwohl sie doch noch ein Kind ist, ein Kind von neunundsiebzig Jahren. Ein reiches, krankes, rachsüchtiges Kind auf einer letzten Reise.

Zu den Ereignissen des nächsten Tages zählen eine Rundfahrt durch Carmel, ein exquisites Mittagessen und ein Selbstmord. Virginia gibt das tragische Ereignis beim Abendessen bekannt, und Evelyn erregt sich schrecklich darüber, dass der reizende Mann mit dem silbernen Gehstock über den Zaun geklettert ist, um sich ins Meer zu stürzen. Sie hat sich noch beim Frühstück mit ihm unterhalten, und er benahm sich keineswegs wie ein Selbstmörder.

«Sei still», sagt Dora. «Er litt an multipler Sklerose und hatte einfach keine Lust mehr.»

Niemand scheint sich über den Tod aufzuregen, und Evelyn

bucht dies auf ihr Vorurteil, dass Reiche besonders herzlos sind. Die Französin mit den dicken Brillengläsern hebt sogar ihr Glas und ...

«Was hat sie gesagt, Dora?»

«Lasst uns darauf einen trinken, dass er es überstanden hat. Prost Evelyn. Das Leben ist eine Anstrengung, die einer besseren Sache würdig wäre.» Dora, das boshafte alte Huhn, trinkt ihr Glas in einem Schluck leer. Pietätlos findet ihre Freundin die allgemeine Reaktion auf den tragischen Zwischenfall. Von Dora ist nichts Besseres zu erwarten, doch erscheinen die Mitreisenden um keinen Deut besser. Geld verdirbt den Charakter. Und sie ist die einzige Frau in der Gruppe, die sich nicht mit teurem Schmuck behängen kann.

Das Leben geht weiter, und die Reise führt nach Hawaii, in ein rosa Hotel am Strand von Honolulu. Evelyn verträgt die Hitze schlecht, und sie findet die Mitreisenden schrecklich arrogant. Niemand lässt sich auf mehr als oberflächliche Konversation ein. Die Reisenden benehmen sich auf eine Weise seltsam, die Evelyn nicht einordnen kann. Ausgelassen manchmal, und dann wieder zurückgezogen, und niemand außer ihr spricht über Krankheiten und Leiden, was doch in diesem Alter die normalste Sache der Welt ist. Sie fühlt sich ausgeschlossen, gedemütigt und von Dora schlecht behandelt. «Wäre ich nur zu Hause geblieben», seufzt sie von Zeit zu Zeit, worauf Dora erwidert, dass sie eine Nervensäge sei. Doras Geld. Doras Macht, ihr Geld auszuspielen. Wenn ihre Freundin ab und zu vor Schmerz erstarrt und sich mit der Krankenschwester zurückzieht, kämpft Evelyn weitgehend vergeblich gegen das Gefühl der Schadenfreude.

«Sie sollte wirklich mehr auf ihre Gesundheit achten», sagt Evelyn zu dem Mann mit der Baseballmütze über dem kahlen Kopf und den trüben Augen. Alter österreichischer Adel, sie hat sich erkundigt. Er zwinkert ihr zu und wendet sich ab. Sie versteht es nicht. Auch dass zwei der Mitreisenden die Gruppe am nächsten Tag verlassen, um eine Schiffstour durch die Inselwelt zu unternehmen, ist ihr unverständlich. Unfair, wie manche Leute Geld verschwenden, während andere sich nach der Decke strecken. «Du musst dir keine Sorgen um deine Zukunft machen», sagte Dora im Flugzeug, das klingt immerhin verheißungsvoll.

Im «Regent Fidji» gibt der österreichische Adlige eine Party für die Reisegruppe. Er hält eine kauzige Rede, die belacht wird, und lässt Champagner ausschenken. Ausgelassen schwankt Dora mit dem Gastgeber über die Tanzfläche. «Ein furioser Tango Mortale», kommentiert die Schweizerin mit den blauen Haaren, die farblich zum Schmuck passen. Virginia fordert Evelyn zum Tanz auf, was diese maßlos peinlich findet. Dora lacht zu laut und trinkt zu viel. Morsche Knochen biegen sich im Tangoschritt. Mumiengesichter erscheinen ausgelassen. Greisenhaftes Gelächter erfüllt die Hotelhalle. Evelyn spürt einen Hauch von Furcht, die vorüberweht.

Am nächsten Tag erklärt Virginia auf Evelyns Nachfrage, dass der Österreicher einen Schwächeanfall erlitten habe und in ein lokales Krankenhaus eingewiesen worden sei. Die Dame aus der Schweiz hat sich entschieden, nach Bora-Bora weiterzufliegen. Die geschrumpfte Gruppe kommt in Santo Domingo an. Ein amerikanisches Luxushotel an einem anderen Ort, sie erscheinen Evelyn mittlerweile verwechselbar, die Flughäfen, Städte und Hotelzimmer, und den Überblick über die Währungen hat sie längst verloren. Dora steckt ihr lokale Geldscheine zu. Dora bezahlt alles. Dafür muss man natürlich in eigener Währung bezahlen.

In Santo Domingo ertrinkt das amerikanische Ehepaar beim Baden in einer ungeschützten Bucht. Die beiden waren allein, und jede Hilfe kam zu spät. Virginia verkündet die Nachricht, und niemand stellt Fragen mit Ausnahme von Evelyn, die schließlich in Tränen ausbricht und inmitten eisigen Schweigens aufgibt. Das Gefühl, sich auf einem sinkenden Schiff zu befinden, verstärkt sich mit jedem Todesfall, und Dora ist keine geeignete Trösterin für furchtsame alte Damen. Sie zieht sich oft zurück, wenn sie Schmerzen hat. Sie trinkt wie ein Fisch. Sie stellt neugierige Fragen zu Eberhard. Wie war er als Ehemann? Blieb die große Liebe bestehen? Litt er bis zuletzt am Scheitern seiner Karriere? War er treu? Als ob Evelyn sich an etwas erinnern könnte, das so tief begraben liegt unter allen Lebenslügen, die sie angehäuft hat. Die Gegenwart scheint Dora nicht zu interessieren, und sie glaubt auch nicht, dass ein Fluch über dieser Reise liegt. «Alte Leute sterben, was sollen sie sonst tun», ist ihr Standardkommentar zu Evelyns bohrenden Fragen.

In Caracas bricht die Schwedin beim Abendessen zusammen: Herzversagen. Evelyn erleidet einen hysterischen Anfall und wird von der Krankenschwester ruhig gestellt. Virginia führt ein längeres Gespräch mit Dora. Am nächsten Tag besichtigt die dezimierte, unberührte Reisegruppe den historischen Stadtkern. In der Kirche entzündet Evelyn Kerzen für die armen Seelen. Dora spendet hundert Dollar für die Restaurierung des alten Gemäuers. Nach dem Abendessen lässt sich Evelyn zum ersten Mal zu einem Glas Whisky bewegen. Er schmeckt bitter, so wie Doras Stimme bitter klingt.

«Weißt du noch, wie wir mit Eberhard zum Bergsteigen fuhren? Das war das Wochenende, als er mir abhanden kam. Du hast ihm schöne Augen gemacht, wie man das damals nannte. Und die unmoralische Künstlerseele sank an deinen prächtigen Busen, ohne auch nur zu zögern. Weißt du eigentlich, dass ich damals, als wir auf dem Gipfel standen, sehr große Lust hatte, dir einen Stoß zu geben? Du standest direkt vor dem Abgrund, und es wäre so leicht gewesen . . .»

«Aber Dora!»

«Aber Dora.» Sie äfft Evelyn nach und bestellt neue Getränke. «Ich habe dieses Versäumnis später oftmals bereut. Mein Gott, nun sieh nicht so pikiert drein. Wir sind alt genug, um einander die Wahrheit zu sagen.»

«Ich will sie nicht hören, Dora.»

«Du warst immer schon eine Meisterin der Verdrängung, meine Liebe. Diese geschmacklose Einladung zu deiner

Hochzeit ... ich habe Jonas nur geheiratet, um mich an euch zu rächen. Er hat die lieblose Ehe, die wir führten, nicht verdient.»

Evelyn hält sich die Ohren zu. «Hör auf mit den alten Zeiten. Ich bin krank. Mein Herz. Diese schreckliche Reise. Ich vertrage keine Aufregung mehr. Kannst du nicht Rücksicht auf MEINE Gefühle nehmen.»

Dora sieht in ihr Glas. «Ich habe kaum noch Gefühle und wenig Angst. Auch nicht vor dem Tod, ganz im Gegenteil.»

Dora lächelt jetzt, aber dieses Lächeln gefällt Evelyn nicht: «Ich will nach Hause, Dora. Bitte lass uns nach Hause fahren.»

«O nein. Wir bleiben bis zum Ende.» Dora begleitet Evelyn zu deren Zimmer. Evelyn schließt die Tür von innen, bevor sie zu Bett geht. Sie reinigt ihr Gebiss und nimmt eine Tablette. Sie kann nicht mehr schlafen seit einigen Nächten. Die Klimaanlage surrt, das Fenster lässt sich nicht öffnen, und sie hat Angst vor dem Erfrierungstod. Sie sehnt sich nach ihrer kleinen Wohnung, dem Fernsehprogramm, der täglichen Routine. Die Traumreise, denkt Evelyn, entwickelt sich zu einem Albtraum, und als einziger Trost schwebt Doras Geld im Raum.

In Rio de Janeiro, während eines Ausflugs auf die Papageieninsel, beobachtet Evelyn ein Streitgespräch zwischen Dora und Virginia. Leider kann sie nichts hören, sie ist zu weit weg. Papageien kreischen und lassen sich auf Touristenschultern füttern und fotografieren. Die Hitze ist unerträglich, und in dem klimatischen Wechselbald ist es kein Wunder, dass sie sich erkältet hat. Sie lässt sich von der Krankenschwester Medizin geben. Zurück im Hotel bringt ihr Dora einen Stapel Papiere, die sie unterschreiben soll. Sie sind in Englisch verfasst, und Dora erklärt ihr, dass es nur um Krankenversicherung und eventuellen Rücktransport nach Deutschland gehe. Jeder in der Gruppe habe diese Formulare unterschrieben. Evelyn setzt ihre Unterschrift, sie ist zu erschöpft, um nach einer genauen Übersetzung zu fragen: «Wenn die Erkältung schlimmer wird, möchte ich zurückgeflogen werden.»

«Aber natürlich, meine Liebe. Hier ist alles bestens organisiert.»

Beim Abendessen fehlen die beiden englischen Damen. Virginia erklärt, dass sie in dem hübschen Hotel auf der Papageieninsel geblieben seien. Sie sieht blass aus, die Reiseleiterin, und ihre gleich bleibende Liebenswürdigkeit ist einer leichten Irritation gewichen. Dora trinkt noch mehr als üblich, ihr Gesicht ist schmerzverzerrt. Evelyn stört die leisen Tischgespräche durch lautes Schnäuzen in Papiertaschentücher, die sie in gebrauchtem Zustand in ihre Handtasche steckt. Nach Hause, ist der alles beherrschende Gedanke. Niemand scheint ihr zuzuhören, wenn sie über eine beginnende Lungenentzündung klagt. Ja, es ist fast so, als würden Tote an diesem Tisch sitzen. Dora neben ihr sieht so aus, als würde sie es nicht mehr lange machen. Was für eine absurde Idee diese Reise war. Dora wäre viel besser in einem Sanatorium aufgehoben. Vor ihr steht eine Flasche «Blue Label», die bereits zu einem Drittel geleert ist. Die rheumatischen, nikotinverfärbten Finger halten sich ständig an einer Zigarette fest. Als Evelyn anklagend hustet, bläst ihr Dora Rauch ins Gesicht. «Mein Leben lang habe ich mich gefragt, was Eberhard an dir gefunden hat. Es gibt keine Antwort. Auf nichts. Und jetzt wäre ich dir sehr verbunden, wenn du dich mit deinem Husten und der tropfenden Nase zurückziehst. Ich möchte die Flasche in Ruhe austrinken.»

Die Putzkolonne findet Doras Leiche am nächsten Morgen in der Hotelbar. Ihr Kopf liegt auf der Tastatur des Flügels, in ihrem Kopf ist ein winziges Einschussloch, und an passender Stelle liegt eine zierliche Pistole. Virginia verhandelt mit Polizei und Hotelmanagement über die Freigabe der Leiche und den Rücktransport nach Deutschland. Evelyn erleidet beim Frühstück einen Schwächeanfall, nachdem sie den Tod ihrer besten Freundin mit dem Heulen eines Klageweibes aufgenommen hat. Die anderen sind froh, dass die Krankenschwester die dicke Person in ihr Zimmer bringt. Man hat sie erduldet, weil der Tod eine gewisse Distanz zur Lächerlichkeit schafft.

«Sie brauchen Ruhe», sagt die Krankenschwester, während sie die Spritze setzt und Evelyn in das Kissen wimmert. Sie will aufstehen, anklagen, und vor allem will sie nach Hause, doch der Schlaf kommt wie eine große schwarze Wolke, die abzuwehren sie keine Kraft hat. Als sie am nächsten Morgen erwacht, findet Evelyn neben ihrem Bett einen Brief, auf dessen Umschlag sie Doras Handschrift erkennt. Ein Abschiedsbrief der besten Freundin, vielleicht eine Ankündigung der testamentarischen Verfügung? Evelyn setzt ihre Lesebrille auf. Ihre Hände zittern, als sie die Seite mit Doras krakeliger Handschrift festhält.

Liebe Evelyn,
der Name passte früher gut zu dir; bei einer alten, dicken Person wirkt er nur noch komisch. Allerdings warst du immer zu dumm für jegliche Form von Selbstkritik. Man wird nicht klüger mit dem Alter, man erstarrt nur in der Enge des Lebens, das sich immer mehr auf die Überlebensfrage zuspitzt. Was zählt, ist die Vergangenheit. Ich habe versucht, mit dir darüber zu reden, doch bin ich immer wieder an deiner verdammten Selbstgerechtigkeit gescheitert. Alt, krank, einsam: Dass meine Vergangenheit im Wesentlichen aus unerfüllten Wünschen bestand, habe ich dir zu verdanken. Ich hätte dich hinunterstoßen sollen, damals. Ich habe zu lange gewartet. Es ist Zeit, sich zu verabschieden, Evelyn. Was ich nach reiflicher Überlegung vor dir getan habe. Hast du jetzt endlich begriffen, was es mit dieser Reise auf sich hat? Da gibt es diese hervorragende Institution in London, die alten Leuten, die zu feige sind, sich umzubringen, sozusagen Sterbehilfe leistet. Für einen angemessenen Preis wird der Abgang nach Wunsch organisiert, und ich finde, dass sie das sehr gut gemacht haben. Ich wollte schnell und schmerzlos abgehen, während ein Klavierspieler, der Eberhard übrigens entfernt ähnlich sah, mein Lieblingsstück spielte, die Sonate in b-Moll von Beethoven. Reichlich kitschig, aber wenn man sich den Tod schon aussuchen kann und viel dafür bezahlt, muss man ja nicht

unbedingt auf den Geschmack anderer Leute Rücksicht nehmen.

Und nun zu dir, liebe Feindin. Dein Schmerz über meinen so genannten Selbstmord wird nicht lange währen. Ich habe dir versprochen, dass du dir keine Sorgen um deine Zukunft machen musst. Und ich halte mein Wort, auch wenn Virginia nicht leicht zu überzeugen war. Geld ist allerdings ein starkes Argument. Heute Nachmittag werdet ihr den «Zuckerhut» besichtigen. Man hat von da oben einen wunderbaren Ausblick auf Rio. Du wirst staunen – und fallen. Wehre dich nicht, du wirst sehen, es geht ganz schnell, und wenn du jetzt denkst, dass ich diese Todesart für dich ausgewählt habe, um Versäumtes nachzuholen, dann kann ich dir nur Recht geben. Ich bin, besser gesagt, war eine böse, nachtragende, kranke Frau. Niemand wird um uns trauern – unsere Kinder gewiss nicht. Übrigens habe ich deinem Versager von Sohn einen Teil meines Vermögens hinterlassen, schließlich ist er Eberhards Kind und ein ebenso zweitklassiger Klavierspieler.

Ich hoffe, das freut dich, obwohl ich mir vorstellen kann, dass du dein Leben lang nur an deinen gedeckten Tisch gedacht hast. Wie auch immer, es berührt mich nicht, denn ich habe dich zu lange gehasst. Adieu, Evelyn, und versuche zumindest, in Würde zu sterben. Es ist das Letzte, das man tun kann. Deine Dora.

Evelyn lässt den Brief zu Boden sinken und versucht, sich aufzurichten. Es ist schwierig, weil das Gift nachwirkt, das man ihr verabreicht hat. Eine Bande von Mördern und verrückten Selbstmördern, sie muss fliehen, aus dem Hotel, aus dem Zimmer ...

Evelyn schafft es bis zur Tür, dann drängen Virginia und die Krankenschwester sie zurück ins Zimmer. Die Schwester hält eine Spritze in der Hand. «Nicht aufregen», sagt sie, «es wird alles gut werden.» Virginia, die sehr gestresst wirkt, hält Evelyns Hand fest. «Und wenn es Ihnen besser geht, machen wir einen hübschen kleinen Ausflug auf den Zuckerhut. Der Blick von dort oben ist zum Sterben schön.»

Spottbillig

Dorothy L. Sayers

Mr Montague Egg wurde durch das hässliche Geräusch im Nebenzimmer aus seinem Schönheitsschlaf aufgeschreckt.

Eine Reihe anschwellender Töne, die in einem langen, erstickenden Gurgeln endeten.

Der «Greif» in Cuttlesbury war ein altmodisches und schlecht geführtes Hotel. Weder Mr Egg noch seine Kollegen hätten auch nur im Traum daran gedacht, hier abzusteigen, wenn der «Grüne Mann» nicht durch ein verheerendes Feuer vorübergehend außer Betrieb gesetzt worden wäre. Und so kam es, dass Mr Egg nach einem schlecht gekochten und unverdaulichen Abendessen in diesem muffigen, staubigen Hotelzimmer lag, das weder elektrische Beleuchtung noch eine Kerze auf dem Nachttisch aufzuweisen hatte – so erbärmlich war die Bedienung.

Während Mr Egg allmählich zum vollen Bewusstsein zurückkehrte, versuchte er sich die Situation zu vergegenwärtigen. Wie er wusste, lagen an diesem isolierten Korridor nur drei Zimmer; sein eigenes in der Mitte; Nr. 8 zu seiner Linken beherbergte den alten Waters von der Limonaden- und Zuckerwarenfabrik Brotherhood Ltd.; Nr. 10 zur Rechten bewohnte ein untersetzter Mann namens Pringle, der in Schmucksachen reiste und sich am Abend zur Bewunderung aller Zuschauer mit einer zweifelhaften Makrele und mit halb garem Schweinefleisch voll gestopft hatte. Dicht hinter dem Kopfende von Montys Bett ließ das volltönende, rhythmische Schnarchen des alten Waters die dünne Zwischenwand vibrieren, als führe ein Lastauto am Hause vorbei. Also musste es Pringle sein, der diese Geräusche produzierte, und Makrelen und Schweinefleisch waren höchstwahrscheinlich die Ursache.

Das Gebrüll hatte aufgehört; jetzt waren nur noch ein paar schwache Grunzer vernehmbar. Er kannte Pringle nicht, und der Mann war ihm nicht sonderlich sympathisch. Aber vielleicht war er wirklich krank. Da musste man schon anstandshalber einmal nachsehen.

Widerstrebend schwang Monty seine Beine über den Bettrand und schob seine Füsse in die Pantoffeln. Ohne erst lange nach Streichhölzern zu suchen und die Gaslampe mit dem zerbrochenen Glühstrumpf am anderen Ende des Zimmers anzustecken, tastete er sich im Dunkeln zur Tür und trat in den Korridor. Dort brannte eine trübe Gaslampe, die ein irreführendes Gemisch von Licht und Schatten auf die beiden knarrenden Stufen warf, die zum Hauptkorridor führten.

In Nr. 8 schnarchte der alte Waters ungestört weiter. Monty wandte sich nach rechts und klopfte an die Tür von Nr. 10.

«Wer ist da?», fragte eine erstickte Stimme.

«Ich – Egg», erwiderte Monty und drehte den Türknopf, aber die Tür war verschlossen. «Geht es Ihnen nicht gut? Ich hörte Sie stöhnen.»

«Tut mir Leid.» Das Bett knarrte, als ob sich der Sprecher aufrichtete. «Habe schlecht geträumt. Verzeihung, dass ich Sie gestört habe.»

«Macht nichts», sagte Mr Egg, erfreut, seine Diagnose bestätigt zu finden. «Kann ich wirklich nichts für Sie tun?»

«Nein, danke, alles in Ordnung.» Mr Pringle schien den Kopf wieder in den Decken vergraben zu haben.

«Dann gute Nacht.»

Mr Egg schlüpfte zu seinem Zimmer zurück. Das Schnarchen in Nr. 8 nahm an Heftigkeit zu und endete plötzlich, als er seine Tür wieder abschloss, mit einem wilden Laut. Dann herrschte Ruhe. Monty hätte gern gewusst, wie spät es war. Während er in seinen Manteltaschen nach Streichhölzern suchte, schlug eine Uhr mit einem wohlklingenden, vibrierenden, milden Ton, der aus einer ziemlichen Entfernung zu kommen schien. Er zählte zwölf Schläge. Im Hotel rührte sich nichts. Unten auf der Straße fuhr ein Auto vorbei. Das Schnarchen in Nr. 8 begann von neuem.

Mr Egg legte sich auf seine unbequeme Matratze und versuchte wieder einzuschlafen. Er verabscheute es, aus seinem ersten, tiefen, köstlichen Schlaf gerissen zu werden. Dieser vermaledeite Waters! Während er schlaftrunken auf das Schnarchen lauschte, begann er allmählich einzuschlummern.

Klick! Eine Tür im Korridor hatte sich geöffnet. Dann kamen schleichende Schritte, unterbrochen von einem Knarren und einem Stolpern. Jemand war auf den beiden schlecht beleuchteten Stufen gestrauchelt. Mit einer gewissen grimmigen Befriedigung kam Monty zu dem Schluss, dass die Makrelen und das Schweinefleisch Mr Pringle letzten Endes doch von seiner Lagerstätte getrieben hätten.

Und dann versank Monty ganz plötzlich in tiefen Schlaf.

Um sechs Uhr erwachte er von einem Klappern im Korridor und einem Hämmern an der Tür von Nr. 8. Zum Teufel mit Waters, der mal wieder einen frühen Zug erreichen musste. Er hörte das Zimmermädchen nebenan kichern. Der alte Waters hatte es faustdick hinter den Ohren, aber Mr Egg wünschte, er würde seine Galanterien für eine passendere Zeit aufsparen. Tapp, tapp, an der Tür vorbei; Knarren, Stolpern, Fluchen – Waters auf dem Wege zum Badezimmer. Himmlische Ruhepause! Stolpern, Knarren, Fluchen, tapp, tapp, bums – Waters kehrt aus dem Bad zurück und knallt die Tür zu. Päng, Rascheln, plumps – Waters zieht sich an und schnallt die Koffer zu. Tapp, tapp, Knarren, Stolpern, Fluchen – Gott sei Dank! Waters war fort!

Monty streckte die Hand nach seiner Uhr aus, die in dem trüben, durch die schmutzigen Vorhänge sickernden Morgenlicht kaum zu erkennen war. Zwei Minuten vor sieben – noch eine gute halbe Stunde, bis er aufstehen musste. Bald darauf schlug die Rathausuhr die volle Stunde, und gleich danach ertönten die musikalischen, vibrierenden Klänge der fernen Uhr im Haus. Dann herrschte Ruhe, und Mr Egg schlief wieder ein.

Um zwanzig Minuten nach sieben hallte ein durchdringendes, anhaltendes Geschrei durch den Korridor.

Monty sprang aus dem Bett. Diesmal schien wirklich etwas passiert zu sein. Er warf hastig seinen Schlafrock über und rannte hinaus. Drei oder vier Leute kamen eilig vom Hauptkorridor her die Stufen hinab.

Das Zimmermädchen stand an der Tür von Nr. 10. Sie hatte ihre Kanne fallen lassen, und das heiße Wasser ergoss sich über den Läufer. Sie war grün im Gesicht, und ihr angeschmutztes Häubchen war verrutscht. Immer noch schrie sie mit der schrillen, mechanischen Regelmäßigkeit, die einen heftigen hysterischen Anfall kennzeichnet.

Drinnen auf dem Bett ausgestreckt lag der korpulente Mr Pringle. Sein Gesicht war geschwollen, und an seinem Hals zeigten sich hässliche lila Flecken. Blut war ihm aus Mund und Nase geströmt und hatte die Kissen gefärbt. Seine Kleider lagen unordentlich auf einem Stuhl; sein Koffer stand geöffnet am Boden; seine falschen Zähne grinsten aus dem Wasserglas auf dem Waschtisch. Aber sein Musterkoffer mit den Schmucksachen war nirgends zu sehen. Mr Pringle lag beraubt und ermordet da.

Mr Egg machte sich schreckliche Vorwürfe, als es ihm dämmerte, dass er tatsächlich gehört haben musste, wie der Mord begangen wurde – er musste sogar mit dem Mörder gesprochen haben. Alles dieses setzte er Inspektor Monk auseinander.

«Ich weiß nicht, ob es Mr Pringles Stimme war, da ich kaum mit ihm geredet hatte. Er saß beim Essen nicht an meinem Tisch, und später haben wir nur ein paar Worte in der Bar gewechselt. Die Stimme klang gedämpft – es konnte durchaus die Stimme eines Mannes sein, der soeben aufgewacht war und ohne Zähne halb unter der Decke nuschelte. Ich glaube nicht, dass ich die Stimme wieder erkennen würde.»

«Das ist nur natürlich, Mr Egg; machen Sie sich deswegen

keine Gedanken. Und diesen Waters, der mit dem Frühzug abfuhr, haben Sie also die ganze Nacht schnarchen hören?»

«Ja – vorher und nachher. Ich kenne ihn. Ein angesehener Mann.»

«Gut. Wir werden uns natürlich mit ihm in Verbindung setzen müssen, aber wenn er dauernd geschlafen hat, wird er uns wenig sagen können. Wir können ja wohl annehmen, dass die Person, mit der Sie durch die Tür gesprochen haben, tatsächlich der Mörder war. Und Sie sagen, Sie können die Zeit fixieren?»

Monty beschrieb noch einmal, wie er die Uhr hatte schlagen hören, und fügte hinzu: «Ich kann natürlich selbst nicht mit einem Alibi aufwarten, aber meine Firma, Plummet & Rose, Weine und Spirituosen, Piccadilly, kann Ihnen Auskunft über meinen Charakter geben.»

«Das wird sich alles finden, Mr Egg. Keine Sorge», sagte Inspektor Monk unerschütterlich. «Habe ich übrigens Ihren Namen schon mal gehört? Sind Sie je meinem Freund Ramage begegnet?»

«Inspektor Ramage aus Ditchley? Ja, natürlich. Wir lösten da einen kleinen Fall mit einer Garagenuhr.»

«Richtig. Er sagte mir, Sie seien ein heller Kopf.»

«Sehr verbunden für die gute Meinung.»

«Wir wollen also vorerst mal Ihre Aussage akzeptieren und sehen, wohin sie uns führt. Nun zu dieser Uhr. Ging sie wohl genau?»

«Ich habe sie heute Morgen wieder schlagen hören, und da stimmte sie mit meiner Uhr überein. Ich glaube wenigstens», fügte Monty hinzu, als sich ein obskurer Zweifel bei ihm regte, «dass es dieselbe Uhr war. Sie hatte denselben Klang – tief, rasch und etwas summend. Ein angenehmer Schlag.»

«Hm. Wir prüfen das am besten nach. Mag gestern Abend falsch und heute Morgen wieder richtig gegangen sein. Machen wir also einen Rundgang durchs Haus und sehen wir zu, ob wir die Uhr entdecken können. Ruggles, sagen Sie Mr Bates, dass niemand das Haus verlassen darf und dass wir uns nach Möglichkeit beeilen werden. Gehen wir also, Mr Egg.»

Es gab sechs schlagende Uhren im «Greif». Die Standuhr auf dem Treppenabsatz wurde sofort ausgeschaltet, da sie einen dünnen, hohen, zittrigen Klang hatte. Auch die Garagenuhr schlug ganz anders, während die Uhr im Frühstückszimmer und das hässliche bronzene Monstrum im Aufenthaltsraum von Montys Zimmer aus nicht zu hören waren, und in der Bar hing eine Kuckucksuhr. Aber als sie in die Küche kamen, die gerade unter Montys Zimmer lag, deutete Monty auf die Uhr und sagte sofort:

«Die scheint es zu sein.»

Es war eine alte amerikanische Acht-Tage-Wanduhr in einem Rosenholzgehäuse mit einem gemalten Zifferblatt und dem Bild eines Bienenkorbes auf der Glastür.

«Ich kenne diese Art», sagte Monty. «Sie schlägt auf eine aufgezogene Feder und gibt diesen tiefen, summenden Ton. Wie eine Turmuhr, aber viel schneller.»

Der Inspektor öffnete die Uhr und blickte hinein.

«Richtig. Und die Zeit ist auch korrekt. Zwanzig vor neun. Nun gehen Sie nach oben, und ich schiebe die Zeiger auf neun.»

In seinem Zimmer lauschte Monty wieder bei geschlossener Tür auf den tiefen, raschen, vibrierenden Klang. Er eilte nach unten.

«Es ist genau derselbe Ton, soweit ich es beurteilen kann.»

«Gut. Wenn keiner daran herumhantiert hat, steht die Zeit fest.»

Es ließ sich unerwartet leicht beweisen, dass die Uhr um Mitternacht richtig gegangen war. Die Köchin hatte sie nach der Rathausuhr gestellt, ehe sie um elf zu Bett ging. Sie hatte, wie immer, die Küchentür abgeschlossen und den Schlüssel mitgenommen. «Sonst würde dieser Hausknecht sich alle Augenblicke in die Küche schleichen und etwas aus der Speisekammer stibitzen.» Und der Hausknecht – ein ungesund aussehender Bursche von sechzehn Jahren – hatte diese Aussage zögernd bestätigt, indem er zugab, dass er eine halbe Stunde später die Tür zu öffnen versucht hatte, sie aber fest verschlossen fand. Die einzigen anderen Zugänge zur Küche – Hoftür und Fenster – waren von innen verriegelt.

«Sehr gut», sagte der Inpektor. «Nun können wir uns den Alibis all dieser Leute zuwenden. Sie, Ruggles, suchen inzwischen gründlichst nach Pringles Musterkoffer. Wir wissen, dass er ihn mit aufs Zimmer genommen hat, weil der Barmixer es gesehen hat. Und er kann vor der Entdeckung der Leiche nicht aus dem Hotel entfernt worden sein, weil alle Außentüren verschlossen und die Schlüssel herausgezogen waren. Nachdem sie geöffnet wurden, ist nur Ihr Freund Waters hinausgegangen, Mr Egg, und nach Ihrer eigenen Aussage ist er nicht der Mörder. Er könnte allerdings ein Komplice sein.»

«Waters bestimmt nicht», verteidigte ihn Monty. «Eine ehrliche Seele, der alte Waters. Frisiert nicht einmal sein Spesenkonto. ‹Sei auch im kleinsten ehrlich, rechne ab auf Heller und Pfennig›, das war sein Lieblingszitat aus dem *Handbuch des Verkäufers.*»

«Sehr gut», meinte der Inspektor. «Aber wo ist der Koffer?»

Nach eingehendem Verhör der Hotelleitung und des Personals, die alle ein befriedigendes Alibi hatten, richtete Inspektor Monk seine Aufmerksamkeit auf die Gäste. Nach dem denkwürdigen, aus Makrelen und Schweinefleisch besehenden Abendessen hatten Mr Egg und Mr Waters und zwei andere Handelsreisende, Loveday und Turnbull, bis halb elf Bridge gespielt, um welche Zeit Mr Egg und Mr Waters sich zurückzogen. Die anderen beiden hatten sich noch in der Bar aufgehalten, bis diese um elf Uhr geschlossen wurde. Danach hatten sie sich auf Mr Lovedays Zimmer verzogen, wo sie bis halb eins plauderten und sich dann trennten. Um ein Uhr hatte Mr Loveday Mr Turnbull aufgesucht, um sich etwas Fruchtsalz von ihm, der mit diesem Artikel reiste, zu borgen. Auf diese Weise verschafften sie sich gegenseitig ein Alibi, und es war anscheinend kein Grund vorhanden, daran zu zweifeln.

Dann kam eine ältere Dame, eine Mrs Flack, die offensichtlich nicht imstande war, einen kräftigen Mann eigenhändig zu erwürgen. Ihr Zimmer lag auf dem Hauptkorridor, und sie hatte ungestört bis gegen halb eins geschlafen, als jemand an ihrer Tür vorbeikam und das Wasser im Badezimmer andrehte. Kurz vor eins hatte diese rücksichtslose Person das Badezimmer wieder verlassen. Sonst hatte sie nichts gehört.

Der einzige andere Gast war ein Mann, der mit Pringle in dessen Wagen angekommen war und sich als Fotograf ausgab. Er hieß Alistair Cobb. Inspektor Monk gefiel er nicht besonders, aber er war eine wichtige Persönlichkeit, da er einen guten Teil des Abends mit dem Ermordeten verbracht hatte.

«Schlagen Sie es sich aus dem Kopf», sagte Mr Cobb, während er sein Haar glättete, «dass ich viel über Pringle weiß. Bis gestern Abend um sieben Uhr hatte ich ihn nie gesehen. Aber ich hatte den Bus von Tadworthy verpasst, und der nächste fuhr erst um neun. Also machte ich mich daran, die vier Meilen mit meinem Koffer zu Fuß zurückzulegen, als Pringle vorbeifuhr und sich erbot, mich mitzunehmen. Wie er sagte, nahm er oft Leute mit. Geselliger Bursche. Fuhr nicht gern allein.»

Mr Egg (der bei dem Interview zugegen war – ein Privileg, das er zweifellos der günstigen Meinung des Inspektors Ramage über ihn verdankte) schauderte über dieses leichtsinnige Benehmen eines mit Juwelen reisenden Kollegen.

«Er war ein anständiger Kauz», fuhr Mr Cobb fort. «Ganz fideler alter Knabe. Er nahm mich...»

«Hatten Sie geschäftlich in Cuttlesbury zu tun?»

«Aber sicher. Fotos, wissen Sie. Wir vergrößern Vaters und Mutters Hochzeitsbild gratis. Mit Goldrahmen fünfundzwanzig Shilling. Spottbillig. Kennen Sie diese Masche?»

«Allerdings», erwiderte der Inspektor in einem Ton, der deutlich sagte, dass er von dieser Masche nicht viel hielt.

«Na, also.» Mr Cobb zwinkerte dem Inspektor zu. «Nun, wir nahmen unser Abendessen ein, das übrigens verteufelt schlecht war, und plauderten anschließend eine Weile in der Bar.

Bates und der Barmixer sahen uns dort. Dann ging Bates fort, um mit einem jungen Mann Billard zu spielen, und wir blieben noch bis gegen elf sitzen. Dann brach Pringle auf – behauptete, er fühle sich nicht gut, was mich nicht überraschte. Diese Makrelen...»

«Lassen wir die Makrelen ruhen», unterbrach Monk. «Der Barmixer behauptet, Sie und Pringle hätten um fünf Minuten vor elf das letzte Glas getrunken. Pringle sei dann zu Bett gegangen und habe seinen Koffer mitgenommen. Sind Sie dann direkt ins Billardzimmer gegangen?»

«Ja, sofort. Wir spielten...»

«Eine Sekunde. Bates sagt, Sie hätten erst noch telefoniert.»

«Stimmt. Das heißt, ich ging erst ins Billardzimmer und sah, dass Bates und sein Gefährte bald mit ihrem Spiel zu Ende waren. Da habe ich gesagt, ich würde inzwischen telefonieren und dann mit Bates ein Spiel machen. Ich rief beim ‹Bullen› in Tadworthy an, wo ich ein Paar Handschuhe in der Bar vergessen hatte. Man sagte mir, man habe sie gefunden und werde sie nachschicken.»

Der Inspektor machte sich eine Notiz.

«Und wie lange haben Sie Billard gespielt?»

«Ungefähr bis ein Viertel nach zwölf. Dann erklärte Bates, er habe genug, da er früh aufstehen müsse. Also vertranken wir das, was ich ihm abgewonnen hatte, und ging dann zu Bett.»

Der Inspektor nickte. Dies bestätigte die Aussage des Hotelbesitzers.

«Mein Zimmer liegt auf dem Hauptkorridor», fuhr Mr Cobb fort. «Nein, nicht an der Seite, wo der Aufruhr war – am entgegengesetzten Ende. Aber ich ging hinüber und nahm ein Bad; das Badezimmer liegt bei den Stufen, die auf den anderen Korridor führen. Es war vielleicht zehn vor eins, als ich zurückkam. Um die Zeit war alles ruhig.»

«Worüber haben Sie und Pringle sich unten unterhalten?»

«Oh, über dies und jenes», erwiderte Mr Cobb ungezwungen. «Wir haben Anekdoten ausgetauscht. Pringle wusste ein paar saftige und meine waren auch nicht übel. Darf ich Ihnen eine Zigarette anbieten, Inspektor?»

«Nein, danke. Erwähnte Pringle zufällig ... Ja, Ruggles, was gibt es? Entschuldigen Sie einen Augenblick, meine Herren.»

Er ging zu dem Wachtmeister an der Tür und kehrte nach einer Weile mit einer Karte in der Hand zurück.

«Ich nehme an, dass sich Ihre fotografischen Artikel nicht auf solche Dinge erstrecken, Mr Cobb.»

Mr Cobb blies pfeifend eine lange Rauchwolke aus.

«Nein», sagte er, «ne-ein! Woher haben Sie dieses hübsches Ding?»

«Haben Sie es vorher schon mal gesehen?»

Mr Cobb zögerte. «Nun, da Sie mich fragen, ja. Der verstorbene Pringle hat es mir gestern Abend gezeigt. Hätte nichts davon gesagt, wenn Sie mich nicht gefragt hätten. Über Tote soll man nur Gutes sagen. Aber er war nicht so ganz ohne, dieser Pringle.»

«Sicher, dass es dieselbe Karte ist?»

«Sieht so aus. Dieselbe hübsche Dame – dieselbe hübsche Stellung jedenfalls.»

«Wo verwahrte er sie?», fragte der Inspektor, während er die Karte wieder an sich nahm und sie mit einer Klammer an seinen Notizen befestigte – aber nicht, bevor Mr Egg einen Blick darauf werfen konnte und gehörig schockiert war.

«In seiner Brusttasche», erwiderte Mr Cobb nach kurzer Überlegung.

«Aha. Pringle hat Ihnen sicher gesagt, in welcher Branche er tätig war. Hat er zufällig etwas von Vorsichtsmaßregeln gegen Diebe oder dergleichen erwähnt?»

«Er hat allerdings erwähnt, dass er wertvollen Kram in seinem Koffer habe und stets seine Zimmertür abschließe», entgegnete Mr Cobb mit großer Offenheit. «Nicht, dass ich ihn danach gefragt hätte. Ging mich nichts an, was er tat.»

«Ganz recht. Nun, Mr Cobb, im Augenblick brauche ich Sie nicht weiter zu bemühen, aber ich möchte Sie bitten, so lange im Hotel zu bleiben, bis ich noch einmal mit Ihnen gesprochen habe. Tut mir Leid, wenn Ihnen das Unannehmlichkeiten bereitet.»

«Durchaus nicht», erklärte der gefällige Mr Cobb. «Es ist mir völlig gleich.» Freundlich lächelnd schlenderte er davon.

«Pah!», sagte der Inspektor. «Ein schmieriger Kerl! Und ein Lügner obendrein. Haben Sie das Foto gesehen? Wie jemand solchen Schmutz drucken kann, ist mir übrigens unbegreiflich. Nun, die Karte wurde nicht in einer Brusttasche herumgetragen. Die Ecken sind noch ganz scharf. Die kam frisch aus einem Umschlag. Möchte wetten, dass der Rest der Serie im Koffer dieses Burschen steckt. Aber das gibt er natürlich nicht zu, denn er macht sich strafbar, wenn er sie verkauft.»

«Wo hat man diese gefunden?»

«Unter Pringles Bett. Wenn Cobb kein Alibi hätte – aber ich bin ziemlich sicher, dass Bates die Wahrheit spricht. Außerdem liegt das Fenster der Köchin dem Fenster des Billardzimmers gegenüber, und sie hat sie dort bis Viertel nach zwölf spielen sehen. Oder sie müssten alle unter einer Decke stecken, und das ist nicht wahrscheinlich. Und immer noch keine Spur von Pringles Koffer. Aber wir können uns nicht über die Zeit hinwegsetzen. Sind Sie sicher, dass es zwölf schlug?»

«Unbedingt. Ein oder zwei Schläge lassen sich nicht mit zwölf verwechseln.»

«Nein, natürlich nicht.» Der Inspektor trommelte auf den Tisch und starrte ins Blaue. Monty sah, dass er überflüssig war, und kehrte in sein Zimmer zurück. Das Bett war noch nicht gemacht und das Wasser nicht ausgeschüttet. Die Schlamperei des «Greifen» war durch diese Katastrophe in ein völliges Chaos verwandelt. Er warf sich in einen Sessel mit ausgeleierten Federn, zündete sich eine Zigarette an und versank in Nachdenken.

Er hatte etwa zehn Minuten gebrütet, als er die Rathausuhr elf schlagen hörte. Unwillkürlich wartete er auf das melodiöse Schlagen der Küchenuhr, aber es kam nicht. Dann fiel ihm ein, dass Monk die Uhr um zwanzig Minuten vorgeschoben hatte, sodass sie vor einiger Zeit bereits geschlagen haben musste. Und dann sprang er mit einem lauten Ausruf auf die Füße.

«Grundgütiger Himmel! Wie dumm von mir! Heute Morgen um sieben schlug die Rathausuhr zuerst und die Küchenuhr unmittelbar danach. Aber gestern Abend habe ich die Rathausuhr überhaupt nicht schlagen hören. Die Küchenuhr muss doch irgendwie geändert worden sein. Wenn nicht – wenn nicht – ach du meine Güte! Ob es das wohl sein könnte? Ja. Ja, es ist möglich. Gerade bevor die Uhr zwölf schlug, hörte Waters auf zu schnarchen.»

Er rannte hastig in das Zimmer Nr. 8, wo dieselbe Unordnung herrschte wie in seinem eigenen. Auch hier schien seit Wochen nicht Staub gewischt worden zu sein. Und auf dem Nachttisch neben Waters' Bett, der an der dünnen Wand zwischen den beiden Zimmern stand, sah er im Staub einen Flecken, der so aussah, als hätte dort ein etwa acht mal acht Zentimeter großer Gegenstand gestanden.

Mr Egg stürzte aus dem Zimmer und über den Korridor. Fluchend stolperte er die beiden schlecht beleuchteten Stufen hinauf und eilte ins Badezimmer. Das Fenster hier ging auf eine enge Seitenstraße, die an einem Ende zur Hauptstraße und am anderen zu einer Gasse führte, die zwischen Lagerhäusern lag. Mr Egg stürmte nach unten und stieß mit Inspektor Monk zusammen, der gerade aus dem Frühstückszimmer kam.

«Halten Sie Cobb fest!», keuchte Mr Egg. «Ich glaube, ich habe sein Alibi gesprengt. Wohin ist Waters gefahren? Ich möchte mit ihm telefonieren. Rasch!»

«Soviel ich weiß, nach Sawcaster», erwiderte Monk erstaunt.

«Dann wird er im ‹Glockenkranz› übernachten», sagte Mr Egg, «und Hunter, Merriman und Hackett & Brown besuchen. An einem dieser Plätze werden wir ihn erreichen.»

Mr Egg verbrachte eine hektische halbe Stunde am Telefon, bis er seine Beute zu fassen bekam.

«Waters», flehte Monty, «beantworten Sie mir bitte einige

Fragen; warum, verrate ich Ihnen später. Haben Sie immer einen Reisewecker bei sich? Wirklich? Ist es eine altmodische Repetieruhr? Ja? Ungefähr acht mal acht Zentimeter? Ja? Stand sie gestern Abend auf Ihrem Nachttisch? Schlägt sie auf eine aufgezogene Feder? Wirklich? Gott sei Dank! Tiefe, rasche, weiche Töne wie eine Turmuhr? Ja, ja, ja! Jetzt, Waters, mein Lieber, denken Sie scharf nach. Sind Sie gestern Nacht aufgewacht, und haben Sie die Uhr repetieren lassen? Wirklich? Sind Sie ganz sicher? Fein! Um welche Zeit? Sie schlug zwölf? Und das bedeutet? *Irgendwann zwischen zwölf und ein Uhr?* Dann kehren Sie, um Himmels willen, mit dem nächsten Zug nach Cuttlesbury zurück; denn durch Ihre verflixte Uhr sind Sie und ich beinahe Komplicen bei einem Mord geworden. Ja, MORD ... Einen Augenblick, Inspektor Monk möchte mit Ihnen noch reden.»

«Nun», meinte der Inspektor, als er den Hörer auflegte, «Ihre Aussage hätte uns schön in die Klemme bringen können, nicht wahr? Wie gut, dass Sie diese Erleuchtung hatten. Nun werden wir das Gepäck des schmutzigen Mr Cobb durchsuchen und sehen, ob er noch mehr saftige Fotos hat. Er hat sie wohl mit in Mr Pringles Zimmer genommen, um sie ihm zu zeigen.»

«So wird's gewesen sein. Ich konnte bisher nicht verstehen, wie der Mörder ins Zimmer gelangen konnte, da Mr Pringle ja immer seine Tür abschloss. Aber natürlich hatte er sie offen gelassen für Cobb, der ihm versprochen hatte, später noch mal vorbeizukommen und ihm – streng vertraulich natürlich – etwas zu zeigen, wobei ihm die Haare zu Berge stehen würden. Cobb muss einen wahnsinnigen Schrecken bekommen haben, als Pringle schrie und ich an die Tür klopfte. Aber er war nicht auf den Mund gefallen, das muss ich ihm lassen. Wahrscheinlich ist er ein erstklassiger Verkäufer in seiner ekligen Branche. ‹Lass dich durch plötzliche Fragen nicht unterkriegen, sondern stets deine Geistesgegenwart siegen›, wie es im *Handbuch des Verkäufers* heißt.»

«Aber was hat er bloß mit Pringles Koffer gemacht?», fragte der Inspektor.

«Aus dem Fenster des Badezimmers geworfen, wo ihn der Komplice in Empfang nahm, den er telefonisch von Tadworthy herbestellt hatte. Verflixt noch mal!», rief Monty und wischte sich den Schweiß von der Stirn, «kurz nachdem diese verwünschte Uhr zwölf schlug, habe ich den Wagen unten vorbeifahren hören.»

Die Sache mit der freundlichen Kellnerin

Henry Slesar

Thelma Tompkins' Blick ging wieder besorgt zu dem leeren Tisch in der Ecke, während sie zwischen Küche und Speisesaal des Hotels «Gordon» hin und her hastete. Einmal rutschte ihr ein Teller dampfender Tomatensuppe gefährlich nahe an den Rand des Tabletts, und die kalten Augen der Aufsichtsdame funkelten warnend hinter ihr her. Aber Thelma Tompkins hatte in ihren elf Jahren als Kellnerin noch nie etwas zerschlagen. Trotzdem konnte Marian sich ein spitzes «Was ist los mit dir, heute?», nicht verkneifen, als sie an ihr vorbeikam.

«Mrs Mannerheim ist noch nicht da», antwortete Thelma und deutete mit einer Kopfbewegung zu dem Ecktisch. «Sie sollte schon seit fast einer halben Stunde hier sein. Ob sie sich nicht wohl fühlt?»

Marian schnaubte. «Führ dich nicht auf wie eine Glucke. Die alte Dame wird schon kommen. Sie kommt doch immer.»

Aber Thelma war doch besorgt, und die steilen Falten auf ihrer Stirn machten ihre reizlosen, unregelmäßigen Gesichtszüge nicht schöner. Ihr strähniges braunes Haar, das von dem Wechsel zwischen Küchendampf und der klimatisierten Kühle des Speisesaals seine Locken eingebüßt hatte, geriet im Lauf des Abends in immer größere Unordnung. Als Mrs Mannerheim endlich ihren gewohnten Essplatz am Ecktisch einnahm, sah Thelma fast so elend aus wie sie.

Aber doch nicht ganz. Mrs Mannerheim erschien in ihrem losen Kleid aus schwarzem Krepp, das die Konturen ihrer winzigen verhutzelten Gestalt verhüllte, noch blasser und durchsichtiger als sonst. Sie war eine wirklich *alte* Dame, mindestens neunzig Jahre alt, schätzte Thelma, und heute Abend sah sie aus, als blicke ihr der Tod über die Schultern.

«Wie geht's, Mrs Mannerheim?» Thelma stützte die Hände auf den Tisch, beugte sich hinunter und hielt den Mund an eins der tauben Ohren. «Ich hab mir schon Sorgen gemacht, wo Sie so lange geblieben sind. Was kann ich Ihnen bringen? Das Gleiche wie immer?»

«Ja, Thelma, ja», sagte die alte Frau und entfaltete ihre Serviette mit zittrigen Händen. «Wieder das Gleiche. Und Sie brauchen sich meinetwegen wirklich nicht zu ängstigen.»

«Aber Sie waren nicht unpässlich oder so was?»

«Ein bisschen schon», sagte Mrs Mannerheim und lächelte. «Ein ganz klein wenig.»

«Sollten Sie da nicht den Arzt rufen? Sie sehen gar nicht gut aus.»

«Ach, kommen Sie mir nicht mit Ärzten. Ich habe schon seit dreißig Jahren keinen mehr gesehen. Hatte genug, als dieser alte Narr Leverett mir damals weismachen wollte, ich läge im Sterben.» Sie tätschelte Thelmas Hand. «Aber danke für Ihre Sorge, Thelma. Lieb von Ihnen. Es ist schön, wenn jemand da ist, der sich um einen sorgt.»

Die Kellnerin blinzelte besorgt und mit ein paar verstohlenen Tränen in den Augen. Es war genauso wie in den traurigen Filmen, in denen sie stets weinen musste. Sie wischte sich mit dem Handballen über die Augen, ging in die Küche und meldete Jeff, dem Koch, Mrs Mannerheims Ankunft im Speisesaal. Er brauchte keine Einzelheiten. Seit die alte Dame vor acht Jahren ins Hotel «Gordon» gezogen war, hatte sie immer das Gleiche bestellt. Tomatensaft, eine Scheibe mageres Roastbeef, eine Salzkartoffel, ein paar Möhren und ein Glas Milch. Nachdem Thelma das Essen gebracht hatte, bemühte Mrs Mannerheim sich tapfer, das Fleisch auf ihrem Teller zu schneiden, bis die Kellnerin sich wie üblich anbot, und die alte Dame sich widerstrebend wie immer helfen ließ.

«Sie sind ein gutes Kind», sagte sie und sah Thelma an.

Thelma lachte. «Ein Kind ja nun nicht mehr, Mrs Mannerheim. Ich bin vierundvierzig. Noch etwas Butter auf die Kartoffeln?»

«Könnten Sie sich ein Weilchen zu mir setzen, Thelma?»

«Oh, Mrs Mannerheim, das wird nicht gehen, glaub ich. Wir haben im Augenblick ziemlich viel Betrieb.»

«Dann vielleicht später! Ich möchte etwas mit Ihnen besprechen.»

«Sicher, Mrs Mannerheim. Nachher gern.»

Gegen halb elf leerte sich der Speisesaal, und Marian entließ sie mit einem Kopfnicken. Aber bevor Thelma ihre Schürze abband, lief sie zu dem Tisch der alten Dame und setzte sich.

«Na, Mrs Mannerheim, worüber wollten Sie mit mir sprechen?»

«Über Sie, Thelma, wenn ich darf.»

«Über mich?» Thelma lachte und fuhr sich mit der rechten Hand durch das wirre Haar. «Ich wüsste nicht, dass es über mich etwas zu sagen gibt.»

«Ich wollte fragen, wie es Ihnen geht, Thelma.»

«Och, wie gewöhnlich, Mrs Mannerheim.»

«Und Ihr Bruder, von dem Sie mir erzählten? Was macht der?»

«Arthur? Danke, er kommt zurecht. Wird sich in dem Laden keine Millionen verdienen, aber er hat sein Auskommen.» Thelma blickte zur Seite und wurde weiß bis in die Lippen.

«Sie machen sich noch immer Sorgen um ihn, nicht wahr?» Als wir das letzte Mal von ihm sprachen, waren Sie bedrückt, wie unglücklich er war, dass er das Geschäft übernehmen musste.»

Thelma sagte nichts.

«Sie lieben Ihren Bruder sehr, nicht wahr?»

«Ja, tue ich wohl. Er ist alles, was ich habe, seit Vaters Tod. Aber was ich Ihnen an dem Abend über ihn erzählt habe, das ... das sollten Sie nicht ernst nehmen. Er ist noch jung. In seinem Alter stellen sie immer mal was an. Sie wissen ja, wie es hin und wieder sein kann.»

«Natürlich.» Die alte Dame hustete, und aus dem hohlen Kreppkleid kam ein tiefes, rasselndes Echo.

«Soll ich Ihnen noch etwas Wasser eingießen?»

«Danke, es geht schon. Mir fehlt nichts. Das heißt, nein, das stimmt nicht ganz.» Sie versuchte zu lachen. «Ich bin nicht wirklich wohlauf, Thelma. Ich fange an, mein Alter zu spüren. Bin ja doch schon ganz schön in die Jahre gekommen... Manchmal denke ich, es kann nicht mehr lange...»

«Oh, Mrs Mannerheim!» Thelmas Augen füllten sich wieder mit Tränen.

«Nicht doch, Thelma. Nehmen Sie sich das nicht so zu Herzen. Wenn man so alt ist wie ich, denkt man anders über den Tod. Aber, was ich Ihnen sagen wollte, ich meine, für den Fall, dass mir etwas zustoßen sollte... Ich halte sehr viel von Ihnen und möchte Ihnen helfen. Sie wissen, wovon ich rede, nicht wahr?»

«Nein.»

«Ich spreche über Geld. Ich bin, was man eine reiche alte Witwe nennt. Ich habe nur eine Nichte, die auch etwas bekommen muss. Weil sie meine Verwandte ist, verstehen Sie. Sie wohnt in Kalifornien, und ich bin ihr völlig gleichgültig. Aber Sie sollen wissen, Thelma, dass ich für Sie vorgesorgt habe.»

Thelma musterte sie halb bestürzt, halb erwartungsvoll. «Vorgesorgt? Für mich?»

«In meinem Testament. Sie sind mir in den letzten Jahren eine gute Freundin gewesen, dafür bin ich Ihnen dankbar. Wenn ich sterbe, werden Sie diese Stellung aufgeben, und dann können Sie tun, was immer Sie wollen. Und Ihr Bruder...»

Thelmas Hand flog an ihre Kehle. Arthur!

«Oh, Mrs Mannerheim, Sie brauchen mir nichts...»

«Aber ich möchte, Thelma. Wirklich. Und glauben Sie mir, es wird eine beträchtliche Summe sein. Woran es liegt, dass ich so begütert bin, weiß ich nicht, aber seit dem Tod meines Mannes scheint mein Geld immer rascher zu wachsen. Diese Tatsache hat mir ein bequemes Leben beschert, und nun wünsche ich mir nur noch, dass es Sie später einmal glücklich macht.»

Plötzlich presste sie die Hand auf den Leib und schloss die Augen. Es sah aus, als fiele ihr das Atmen schwer.

«Mrs Mannerheim . . .»

«Es ist nichts Thelma. Das geht vorüber . . .»

Als sie die Augen wieder öffnete, war ihr Blick ruhig und klar. «Es dauert nicht mehr lange, Thelma», sagte sie. «Ich träume jetzt oft von meiner Mutter und sehe sie vor mir in einem langen weißen Kleid und mit Blumen in der Hand. Glauben Sie an Träume?»

Thelma Tompkins fragte sich, ob all dies ein Traum sei, und flüsterte: «Ich weiß nicht.»

Es war erst zehn nach elf, als Thelma nach Hause kam, aber Arthur, der mit gekreuzten Beinen in einem Sessel saß, sah so schläfrig und zerzaust aus, als habe er sich schon stundenlang vor dem Fernseher herumgelümmelt. An jedem anderen Abend wäre Thelma außer sich gewesen, aber heute fiel ihr Tadel milder aus als sonst.

«Um Gottes willen, Arthur! Wann hast du den Laden geschlossen?»

Ihr Bruder streifte sie mit einem finsteren Blick. «Gerade erst vor einer Weile.»

«Du darfst nicht so früh zumachen. Das kannst du dir nicht leisten, Arthur. Du weißt, was Vater immer gesagt hat. Nach zehn kommt noch 'ne Kundschaft rein.»

Statt zu antworten, senkte er sein bartloses Kinn und versteckte den schmollend verzogenen Mund in seinem offenen Hemdkragen. Er runzelte die Stirn und fuhr sich mit der Hand über das struppige blonde Haar. Wenn er bockig und schlecht gelaunt war, sah er mehr denn je aus wie ein kleiner Junge. Manchmal konnte Thelma es kaum fassen, dass er fast vierunddreißig Jahre alt war.

«Ich hab dir was zu sagen, Arthur.»

«Kannst es mir schriftlich geben.»

«Werd nicht frech. Es ist was Wichtiges. Wichtiger als dein Fernsehprogramm.»

«Hast wohl ein paar gehoben und dich schnappen lassen, wie?»

«Nein. Es hat was mit *dir* zu tun.»

Thelmas Antwort ließ ihn aufhorchen. Er stellte den Fernseher leise und drehte sich zu seiner Schwester um.

Thelma berichtete, und er hörte so aufmerksam zu wie selten, wenn sie ihm etwas zu erzählen hatte. Diesmal unterließ er es sogar, sie mit seinen üblichen Sticheleien zu unterbrechen. Als sie geendet hatte, sackte er schlaff wie eine plötzlich entspannte Sprungfeder in seinen Sessel zurück.

«Wie viel ist drin, Thelma?», fragte er verträumt. «Was meinst du?»

«Weiß ich nicht. Im Hotel wird alles Mögliche über sie geredet. Ihr Mann war ein wichtiges Tier in einer Dosenfabrik, aber der ist schon – ach, vor zig Jahren gestorben. Er muss das Geld gut angelegt haben, darum ist es so viel. Und sie sieht so schlecht aus, die Ärmste. Sie ist alt und krank . . .»

«Darauf kommt's an», murmelte ihr Bruder. «Wenn sie bald abkratzt, in den – sagen wir – nächsten zwei Monaten . . . Ich habe was in petto, wo ich einsteigen könnte.»

«Arthur!»

«Reg dich ab. Ich wünsche deiner Freundin nichts Böses. Aber wenn sie tatsächlich so krank ist, dann . . .»

«Daran will ich nicht mal *denken*. Es ist nur schön zu wissen, dass wir irgendwann . . .»

«Sicher, irgendwann mal», sagte Arthur Tompkins. «Wie alt, sagtest du, ist sie?»

«Ich weiß nicht genau. Neunzig ganz sicher. Vielleicht noch älter.»

Der Mann mit dem Jungengesicht lächelte. Er langte nach oben und stellte den Fernseher ab, starrte aber weiter den leeren grauen Bildschirm an, als liefe die Sendung weiter.

Zwei Monate behielt Thelma den Ecktisch allabendlich im Auge, und Abend für Abend erschien Mrs Mannerheim, die längst die Sonderrechte eines Dauergastes genoss, zu einer anderen Zeit. Nach und nach verblasste auch der letzte Hauch von Farbe auf ihren Wangen, und der schlurfende Schritt verfiel zu einem unsicheren Tappen. Marian, die Aufsichtsdame, äußerte sich besorgt – nicht wegen der alten Dame, sondern wegen der Ordnung in ihrem Revier.

«Schau sie dir bloß an!», sagte sie und schnalzte mit der Zunge. «Man muss direkt Angst haben, sie stirbt eines Tages mitten im Abendbrot. Dass so was nicht auszieht und in ein Heim geht!»

Thelma behielt ihre Antwort für sich. Sie bemutterte die alte Dame aufmerksamer denn je, breitete ihr die Serviette über den Schoß, schnitt ihr Roastbeef besonders klein, füllte ihr Wasserglas selbst. Aber so sehr sie sich um Mrs Mannerheim bemühte, ihre Anstrengungen verdoppelte, ihr jeden erdenklichen Gefallen tat, so offen musste sie sich auch eingestehen, dass all dies nicht mehr aus reiner Nächstenliebe geschah, seit sie von der eventuellen Erbschaft wusste. Seit jenem Abend hatten sich egoistische Motive in ihre Fürsorge eingeschlichen. Aber Thelma empfand deswegen weder Scham noch Schuld. Sie handelte nun auch in Arthurs Interesse, der ihrem Herzen immer noch am nächsten stand.

Was dann kam, musste kommen. Als sich ein Monat an den anderen reihte und Mrs Mannerheims winzige Gestalt immer körperloser wurde, konnte Thelma nicht anders: Ihre einstige Befürchtung verwandelte sich in einen Wunsch, auch wenn er unausgesprochen blieb. *Warum stirbt die alte Dame nicht,* dachte sie immer öfter.

Aber Mrs Mannerheim starb nicht. Jeden Abend sah es aus, als sei das Lebenslicht in ihrem eingeschrumpften Körper bereits am Verlöschen, aber ein schwacher Funken blieb und glühte weiter. Einmal brach sie, ganz wie Marian befürchtet hatte, am Tisch zusammen, aber die Ohnmacht ging vorüber.

Danach war sie eine Woche lang zu schwach, um sich von ihrem Zimmer im dritten Stock hinunter in den Speisesaal zu begeben. Thelma, die ihr das Abendbrot nach oben brachte, öffnete die Tür jedes Mal in der Erwartung, die alte Dame nicht mehr lebend vorzufinden. Aber Mrs Mannerheim hatte den letzten Atemzug noch nicht getan, und das winzige Gesicht auf dem Kopfkissen lächelte ihr, wenn nicht munter, so doch tapfer, entgegen.

Der Frühling verging, dann auch der Sommer, und der Winter zog wieder in die Stadt ein. Die Kälte kroch den Menschen in die Knochen, brachte vor allem den alten Menschen in ihren Heimen Krankheiten und manchen sogar den Tod. Aber der Ecktisch von Mrs Mannerheim war besetzt. Abend für Abend.

«Ich hab die Nase voll von der Warterei», sagte Arthur eines Morgens.

«Arthur!»

«Lass mich mit deinem ‹Arthur› in Ruhe, Thelma. Du hast ja selber genug davon. Fängst schon an, die alte Frau zu hassen.»

«Ich und sie hassen? Wie kommst du auf so was? Ich mag Mrs Mannerheim sehr gern.»

«Ja, Thelma, das redest du dir ein. Aber du sprichst nicht mehr von ihr wie früher. Würdest am liebsten überhaupt nicht mehr von ihr reden, hab ich das Gefühl. Weil sie dich triezt, da gehe ich jede Wette ein.»

«Mach dich nicht lächerlich!», gab Thelma zurück, aber sie konnte ihm nicht ins Gesicht sehen. Wie hatte er das erraten? Ihr Verhältnis zu Mrs Mannerheim war tatsächlich gespannt. Die alte Dame hatte angefangen, sich über alles zu beschweren. Sie nörgelte am Essen herum, warf Thelma Trägheit vor und hatte sie einmal sogar verdächtigt, eine Rechnung aufgerundet zu haben. Eines Abends hatte sie sich so über Thelma aufgeregt, dass sie sogar vergaß, das übliche Trinkgeld für sie dazulassen. Aber all das war nur natürlich, dachte Thelma. Kranke alte Menschen waren nun mal quengelig.

«Du hasst die alte Frau jeden Tag mehr.» Arthur beugte sich

vor, wie um ihr den Gedanken einzusuggerieren. «Das lese ich dir vom Gesicht ab. Sie lässt sich Zeit mit dem Sterben, was?»
«Ich will nichts mehr davon hören!»
«Wir warten nun schon acht Monate darauf. Und so kann's weitergehen, bis sie hundert ist, oder?»
«Sie ist so alt und schwach, dass ...»
«Wieso ist sie dann nicht tot?»
«Arthur!»
«Warum hilfst du ihr nicht über den Berg, Thelma?»
Die Worte waren ihm unfreiwillig herausgerutscht, wie sein eigener überraschter Gesichtsausdruck zeigte. Offenbar hatte er sich verfrüht dazu hinreißen lassen, nicht den geeigneten Moment abgewartet. Aber der Gedanke selbst musste ihn schon länger beschäftigt haben. Seine Frage verschlug Thelma die Sprache, aber er hielt ihr Schweigen für Interesse und fuhr fort: «Das wäre leicht zu schaffen, Thelma. Kinderleicht. Und du würdest nicht mal was Böses tun, das ist das Beste daran. Bedenk doch, wie die alte Dame leidet, so elend wie sie ist. In dem Zustand wünscht die sich nur noch ihre saubere Ruhe, und die kannst du ihr geben. Nichts leichter als das.»
«Ich will nichts mehr hören!», wiederholte Thelma verzweifelt, schloss aber nur die Augen.
«Du kannst es ganz unauffällig tun, Thelma. Kein Mensch würde je dahinter kommen. Und ich kann dir zeigen, wie du es anstellst. Alle, die sie kennen, denken sowieso, dass es jeden Tag so weit sein kann mit ihr. Keiner wird etwas vermuten.»
«Hör auf!»
Er lächelte nur. «Und weißt du, wie wir es machen, Thelma? Wir tun ihr was ins Essen. In das Essen, das du ihr jeden Abend servierst. Du brauchst keine Angst zu haben, dass sie was merkt. So alte Leute schmecken überhaupt nichts mehr. Du streust ihr jeden Abend ein bisschen Pulver auf den Teller, immer nur ein kleines bisschen, bis ...»
«Du bist verrückt, Arthur! Vollkommen übergeschnappt!»
«Ja, weiß ich, aber hör doch wenigstens zu. Ich hab 'ne

Menge von dem Zeug hinten im Laden. Mehr als wir brauchen. Davon tust du ihr jeden Abend 'ne kleine Prise auf den Teller. Ist doch so einfach für dich, Thelma. Einfacher geht's wirklich nicht, oder?»

Sie musste sich zwingen, aufzustehen, als kämpfe sie sich aus einer reißenden Strömung an Land, und rannte aus dem Zimmer.

Arthur blieb sitzen. Er stellte den Fernseher an und hüllte sich für den Rest des Vormittags in Schweigen. Am Nachmittag ging er in den Laden, kam erst nach Mitternacht zurück und sagte kurz vor dem Schlafengehen:

«Die arme Frau. So alt und krank. Es wäre eine gute Tat, Thelma.»

Arthur kam einen ganzen Monat lang nicht mehr auf seinen Vorschlag zurück. Thelma wartete darauf, dass er wieder davon anfangen würde, aber er erwähnte das Thema mit keinem Wort. Schließlich begann sie von selbst wieder.

«Es ist richtig traurig mit Mrs Mannerheim», sagte sie.

«Was?»

«Wie sie verfällt. Sie kann kaum noch gehen. Wenn ich sie so leiden sehe, denke ich manchmal ... Arthur, ich glaub, du hattest Recht mit der guten Tat. Ich meine ...»

Arthur war so klug, sich ein selbstgefälliges Lächeln zu versagen. Er nickte ernst, sachlich, schnalzte mit der Zunge, um sein Mitleid zu bekunden, und ließ Thelma noch eine Weile zappeln. Dann sagte er:

«Wie ist es, Thelma? Soll ich heute Abend was aus dem Laden mitbringen? Für Mrs Mannerheim, meine ich.»

«Ja, gut», antwortete sie abwesend, beinah, als hätte sie nicht erfasst, was er gerade gesagt hatte.

Jeff, der Koch, nahm Thelma nur mit einem Kopfnicken zur Kenntnis, als sie in die Küche kam. Ihr Eintritt bedeutete, dass Mrs Mannerheim auf ihrem Platz am Ecktisch angekommen war. Er reichte Thelma ein Tablett, und sie stellte es auf den Servierwagen und schob ihn hinaus.

In dem winzigen Vorzimmer vor dem Gang, der in den Speisesaal führte, blieb sie stehen und hob den zerbeulten Aluminiumsturz vom Teller mit dem Hauptgericht. Sie zog den kleinen braunen Umschlag aus der Schürzentasche, streute eine winzige Prise des feinen Puders über das Roastbeef und deckte den Teller wieder zu. Dann rollte sie den Wagen durch den Saal zum Ecktisch.

Sie hatte ihr Vorhaben mit ruhiger Hand ausgeführt, aber nun, als sie neben Mrs Mannerheims Tisch stand, während die alte Dame sich abmühte, ihrem kraftlosen Körper Nahrung zuzuführen, waren ihre Hände so zittrig, dass sie sie unter der Schürze verbergen musste.

Mrs Mannerheim schien nichts zu merken. Sie aß das Fleisch so mechanisch und desinteressiert wie immer.

Als sie gegangen war, nahm Thelma den Vierteldollar Trinkgeld vom Tisch und ließ ihn zu der kleinen Tüte mit dem Gift in ihre Schürze gleiten.

Am nächsten Abend ging es genauso mühelos.

Am dritten und vierten ebenso.

Aber Mrs Mannerheim starb nicht.

«Kapier ich nicht», sagte Arthur. «Sieht sie wenigstens schlechter aus? Vielleicht Brechreiz oder so?»

«Nein, Arthur. Aber es ist schwer, ihr überhaupt was anzumerken. Ich meine, irgendeinen Unterschied. Sie sieht ja egalweg erbärmlich aus.»

«Na ja. Abwarten und Tee trinken. Und erhöhe die Dosis lieber nicht. Wir können nichts riskieren.»

«Nein, Arthur.»

«Schau, was ich dir mitgebracht habe», sagte er und grinste. «Ein Geschenk.»

Sie nahm ihm das Päckchen ab und stieß einen kleinen Freudenschrei aus. Es war Parfüm aus seinem Laden. Die Schachtel war noch mit dem Verkaufspreis in Fettstift ausgezeichnet.

Am nächsten Abend kam Mrs Mannerheim nicht zum Essen, und Thelma hoffte schon, die Tortur sei überstanden. Aber am Abend darauf erschien die alte Dame wieder im Speisesaal und erwähnte lediglich, sie habe die Mahlzeit am vergangenen Abend verschlafen und von ihrer Mutter in einem langen weißen Kleid geträumt.

Mrs Mannerheim überlebte eine weitere Woche.

«Weißt du ganz sicher, dass es Gift ist?», fragte Thelma. Sie scheute sich nicht mehr, das Wort auszusprechen, lechzte nur noch nach dem Ergebnis.

«Klar weiß ich das. Vielleicht sollten wir die Dosis ein bisschen heraufsetzen. Aber so oder so, allmählich *muss* es sie erledigen.»

«Tut es aber nicht! Sie scheint kein bisschen schlimmer dran zu sein als vorher, Arthur. Manchmal habe ich das Gefühl, sie lebt ewig.»

«Und wir können nicht ewig so weitermurksen», sagte er grimmig. «Setz die Dosis herauf.»

Thelma erhöhte die Dosis. Allabendlich bekam die alte Dame ihre Mahlzeit mit dem pulvrigen Zusatz. Weitere zwei Wochen lang leerte sie ihren Teller, aß vierzehn Portionen leicht mit Gift gewürzter Speisen. Ihr Gesundheitszustand schien sich zu bessern, er besserte sich so merklich, dass der Traum von der sorglosen Zukunft im immer weitere Ferne rückte.

Dann sprach Arthur aus, was Thelma schon bedrückte. «Was, wenn sie sich anders besinnt? Wenn sie ihr Testament ändert?»

«Oh, Arthur, sag so was nicht!»

«So was kommt aber vor. Du hast mir erzählt, wie gemein sie manchmal zu dir ist. Was, wenn sie plötzlich findet, dass ihr doch nicht so dicke Freunde seid? Was, wenn sie sich mit dir verkracht? Was, wenn... es gibt noch tausend andere Dinge, die passieren könnten.»

«Aber das kann sie nicht machen, Arthur», schluchzte Thelma. «*Das* nicht...»

Arthurs Augen und seine Stimme waren hasserfüllt.
«Und ob.»
«Dazu lass ich es nicht kommen, Arthur», versprach Thelma. «Das lasse ich nicht zu.»

Als Thelma an diesem Abend im Speisesaal antrat, hatte sie nur einen einzigen Gedanken: Die Erbschaft muss gesichert werden. Schluss mit den kleinen Prisen, Schluss mit der guten Tat auf Raten. Jetzt war Schluss. Endgültig.

Es wurde zehn, und Mrs Mannerheim war noch nicht erschienen.

«Wo bleibt sie nur?», fragte Thelma die Aufsichtsdame. Marian antwortete nur mit einem Achselzucken.

«Wo ist Mrs Mannerheim heute Abend?», wiederholte Thelma.

«Herrgott noch mal, woher soll ich das wissen?», brauste Marian auf. «So wie du sie bemutterst, könnte man meinen, der Laden hier gehört ihr. Ist bestimmt bloß wieder eingedöst.»

«Ob ich oben mal nach ihr sehe? Ich könnte sie in ihrem Zimmer anrufen.»

«Du hast noch andere Tische zu bedienen, vergiss das nicht.»

«Aber wenn sie krank ist und Hilfe braucht?»

«Menschenskind, du machst *mich* krank! Also geh, geh schon und ruf sie an. Bleiben die Leute an den Tischen eben hungrig.»

Thelma ging in die Hotelhalle, nahm das Haustelefon und wählte. Es klingelte zweimal im Apartment der alten Dame, dann kam Mrs Mannerheims Stimme kaum hörbar aus der Muschel. Nein, sie sei wohlauf, habe nur keinen Appetit. Thelma fragte, ob sie ihr eine Kleinigkeit nach oben bringen könne. Nein, nicht nötig. Thelma versicherte, es würde keine Mühe machen. Wolle Mrs Mannerheim nicht wenigstens ein Sandwich? Eine Tasse Tee? Irgendwas? Nun, ein Schluck Tee wäre ganz angenehm.

Thelma ging in die Küche, goss heißes Wasser in eine Kanne, stellte sie mit einer Tasse und zwei Teebeuteln, die sie aus der

Speisekammer geholt hatte, auf ein Tablett. Dann trug sie das Tablett zum Aufzug und drückte den Knopf mit der Nummer 3.

Mrs Mannerheim blieb in ihrem Sessel sitzen, als Thelma eintrat. «Das ist lieb von Ihnen», sagte sie. «Ich fühle mich heute zu matt, um nach unten zu kommen. Hatte ohnehin nicht viel Appetit.»

«Ja, das gibt's mitunter», sagte Thelma. Sie drehte der alten Dame den Rücken zu, setzte das Tablett auf dem Tisch neben der Tür ab und warf die Teebeutel in die dampfende Kanne. Dann griff sie in ihre Schürzentasche.

Sie war leer. Thelma hatte das Gift vergessen.

Mrs Mannerheim stand mühsam auf. «Haben Sie keine Milch mitgebracht?», fragte sie.

«Nein!», sagte Thelma. «Ich hab sie vergessen, Mrs Mannerheim.»

«Aber ich kann Tee ohne Milch nicht ausstehen, Thelma. Könnten Sie mir nicht ein Kännchen voll holen?»

Thelma fuhr herum und funkelte die alte Frau fast an. «Ich habe keine Milch hier. Sie können doch versuchen, Ihren Tee auch mal ohne Milch zu trinken.»

«Tee ohne Milch?», jammerte Mrs Mannerheim. «Das *kann* ich nicht! Ich hab immer Milch zum Tee gehabt, schon von klein auf. Wenn man's nicht anders gewöhnt ist ... Sie verstehen doch, wie das ist, Thelma ...»

«Nein, das tu ich nicht!» Thelmas Stimme war schrill. «Ich weiß nicht, wie das ist, immer alles zu bekommen, was man haben will. *Das* sollten *Sie* verstehen, Mrs Mannerheim!»

«Aber, Thelma ...»

«Wenn ich was haben wollte, hab ich dafür arbeiten müssen. Glauben Sie vielleicht, ich bin Kellnerin, weil es mir Spaß macht? Weil ich da unten im Speisesaal zu Hause bin? Denken Sie, ich kann mir nichts Schöneres vorstellen als Küchenmief und fettige Teller und alte Frauen, die an allem herummeckern?»

Mrs Mannerheim brauchte einen Augenblick, um ihren Schock zu überwinden. Dann richtete sie sich würdevoll auf. «In diesem Ton spricht man nicht mit mir, Thelma.»

«Ich red mit Ihnen, wie ich will. In jedem verdammten Ton, der mir passt!»

Die alte Dame holte keuchend Luft.

«Sie sind eine freche, ungezogene Göre, Thelma. Ganz und gar nicht der Mensch, für den ich Sie hielt. Aber Sie irren sich, wenn Sie glauben, dass ich mir Ihre Unverschämtheiten gefallen lasse. Ich ändere mein Testament. Werde sofort meinen Rechtsanwalt verständigen.»

«Fassen Sie das Telefon nicht an!» Thelmas Hand stieß den Arm, der sich nach dem Hörer ausstreckte, zur Seite und legte sich schwer auf das knochige Handgelenk.

«Lassen Sie mich los, Sie unausstehliches Kind!»

Thelmas Verstand setzte aus. Nun war ihr alles gleich.

«Ich bin vierundvierzig Jahe alt!», kreischte sie und stürzte sich auf Mrs Mannerheim. Und wie ein Raubtier, das seiner Beute, von einem Urinstinkt geleitet, an die Kehle geht, griff sie nach der Kehle der alten Frau.

Mrs Mannerheim leistete – über ein flatterndes Tasten nach Thelmas Fingern hinaus – keinen Widerstand. Sie schien so sehr auf den Tod vorbereitet, so eingestellt auf sein Kommen, dass ihr verschrumpelter Körper erschlaffte. Der Tod nahm Mrs Mannerheim rasch mit sich fort, aber Thelmas Griff löste sich nicht. Ihre Hände krampften sich noch immer um ihr Opfer, als sich die Tür hinter ihr öffnete. Erst der Schrei des Zimmermädchens brach den Bann.

Jetzt kam es nur noch darauf an, Arthur zu schützen, hämmerte Thelma sich ein. Sie wiederholte sich seinen Namen unablässig, aber nur im Geist. Befahl sich, ihn nicht auszusprechen. Während der ganzen Tortur der Festnahme, der Untersuchungshaft, der endlosen Verhöre, erwähnte sie ihn kein einziges Mal.

Aber dann kam es doch heraus, und nur, weil dieser große

Kerl, der grauhaarige Riese im Polizeirevier, ihr erzählte, was . . .

«Aber warum mussten Sie sie umbringen?», hatte er gefragt. «Warum konnten Sie ihren Tod nicht abwarten? Eine so kranke alte Frau wäre doch . . .»

«Krank?», wiederholte Thelma und lachte. «Die war kein bisschen krank.»

«O doch, das war sie. Sehr krank sogar. So viel steht nach der Obduktion des Gerichtspathologen fest. Sie litt an einer parasitären Infektion, und so etwas ist bei Menschen ihres Alters eine lebensgefährliche Angelegenheit. Wahrscheinlich war die Behandlung, die sie bekam, das Einzige, was sie am Leben erhielt. Es war Arsen in kleinen Dosen.»

Quellenverzeichnis

Raymond Chandler: «Ich werde warten» (I'll Waiting) aus: Raymond Chandler ERPRESSER SCHIESSEN NICHT, Copyright © 1980 Diogenes Verlag AG, Zürich. Aus dem Amerikanischen übersetzt von Hans Wollschläger.

Agatha Christie: «Urlaub auf Rhodos» (Triangle at Rhodos), aus: Agatha Christie HERCULE POIROT SCHLÄFT NIE, Copyright © 1937 by Agatha Christie, Copyright © der deutschen Übersetzung Scherz Verlag, Bern. Aus dem Englischen übersetzt von Adi Oes.

Roald Dahl: «Die Wirtin» (The Landlady), aus: Roald Dahl KÜSSCHEN, KÜSSCHEN. 11 ungewöhnliche Geschichten, Copyright © 1962 by Rowohlt Taschenbuch Verlag GmbH, Reinbek bei Hamburg. Aus dem Englischen übersetzt von Wolfheinrich von der Mülbe.

Colin Dexter: «Die Leute sind so leichtgläubig», aus: Colin Dexter IHR FALL, INSPEKTOR MORSE, Copyright © 1995 by Rowohlt Taschenbuch Verlag GmbH, Reinbek bei Hamburg. Aus dem Englischen übersetzt von Ute Tanner.

Antonia Fraser: «Schönen Tod noch, Sammy Luke» (Have a Nice Death), aus: Harriet Ayres (Hg.) SCHÖNEN TOD NOCH, SAMMY LUKE, Copyright © by Antonia Fraser, Copyright © der deutschen Übersetzung S. Fischer Verlag GmbH, Frankfurt. Aus dem Englischen übersetzt von Irmela

Erckenbrecht. (Veröffentlicht mit der Genehmigung der Agentur Curtis Brown, London, und Agence Hoffman, München.)

Christine Grän: «Die Reise der alten Damen», aus: Christine Grän LIEBE IST NUR EIN MORD, Copyright © 2000 bei Christine Grän und Wilhelm Goldmann Verlag, München, einem Unternehmen der Verlagsgruppe Random House GmbH.

Dashiell Hammett: «Hotelschnüffler» (House Dick), aus: Dashiell Hammett DER KOMPLIZE, Copyright © 1989 by Hoffmann und Campe Verlag, Hamburg. Aus dem Englischen übersetzt von Benjamin Schwarz.

Ross Macdonald: «Der Mann im Cadillac» (The Singing Pigeon), aus: Alfred Hitchcock (Hg.) MEINE LIEBLINGSMORDE, Copyright © 1952 by Margaret Millar Charitable Remainder Unitrust, Copyright © der deutschen Übersetzung Scherz Verlag, Bern. (Veröffentlicht mit der Genehmigung der Liepman AG, Zürich.)

Kit Pedler: «Die Dauergäste» (The Long-term Residents), aus: MEHR HORROR. Moderne Horrorgeschichten, Copyright © by Kit Pedler, Copyright © 1992 der deutschen Übersetzung Diogenes Verlag AG, Zürich. Aus dem Englischen übersetzt von Klaus Schomburg.

Ruth Rendell: «Das Fallen der Münze» (The Fall of a Coin), aus: Ruth Rendell DER GEFALLENE VORHANG, Copyright © 1977, 1978, 1979 by Kingsmarkham Enterprises, Copyright © 1982 der deutschen Übersetzung Ullstein Verlag GmbH, Berlin. Aus dem Englischen übersetzt von Ilse Bezzenberger.

Jack Ritchie: «Eins von Tausend» (Punch Any Number), aus: Jack Ritchie: FÜR ALLE UNGEZOGENEN LEUTE, Copyright © 1986 Diogenes Verlag AG, Zürich. Aus dem Amerikanischen übersetzt von Dorothee Asendorf.

Georges Simenon: «Der zweifelhafte Monsieur Owen» (L'improbable Monsieur Owen), aus: Georges Simenon MAIGRET UND DER HARTNÄCKIGSTE GAST DER WELT. Sechs Fälle für Maigret, Copyright © 1987 Diogenes Verlag AG, Zürich. Aus dem Französischen übersetzt von Ingrid Altrichter.

Henry Slesar: «Die Sache mit der freundlichen Kellnerin» (Case of the Kind Waitress), aus: Henry Slesar ERLESENE VERBRECHEN UND MAKELLOSE MORDE, Copyright © 1964/1975 Diogenes Verlag AG Zürich. Aus dem Amerikanischen übersetzt von Günter Eichel.

Wir danken den genannten Rechtsinhabern für die Genehmigung zum Abdruck der Auszüge aus den oben genannten Werken. In jenen Fällen, in denen es nicht möglich war, den Rechtsinhaber resp. Rechtsnachfolger zu eruieren, konnte ausnahmsweise keine Nachdruckerlaubnis eingeholt werden. Honoraransprüche der Autoren oder ihrer Erben bleiben gewahrt.